GESUND UND SCHÖN
DURCH
AYURVEDA

Andrea-Anna Cavelius / Birgit Frohn

GESUND UND SCHÖN
DURCH
AYURVEDA

Das individuelle
Pflege- und Ernährungsprogramm

SÜDWEST

INHALT

AYURVEDISCHE ERNÄHRUNG   68

Essen mit Lust und Verstand   69

VON KOPF BIS FUSS GEPFLEGT   94

Individuelle Pflege für jeden Typ   95

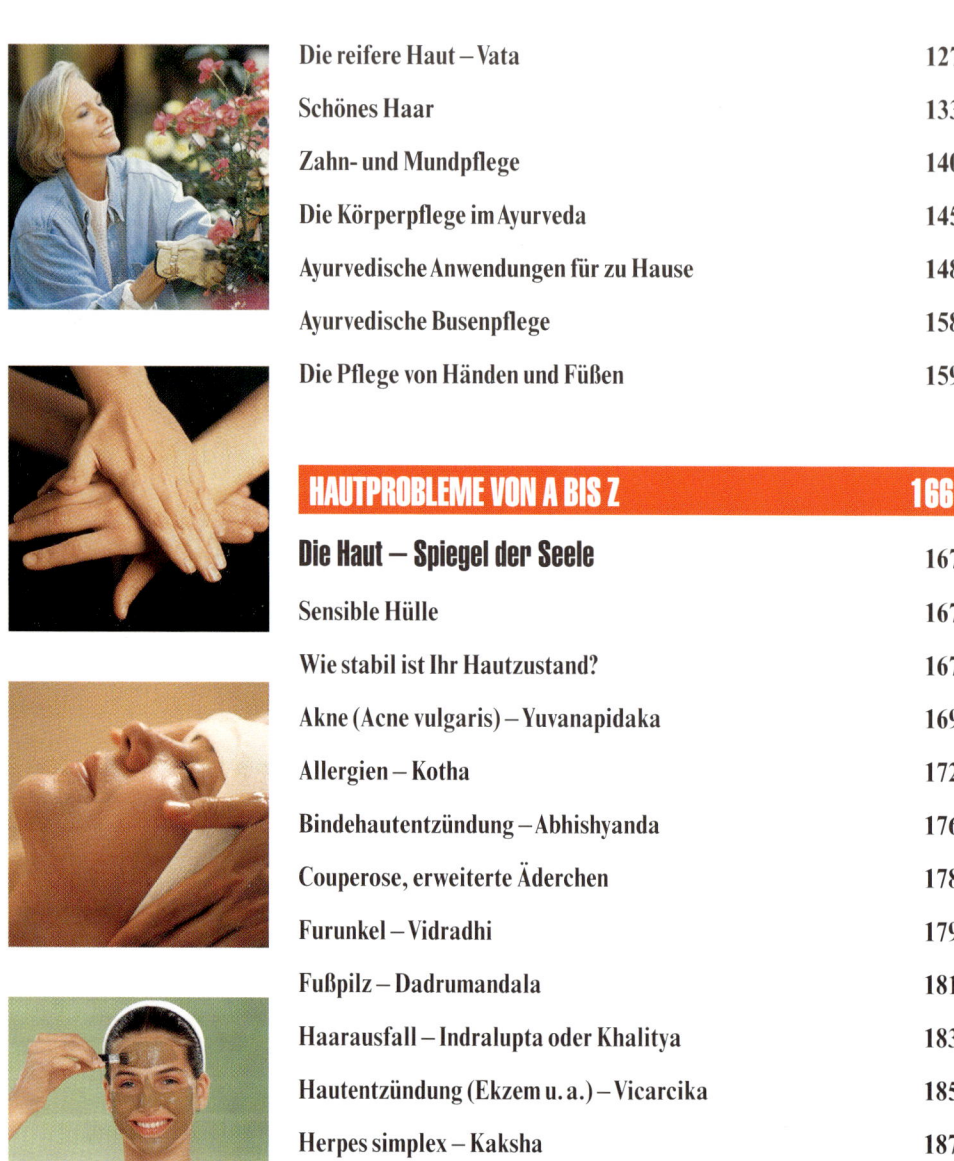

AYURVEDISCHE SCHÖNMACHER 206

Vorwort

»Ein gutes und gesundes Leben im Einklang mit allem, was lebt, sollte das Ziel eines jeden von uns sein.« Diesem Credo, das lange vor die Zeit des Gautama Buddha zurückgeht, ist die altindische Lehre Ayurveda verpflichtet. Kaum eine Wissenschaft mit einer derart langen Tradition vereint so viele lebenspraktische Aspekte unter einem Dach. Sie reichen von der richtigen Ernährung für Körper, Geist und Seele über zahllose Empfehlungen zur gesunden Lebensführung bis hin zu ausgefeilten Heilverfahren, die die Wirkungen der klassischen Schulmedizin bisweilen in den Schatten stellen. Kaum eine andere Gesundheits- und Schönheitslehre vereint so viele verschiedene Ansätze, wie man sein Leben in den unterschiedlichsten Bereichen so gestalten kann, dass man seine natürliche Schönheit und Gesundheit erhält und gleichzeitig kreativ am Leben teilnimmt.

Gesundheit aus der Natur

Ein gutes Leben ist im ayurvedischen Sinne immer ein gesundes und schönes Leben. So ist auch der an Körper, Geist und Seele heile und gesunde Mensch gleichzeitig schön. Die eigentliche Schönheit kommt, und dieser Gedanke ist auch uns westlichen Gemütern nicht neu, natürlich von innen. Und diese innere Schönheit hilft uns der Ayurveda wieder nach außen zu kehren. Wer ayurvedisch lebt, lernt wieder auf die Stimme des eigenen Körpers zu hören und auf seine individuellen Bedürfnisse zu achten. Und wer in dieser Form für seinen Körper sorgt und ihm Gutes tut, pflegt gleichzeitig sein Gemüt, wird ausgeglichener und heiterer und lernt die Kräfte der Natur zu schätzen.

Anwendungen für den Alltag

In dem vorliegenden Buch haben wir neben einer Einführung in die ayurvedische Geisteswelt viele Ratschläge zusammengetragen, die Ihr Leben angenehmer gestalten können. Alle Anwendungen und Empfehlungen sind, so will es der Ayurveda, auf den Alltag zugeschnitten. Und eine Vielzahl von ihnen dient der Pflege unserer sichtbaren natürlichen Schönheitssymbole, wie etwa Haut und Haar, mit den Methoden und Rezepten der alten indischen Heilkunst. Ebenso wie der Ayurveda dem Menschen ein langes Leben in Gesundheit ermöglichen möchte, ist es auch sein Anliegen, ihm so lange wie möglich ein alterloses Aussehen zu bewahren. Anders könnte es auch nicht sein, denn, wie Sie sehen werden, ist das eine mit dem anderen untrennbar verbunden. Denn neben äußeren Pflegemaßnahmen wie Massagen, Einreibungen oder Masken gehören hierzu eine gewisse Regelmäßigkeit im Lebensrhythmus, eine ausgewogene frische und gesunde Ernährung und natürlich die innere Harmonie. Sie verleiht letztlich das, was äußere Anwendungen einem Menschen nie schenken können: jenen inneren Glanz, der das Gesicht eines Menschen verschönt, ihm Ausstrahlung gibt und seine Körperhaltung aufrecht macht. Schon durch die Beschäftigung mit der alten indischen Gesundheitslehre und den Umgang mit den ayurvedischen Pflegemitteln werden Sie bald feststellen, wie Sie fast unmerklich näher zu Ausgewogenheit und innerem Gleichgewicht gelangen und damit an die Natur herangeführt werden. Ergänzt haben wir unser ayurvedisches Gesundheits- und Schönheitsprogramm mit Heilempfehlungen bei Hautbeschwerden, die man problemlos zu Hause behandeln kann.

Rezepturen zur eigenen Herstellung

Wir können nicht die klimatischen und kulturellen Bedingungen herbeiführen, die ayurvedische Behandlungen in ihrem Heimatland Indien um sich haben. Aber mit der entsprechenden Geisteshaltung, einem aufmerksamen Blick für die Natur, für unseren Körper und unsere Seele können wir auch mit dem, was uns hierzulande zur Verfügung steht, im Sinne des Ayurveda leben. Die Zusätze und Ingredienzien, die in den Rezepturen empfohlen werden, kosten keine Unsummen und sind mitunter sogar kostenfrei: Wer über einen Garten verfügt oder viel in freier Natur spazieren geht, wird schnell fündig, wenn er die eine oder andere Zutat für eine Maske oder einen lindernden Umschlag benötigt. Auch Gewürzregal, Speisekammer und Kühlschrank halten hier eine Menge bereit. Bis auf wenige Ausnahmen, sind alle Rezepte für Ernährungsvorschläge und Pflegemittel ganz einfach zu Hause herzustellen.

Für alle Mittel, die Sie im Anhang bestellen können, werden in erster Linie Kräuter verwendet, die in der Naturreservation von Karnataka in Südindien nach traditioneller Anbauweise gepflanzt und geerntet werden. Die Herstellerfirma unterstützt damit ein 1981 initiiertes Selbsthilfeprojekt zur Unterstützung der Soliga-Stämme, die hier seit mehr als zweitausend Jahren heimisch sind.

9

AYURVEDISCH LEBEN

Einen harmonischen Gesamt-zustand des Patienten (wieder-)herzustellen ist das Ziel der ayurvedischen Medizin. Was vor mehr als 3000 Jahren in Indien seinen Anfang nahm, wurde durch die westlich geprägte Appa-rate- und Chemiemedizin zwar kurzfristig verdrängt, ist aber heute aktueller denn je. Seien es so banale Beweg-gründe wie das Problem, in einem Entwicklungsland die Kosten einer Medizin nach europäischen und amerikani-schen Vorstellungen zu finan-zieren, oder sei es das gerade in den westlichen Ländern zu-nehmende Bewusstsein, dass das Heilen ein ganzheitlicher Prozess ist: Ayurveda ist heute aktueller denn je.

Das Wissen vom guten Leben

Tradition und Moderne

Der eigentliche Ursprung des Ayurveda geht zurück bis tief in die Zeit des Hinduismus um 1500 v. Chr. Ihr goldenes Zeitalter erlebte die indische Gesundheitslehre Ayurveda aber erst mit dem Aufkommen des Buddhismus um 600 v. Chr. Zu dieser Zeit lag das Wissen um die Heilkunst im europäischen Raum noch in barbarischer Finsternis. In jener Epoche schließlich war der Einfluss der weisen vedischen Hymnen nicht nur im eigenen Lande bedeutend, sondern so groß, dass sich die arabische und später die griechisch-antike Medizin, der Boden unserer Kultur, von ihr inspirieren ließen. So profitierte gerade der große altgriechische Arzt Hippokrates, auf den heute noch die modernen Ärzte ihren beruflichen Eid ablegen und der als einer der Begründer der medizinischen Wissenschaft gilt, von dem umfassenden und hervorragend recherchierten Schriftgut.

Es war der Buddhismus, der das Wissen der Alten rettete und wieder seiner eigentlichen Bestimmung zuführte, dem praktischen Nutzen für die Menschen.

Entwicklung und Überlieferung

Doch auch lange nach dieser Blütezeit, während der ein Großteil der heilenden und verschönernden Anwendungen entwickelt wurde, gehörte die ayurvedische Heilkunst zum Standardrepertoire indischer Ärzte und beeinflusste die Staatsmedizin in wesentlichen Zügen. Nur wurde sie seither nicht weiterentwickelt. Man griff einfach bequemerweise auf die Rezepturen und Behandlungsweisen von vor 1000 Jahren zurück. Erst in den siebziger Jahren dieses Jahrhunderts erlebte der Ayurveda in seinem Heimatland Indien eine Renaissance. Freilich bezog sich dies in erster Linie auf das Heil- und medizinische Wissen, mit dem der Ayurveda in erster Linie verbunden wird. Das marode indische Gesundheitssystem sollte durch eine weitere Verbreitung der Volksmedizin und vor allem der Weitererforschung der Heilmittel aus der Natur wieder auf Vordermann gebracht werden. Für angehende Mediziner wurde daher eine Zusatzausbildung in ayurvedischer Heilkunde zum wesentlichen Bestandteil ihres Könnens.

Auf der Suche nach ganzheitlichen Lebenskonzepten

Die westliche Welt war in den siebziger Jahren weniger an dem altindischen Heilwissen interessiert, auch wenn bereits jetzt schon viele Menschen am Wert einer allein selig machenden klassischen Schulmedizin zu zweifeln begannen. Das Hauptanliegen der damaligen Wirtschaftswunderkinder des ausgehenden Hippie-Zeitalters bestand vielmehr darin, sich neue geistige Inhalte zu suchen. Der gleichzeitige Wunsch nach mehr Naturnähe und einem tieferen Verständnis für die Zusammenhänge einer immer komplizierter werdenden Welt sollte mit Lebensphilosophien aus anderen Kulturkreisen begegnet werden, die einem positiveren Denken Raum geben konnten.

Im Zuge sogenannter exotischer Wissenschaften aus dem asiatischen Raum schwappte auch die ayurvedische Lehre, das ursprüngliche Wissen um die natürlichen, gesunden Lebensvorgänge zu uns in den Westen herüber.

Ganzheitlich kuren und kurieren

Der eigentliche Ayurveda-Boom begann hierzulande schließlich in den ausgehenden achtziger Jahren. Ayurveda stand jetzt für die ideale körperlich-seelische Erholung gestresster Yuppies. Denn die Spezialbehandlungen in den ayurvedischen Kliniken und Gesundheitszentren hatten und haben ihren Preis. Ihr enormer Entspannungswert und ihre Wirkung auf das innere Gleichgewicht der Menschen ist allerdings unbestritten.

Neben den ayurvedischen Ölmassagen entdeckte man in den Achtzigern allerdings auch das riesige Potential der ayurvedischen Heilkunde wieder. Abseits der klassischen Schulmedizin begannen sich nach und nach alternative Heilmethoden zu etablieren. Denn viele Patienten waren der nur auf den Körper fixierten Heilmethode überdrüssig, die sich häufig in einer einseitigen Diagnose der körperlichen Symptome und einer oft starken Medikation erschöpfte. Die Seele und der Geist des Patienten, die, wie man heute weiß, eine wichtige Rolle bei seiner Allgemeinkonstitution spielen, blieben bei vielen Kranken unberücksichtigt und wurden zunächst einmal nicht mitbehandelt. Die ayurvedische Medizin bot hingegen vielen Menschen eine willkommene Hilfe, da sie ganzheitlich angelegt ist.

Wer anstatt einer längeren Urlaubsreise einen kürzeren Aufenthalt in einem Ayurveda-Therapiezentrum erwägt, ist gut beraten: Der Erholungswert ist groß und die Nachwirkungen halten an, denn der Mensch hat wieder zum Einklang mit sich selbst gefunden und fühlt sich vital und schön.

Wissenschaft mit alter Tradition

In erster Linie ist der Ayurveda eine religiös inspirierte Philosophie, also eine Geisteshaltung. Der Kosmos und die Natur, in und mit der der Mensch lebt, bilden die Rahmenbedingungen für jegliche pflanzliche, mineralische, tierische und menschliche Existenz.

In diesem Umfeld stellt die Gesundheitslehre eine der wichtigsten Säulen des ayurvedischen Gesamtkonzepts dar, die trotz ihres hohen Alters von über 3000 Jahren nichts an Aktualität eingebüßt hat. Schließlich sorgt sie dafür, dass der Mensch möglichst beschwerde- und sorgenfrei durchs Leben schreiten kann. Hier liegt auch einer der wesentlichen Unterschiede zu westlichen Philosophien, die sich oft in abstrakten Erklärungsmodellen und Systemen bewegen und damit dem Menschen keine konkrete Lebenshilfe anbieten oder dies auch gar nicht können.

So gesehen ist Ayurveda eine Lebenskunst. Denn unser Leben ändert sich unentwegt und ist immer neuen Reizen und Umgebungen ausgesetzt: dem Wechsel der Tageszeiten, der Temperatur, der Luftfeuchte, der Jahreszeiten, dem Lebensalter, anderen Menschen und deren Stimmungen, Aggressionen, Freundlichkeit, Aktivität und Ruhe. Diesem Wechsel sind alle ayurvedischen Empfehlungen, gleich ob zur Ernährung, Schlaf oder Schönheitspflege, angepasst.

Ayurveda hat weder etwas mit Esoterik zu tun, noch ist er ausschließlich eine Heilkunde. Letztere stellt vielmehr einen – wenn auch bedeutenden – Aspekt von vielen dar, die in der allumfassenden Lebenslehre und der ganzheitlichen Lebenssicht des Ayurveda beleuchtet werden.

In Indien ist die Lehre des Ayurveda seit Jahrtausenden tief verwurzelt. Sie vermittelt nicht nur die Vorbeugung und Heilung von Krankheiten, sondern sie zeigt auch, wie man zu mehr Schönheit und einem gesunden, vitalen Leben gelangt. (Indische Miniatur, 18. Jahrhundert)

Göttliche Weisheiten

Festgeschrieben ist der Ayurveda, »das Wissen vom guten Leben« in vielen tausend Versen in Sanskrit (auch: Altindisch). Und kein geringerer als der Gott Brahma, der oberste in der Hierarchie der indischen Mythologie, gilt als sein Urheber. Er verfasste die umfassenden Schriften des Ayurveda vor mehr als 3000 Jahren auf die Bitte der sieben Weisen, die es nicht mehr ertrugen, das Leid der Menschen weiter mitanzusehen. Als verantwortungsbewusster und weiser Herrscher über die Welten schrieb Brahma nun Anleitungen auf, wie das Leben im Einklang mit den Gesetzen des Kosmos zu führen sei. Denn nur dies kann den Menschen letztlich erfüllen und wahrhaft glücklich machen. Zur praktischen Handhabe fügte er überdies noch wissenschaftliche Ausführungen zur Erhaltung der spirituellen, geistigen und körperlichen Gesundheit und Schönheit hinzu. Dhanvantari, der Gott der Ärzte, überbrachte dann, so fährt die Legende fort, die Lehre von der Erhaltung und der Wiederherstellung der geistigen, spirituellen und körperlichen Gesundheit den sieben Weisen, die sie dann unter den Menschen verbreiteten.

Es gibt keine ayurvedischen Maßnahmen, die mit Zwang, Mühen und Entbehrungen einhergehen. Diäten, Fitnesswahn und »Wer schön sein will, muss leiden« passen nicht in das Selbstverständnis des Ayurveda.

Sanft und individuell – das ayurvedische Konzept

Nur wenige Lehren und philosophische Konzepte umfassen das Zusammenwirken von allem Leben in der Natur auf dieselbe einleuchtende und kompakte Weise wie der Ayurveda. Dabei ist er nicht dogmatisch wie manche Religion, hat keinen alleinigen Gültigkeitsanspruch und steht darüber hinaus allen Menschen offen. Im Ayurveda gibt es daher auch keine starren Gesetze und Regeln, die einem vorschreiben, wie man nun endlich gesund, glücklich und schön wird. Er gibt lediglich Empfehlungen, deren Umsetzung und Anwendung jedem von uns anheim gestellt ist.

Und so ist jedem freigestellt, sich zu entscheiden, inwieweit er sich in die ayurvedischen Theorien vertiefen und aus ihnen einen praktischen Nutzen für seinen Alltag ziehen möchte. Ein beträchtlicher Teil der Attraktivität des Ayurveda resultiert sicherlich auch daraus, dass alle Empfehlungen – sei es zur Ernährung, zur Heilung von Beschwerden oder zur Pflege von Haut und Haar – durchweg einfach anzuwenden und leicht verständlich sind.

Ein Grund für die sanfte und angenehme Wirkung ayurvedischer Essens- oder Pflegeempfehlungen mag auch sein, dass in der altindischen Lehre nicht die gesamte Menschheit über einen Kamm geschert wird, sondern dass sie die jeweiligen Bedürfnisse von unterschiedlichen Menschentypen aufgreift. Denn im Ayurveda ist jeder von uns etwas Unverwechselbares, ist anders gebaut, von anderen Lebensumständen geprägt, hat ein anderes Temperament, seine individuellen Wünsche und Möglichkeiten und besitzt seine besondere Ausdrucksweise, Ausstrahlung und Schönheit. Auch die Fähigkeit mit Stress, Umweltreizen und Krankheiten umzugehen, ist bei jedem von uns anders. Wer damit beginnt, ayurvedische Empfehlungen in seinen Alltag aufzunehmen und nach ihnen lebt, sei es beim Essen, beim Entspannen oder bei der Pflege seines Körpers, wird mit der Zeit feststellen, dass sich die eigene Lebenseinstellung fast unmerklich ändert. Denn man hat währenddessen gelernt, wieder auf sein Gespür oder seine innere Stimme zu hören.

Die Samkhya-Philosophie

Manchem Leser der ayurvedischen Schriften mag der religiös anmutende Inhalt auffallen. Er ist auch nicht von der Hand zu weisen. Denn wenn bereits der ursprünglich höchste Gott der Hindus als Verfasser verantwortlich zeichnen soll, so ist es leicht nachvollziehbar, dass auch die altindische Schöpfungsphilosophie Eingang in seine Schriften findet. Ein göttliches Prinzip hat im ayurvedischen Denken seinen festen spirituellen Platz. Nun mag man an einen Gott oder an ein göttlich schöpferisches Prinzip glauben oder nicht. Der Zugang zum Ayurveda ist für jeden Menschen offen.

Der Schöpfungsgedanke, der der sogenannten Samkhya-Philosophie zugrunde liegt, geht auf die Weisheiten des Rishi (dem Weisen oder Erleuchteten) Kapila zurück. Er entdeckte die Grundlagen des Universums und beschrieb die Entwicklung von allem Sein. Der Ursprung allen Lebens liegt demnach in Purusha, der altindische Begriff für die formlose männliche Energie, und Pakruti, der schöpferisch-aktiven weiblichen Energie. In Pakruti sind die drei Gunas, die Grundeigenschaften jeglicher Existenz, enthalten und be-

»Die Hymnen des Veda gründen im unzerstörbaren Feld, im reinen Bewusstsein, in dem sich alle Impulse der Naturgesetze, die das gesamte Universum regieren, befinden. Der dies kennt, bewegt sich in Ausgeglichenheit, in der Ganzheit des Lebens« **(Rig-Veda 64.39).**

15

finden sich hier im Gleichgewicht. Die Gunas wirken erst aufeinander ein, wenn sie sich in Disharmonie befinden. So bewirken sie die Entstehung der vielfältigen Ausdrucksformen in der Welt.

Die drei Gunas – die Grundlagen allen Seins

- Sattwa: Stabilität, Erwachen, Essenz, Licht, Kreativität und schöpferisches Potential
- Rajas: Dynamik, Beweglichkeit, Unruhe, Lebenskraft in einem Körper, erhaltende und schützende Kraft
- Tamas: statisch, träge, Dunkelheit, Materie, Unwissenheit, potentiell zerstörerische Kraft

Beide Urenergien, Purusha und Pakruti, gehen in die kosmische Intelligenz ein, genannt Mahad. Aus Mahad bildet sich das »Ego« oder sogenannte Ahamkar, aus dem sich das organische und anorganische Universum bildet. Und kein Schöpfungsprodukt – sei es Mensch, Pflanze, Tier oder Stein – steht für sich alleine da. Jeder Organismus wird durch seine Umwelt beeinflusst, die mit ihm oder bestenfalls im Zustand absoluter Ausgeglichenheit für ihn wirkt.

Die holistische Weltsicht des Ayurveda

Alles Beseelte und Unbeseelte in der Natur steht durch die gemeinsame Herkunft in einer immer währenden Wechselbeziehung zueinander.

Dieses Bild von der Natur und den Menschen entspricht nicht gerade einer streng naturwissenschaftlichen Sicht der Dinge. Naturerscheinungen, der Zustand eines Körpers oder das Aussehen eines Menschen werden hierzulande meist nur für sich allein betrachtet. Die Begleitumstände, die zu einem jeweiligen Zustand führten, werden meist außer Acht gelassen. Zudem verlässt man sich bei der Betrachtung oft ausschließlich auf den Geist, also auf seine Verstandesleistung. Dabei besitzen wir mehrere Sinne, mit denen wir die Welt begreifen, erfühlen, hören, riechen, betasten und schmecken können. Die Samkhya-Lehre besticht durch ihre globale Sicht der Dinge, die nicht nur auf dem Verstand basiert. Diese Denk- und Lebensweise, die sich sehr intensiv mit allem auseinander setzt, was uns umgibt, mag Zusammenhänge aufzeigen, die unser modernes und teilweise recht einschieniges Denken nur bereichern können.

Ein gesundes und langes Leben

Eines der Grundanliegen der ayurvedischen Lehre ist es, nicht nur für solche Menschen attraktiv und verständlich zu sein, die sich tagtäglich mit intellektuellen Dingen auseinander setzen. Auch der sogenannte normale Mensch, der sich weder auf geisteswissenschaftliche noch auf medizinische Lehren spezialisiert hat, kann und sollte während seiner Lebensspanne von den altindischen Weisheiten profitieren. Alltägliches Leben und Ayurveda gehen so eine untrennbare Verbindung ein.

Befindet sich ein Mensch in körperlicher und geistig-seelischer Harmonie, so ist er auch gesund. Er fühlt sich frisch und hat beste Aussichten auf ein langes und erfülltes Leben.

Das Grundthema und damit auch das Ziel der ayurvedischen Lehre ist das Gleichgewicht der Elemente, aus denen ein Körper zusammengesetzt ist.

Die Wurzeln des Heilwissens

Die Schriftensammlungen des Ayurveda, die Samhitas, zeichnen sich durchweg durch eine besondere Bodenständigkeit aus, insofern, als die hier festgehaltenen Empfehlungen und Rezepturen alle einen praktischen Nutzen haben und sich nicht in bloßer Theorie verlieren. Dies ist besonders bei der berühmten Dreierbande aus Caraka Samhita, Sushruta Samhita und Ashtanga Sangrahal Samhita der Fall. Diese wurden zwischen 1500 bis 1000 v. Chr. und 800 n. Chr. von den Ärzten Caraka, Sushruta und Vaghabata verfasst und bilden ein umfassendes Kompendium des damaligen Wissensstandes über die menschliche Heilkunde. So definierte Sushruta bereits vor mehr als 1000 Jahren das Gleichgewicht von Stoffwechsel, Verdauung, Körpergeweben und Ausscheidungen sowie die Glückseligkeit von Bewusstsein, Geist und Sinnen als die Voraussetzung von Gesundheit. Zur Entstehungszeit der Samhitas besaß Indien bereits ein organisiertes Gesundheitssystem auf der Grundlage des Ayurveda, das es so nirgendwo auf der Welt noch einmal gab.

Das Erstaunliche an den Inhalten der ayurvedischen Schriftensammlungen ist, dass sie bis heute nicht an Bedeutung verloren haben. Deshalb greifen knapp die Hälfte der modernen indischen Mediziner bei ihrer Behandlung von Beschwerden erfolgreich auf die ayurvedischen Erkenntnisse über die Gesundheit des Menschen zurück. Die Wirksamkeit verschiedener ayurvedischer Medikamente und Behandlungen ist wissenschaftlich unbestritten und wird in Indien stetig weiter erforscht. Sanfter als westliche Medikamente mag man sie empfinden, da sie immer ganzheitlich wirken. Der Vaidya, der Ayurveda-Arzt bezieht bei seiner Diagnose nie nur den Körper seines Patienten mit ein. Denn ein Vaidya ist nicht ausschließlich Mediziner, sondern immer auch ein Weiser, ein Philosoph, der auch um die spirituelle und geistige Seite des Lebens weiß. Wer glaubt, dass der Vaidya allerdings eine Art exotischen Wunderheiler darstellt, irrt sich. Er besitzt denselben Status wie die westlichen Halbgötter in weiß, nur mag er ein anderes Selbstverständnis haben.

Zeitloses Heilwissen

Die universale Heilkunde des Ayurveda umfasst verschiedene medizinische Disziplinen. In den Samhitas ist alles Wissenswerte festgeschrieben:

- Innere Medizin
- Erhaltung der Gesundheit
- Vorbeugung und Heilung von Krankheiten
- Diagnose und Ursachenforschung
- Umgang mit Medikamenten
- Geburt und Tod
- Gesundheitsprognose
- Behandlung von Beschwerden
- Begleitende therapeutische Maßnahmen

Diagnose und Heilung im Ayurveda

Ein Vaidya kann schon mit Hilfe der Herzfrequenz herausfinden, wie es um die Konstitution und die Gesundheit eines Menschen bestellt ist.

Der Ayurveda-Arzt wird bei der Behandlung eines Patienten immer dessen individuelle körperliche Konstitution im Wechselspiel mit seinem Geist und seiner Seele in Betracht ziehen. Dabei nimmt er bei der Untersuchung eines Patienten unter Umständen alle ihm zu Gebote stehenden Sinnesorgane zur Hilfe: Er betastet den Körper des Kranken, riecht seinen Atem, betrachtet Symptome, hört auf Körpergeräusche, schmeckt seinen Schweiß. Dadurch stellt er den Konstitutionstyp, also die jeweilige Natur eines Menschen fest, und analysiert, wodurch das Ungleichgewicht im Körper verursacht wurde, das

Die Grundtriebe des Menschen im Ayurveda

- Dharma (Wesenheit, nicht unbedingt religiös)
- Artha (Streben nach Wohlstand)
- Kama (Sinnesfreuden)
- Moksa (Befreiung, Emanzipation)

letztlich zur Krankheit führte. Wichtiges Diagnoseinstrument ist dabei auch der Puls eines Patienten. Zudem wird er zu erkennen versuchen, welche äußeren Faktoren auf den Patienten einwirken. Dazu gehören die Ernährung, der körperlich und geistig-seelische Energiefluss und das klimatische Umfeld. Wirklich gesund ist ein Mensch im ayurvedischen Sinne erst, wenn Körper, Geist und Seele in einem ausgeglichenen Verhältnis zueinander stehen. Und wer gesund ist, kann seinen inneren Antrieben folgen und sein Leben aktiv und kreativ gestalten.

Hilfe bei psychosomatischen Störungen

Die Behandlung, die ein Ayurveda-Arzt nach erfolgter Diagnose vorschlagen wird, richtet sich nie nur nach einem rein körperlichen oder rein psychischen Symptom eines Patienten, sondern hat – ganz im Gegensatz zur westlichen Schulmedizin – immer den ganzen Menschen und seine ganzheitliche Heilung im Auge.

Deshalb umfasst sie auch oft eine Ernährungsumstellung abgestimmt auf den individuellen Menschentypus sowie Ratschläge zur bewussteren Tagesgestaltung und gezielte Therapiemaßnahmen zur Regeneration und Heilung von Körper, Geist und Seele.

Aufgrund ihres ganzheitlichen Ansatzes wirken Ayurveda-Behandlungen heilsam bei chronischen Leiden und Beschwerden psychosomatischer Natur, für deren Heilung die Erkenntniswege der klassischen Schulmedizin bisweilen zu kurz sind.

Lebenspendende Vielfalt der Natur

Die Samkhya-Philosophie lehrt, dass jedes Produkt der Schöpfung ein Ganzes für sich ist. Jedes Ganze wiederum lebt und wirkt gemeinsam mit dem großen Ganzen des Universums. Das klingt abstrakter, als es ist: denn im Grunde bedeutet es, dass wir unsere Energien und Lebenskräfte aus allem beziehen, was uns umgibt. Es ist so

Ein Mensch, der nach der Lehre des Ayurveda lebt, hat immer den Einzelnen und seine Stellung zum Großen und Ganzen zum Ziel; er sieht sich immer auch in Wechselwirkung zu einem Ganzen, dessen Teil er ist.

verstanden nur logisch, dass der Ayurveda der Natur einen äußerst bedeutenden Stellenwert beimisst. Alle heilenden und verschönenden Mittel, die im Ayurveda verwendet werden, sind auf natürlicher Basis hergestellt. Es gibt für ihren Zweck keine synthetischen im Labor hergestellten Grundstoffe.

Energie aus der Natur

Konkret zeigt uns der Ayurveda damit, dass die Natur alles bereitstellt, was wir für ein angenehmes Leben brauchen. Pflanzen besitzen im Ayurveda aus diesem Grunde einen besonderen Status und werden bisweilen sogar als heilig verehrt. Denn in jeder Pflanze und jedem Mineral ist die Kraft und die Energie der Natur gebündelt. Dabei wirkt eine pflanzliche Substanz nie allein auf den Körper und seine inneren Regelkreise, sondern immer im Zusammenklang mit anderen. Dieses ganzheitliche Prinzip wird auch bei der Zusammenstellung der Ernährung bzw. der einzelnen Mahlzeiten berücksichtigt.

Wenn Sie sich nach ayurvedischen Gesichtspunkten ernähren und pflegen wollen, müssen Sie nicht auf exotisches Obst und Gemüse oder ausgefallene Pflanzen zurückgreifen. Die bei uns erhältlichen einheimischen Produkte sind bestens geeignet.

Heimische Pflanzen und Gewächse indischer Herkunft

Die Empfehlungen des Ayurveda sehen vor, dass man sowohl bei der täglichen Nahrung als auch bei der Zubereitung von Heilmischungen und Pflegemitteln für Körper und Gesicht, das jeweilige Angebot der uns umgebenden Natur wahrnimmt. Sicher, einige Pflanzen oder pflanzliche Zubereitungen indischer Herkunft sind in ihrer Wirkung einzigartig oder besitzen einen unverwechselbaren, nur ihnen eigenen Geschmack oder Duft. Auch werden neben den Ölen und Extrakten, die aus den Blättern und Pflanzensamen gewonnen werden, Wurzeln, Rinde und Holz bestimmter Pflanzen verwendet. Diese kann man, wenn man nicht auf sie verzichten möchte, über den Versandhandel oder in speziellen indischen Geschäften erwerben.

Doch auch das Angebot an Pflanzen, Gemüse und Früchten hierzulande ist groß und wechselt je nach Jahreszeit. Das ist insofern von Bedeutung, als die meisten ayurvedischen Rezepte ohne weiteres unter Zuhilfenahme von hier heimischen Produkten hergestellt werden können. Das bietet uns außerdem die Möglichkeit, auf Kräuter, Früchte oder Gemüse aus dem Eigenanbau zurückzugreifen. Unser Körper ist ebenso wie der Körper dieser pflanzlichen Erzeugnisse im selben Klima groß geworden, viele Gemüse- und Obstsorten kennen wir von Kindheit an. Unser Immun- und Verdauungssystem ist an sie gewöhnt und wir empfinden sie (sofern nicht in speziellen Fällen Allergien vorliegen) als gut verträglich.

Warum nach den Sternen greifen, das Gute liegt so nah: Unsere heimische Natur ist reich an Pflanzen, die heilende und pflegende Extrakte enthalten. Sie müssen also nicht nach Indien reisen, um ayurvedisch leben zu können.

Das Menschenbild im Ayurveda

Im Ayurveda wird der Mensch nicht im Allgemeinen und Großen und Ganzen abgehandelt, sondern auf seine individuelle Beschaffenheit hin betrachtet. Denn jeder Mensch ist das Ergebnis verschiedener Energien und Stofflichkeiten, die sich in unterschiedlichen Typen ausprägen. Doch beginnen wir erst einmal mit seiner Grundstruktur. In erster Linie ist der Mensch wie alles Leben und wie alle Materie in der Welt ein Teil des Kosmos. In jeder natürlichen Materie befinden sich die fünf Elemente Feuer, Erde, Wasser, Luft und Äther (Raum). Alle Elemente sind allerdings auch in immaterieller oder sagen wir, übertragener Form, vorhanden und wirken so auf alles Leben ein.

Ein Element kann sich also auch über bestimmte Gesten, eine besondere Lebenshaltung oder die spezielle Wesensart eines Menschen ausdrücken. In einer anderen materiellen Form finden wir die fünf Elemente auch in unserer Nahrung wieder. D.h., ein wärmendes Feuer kann genauso Einfluss auf einen Menschen haben wie eine warmherzige Umarmung, ein Gericht mit scharfen »feurigen« Gewürzen oder die Begegnung mit einem Menschen, der einem feindlich gesonnen ist und der sich aggressiv gibt. Alle diese Ausprägungen stehen beispielsweise für das Element Feuer.

Jedes Element unserer Erde lässt sich auch im menschlichen Organismus wiederfinden.

So prägen sich die Elemente im menschlichen Organismus aus

- Feuer ist abgebildet in den Stoffwechselfunktionen, also beispielsweise bei der Verdauung. Es zeigt sich aber auch bei den intellektuellen Tätigkeiten des Gehirns und im Sehvermögen.
- Erde ist im Skelett, im Bewegungsapparat mit seinen Muskeln, Bändern und Sehnen, in der Haut und den Haaren manifestiert.
- Wasser prägt sich beispielsweise in Urin, Schleim, Gewebeflüssigkeit, Speichel, Tränen oder Zellflüssigkeit aus und ist lebenswichtig für die Funktion aller Organe.
- Luft manifestiert sich in der Beweglichkeit der Muskeln, der Lungen- und Herzfunktion und in allen Bewegungen im Körper, also auch der Nerven und der Organe.
- Äther wird durch die Hohlräume des Magen-Darm-Trakts, des Brustraums, des Mund- und Rachenraums, der Atemwege sowie der Gefäße (Arterien und Venen) repräsentiert.

Die fünf Elemente und die Sinneswelt

Die fünf Elemente bilden nicht nur unseren Körper, sie sind auch mit all unseren sinnlichen Empfindungen verbunden. Also mit jenen Eindrücken, über die wir spontan und ganz unmittelbar die Welt erfassen und uns darin zurechtfinden. Der Geist als analytisches und zusammenfassendes Werkzeug benötigt diese sinnlichen Erfahrungen als sein Rohmaterial.

Jedem der fünf Elemente ist auch einer unserer Sinne, ein Sinnesorgan, eine bestimmte ausführende Tätigkeit und ein körperliches ausführendes Werkzeug oder Organ zugeordnet. Selbst wenn uns das einem bestimmten Sinn zugehörige Tätigkeitsorgan oder -werkzeug zunächst befremdlich oder zusammenhanglos erscheinen mag, so liegt doch ein tieferer Sinn dahinter, der vor allem bei der ayurvedischen Diagnose von körperlichen Beschwerden eine wichtige Rolle spielt.

- So gehört zum Feuer, das auch mit Licht, Wärme und Farbigkeit assoziiert wird, der Sehsinn. Dadurch, dass wir mit unseren Augen sehen können, können wir unseren Bewegungen ganz bewusst eine Richtung geben. Aus diesem Grund wird das Feuer auch mit den Tätigkeiten des Gehens und Laufens und damit mit den Füßen als ausführenden Werkzeugen in Verbindung gebracht.
- Der Geruchssinn und die Nase gehören zum Element Erde. Ihm werden die Ausscheidungsfunktionen des Körpers über den Darm bzw. den Darmausgang zugeordnet.
- Wasser wiederum hängt eng mit dem Geschmackssinn zusammen. Über die Zunge werden Geschmackseindrücke aufgenommen. Als ausführende Organe werden die Fortpflanzungsorgane, als Tätigkeit die Sexualität zugeordnet.
- Der Tastsinn gehört dem Element Luft an; ebenso wie das dazugehörige Sinnesorgan Haut, über welches wir Berührungen wahrnehmen. Die Hand hingegen wirkt als ausführendes Werkzeug dieses Sinnes, indem sie festhält, annimmt und weitergibt.
- Hören und Horchen gehören zu dem Element Äther, da in ihm der Schall übertragen wird. Sein Sinnesorgan ist das Ohr, und die Sprechorgane mit Mund und Stimmbändern dienen als ausführende Kräfte bei der Kommunikation mit anderen Menschen.

Ebenso wie in der modernen Traumdeutung das Wasser als Symbol für die Sexualität steht, ordnet auch der Ayurveda die Fortpflanzungsorgane dem Element Wasser zu.

Die Sinne schärfen

Die Empfehlungen, die der Ayurveda für unsere Gesundheit und für unsere innere wie äußere Schönheit gibt, halten den Menschen dazu an, ganz intensiv auf seine innere Stimme zu hören. Unsere Sinnesempfindungen stellen zu diesem Zweck die unmittelbarsten Botschaften an uns dar. Sie leiten uns so gut wie der Instinkt der Tiere, den wir im Laufe der Evolution auf dem Weg zur Menschwerdung

Es kann sein, dass Sie aufgrund Ihrer wiedererweckten Sinne einiges an Ihrer bisherigen Lebensweise ändern werden.

leider größtenteils verloren haben. Wer es jedoch wieder lernt, sich auf seine Sinneseindrücke, wie etwa Gerüche oder Geschmack zu verlassen, lebt gesünder. Denn der Körper weiß genau, welche Nährstoffe er im Moment benötigt. Wenn ein bestimmtes Gericht angenehm riecht, tut es Körper und Seele etwas Gutes. Ein anderer Mensch mag dieselbe Speise nicht als wohlriechend empfinden. Also enthält sie Inhaltsstoffe, die er momentan oder seinem Typ entsprechend gar nicht benötigt oder verträgt.

Um unsere Sinnesorgane wieder etwas zu schulen und dadurch den vielgeplagten Verstand zu entlasten, der mit der Verarbeitung der alltäglichen Reize, die auf uns einströmen, genug zu tun hat, gehört kein kompliziertes Trainingsprogramm. Doch bedenken Sie, je empfindlicher unser Geruchssinn, Sehsinn, Hörsinn, Tastsinn und Geschmackssinn sind, desto schärfer nehmen wir wahr, was uns gut tut und was nicht.

Ein Spaziergang für die Sinne

● Sehen Sie sich auf ihrem Weg genau um. Achten Sie darauf, wohin Sie Ihre Schritte leiten. Bleiben Sie bei einem Baum stehen, und betrachten Sie die Struktur seiner Rinde oder die Form eines Blattes. Versuchen Sie, Entfernungen richtig abzuschätzen.

● Betasten Sie Baumrinde, lassen Sie Gräser durch Ihre Finger gleiten. Nehmen Sie Steine und Steinchen in die Hand, und befühlen Sie ihre Form. Lassen Sie Ihre Hand in fließendes Wasser tauchen.

● Horchen Sie auf die Geräusche des Windes, auf das Piepen und Krähen der verschiedenen Vogelarten, oder lauschen Sie auf die Stille.

● Riechen Sie an Halmen, Blättern, an der Erde, an Blüten und auch an Steinen. Alles hat einen Geruch, den wir wahrnehmen können. Stellen Sie fest, was Ihnen angenehm ist und was nicht.

● Kauen Sie ein Blatt Sauerampfer oder auf einem Grashalm, und nehmen Sie seinen Geschmack wahr.

Die drei Doshas

Jeder Mensch ist zwar aus denselben »Grundstoffen« zusammengesetzt, doch ist diese Zusammenstellung bei jedem Einzelnen von uns anders. Im Ayurveda heißt das, dass jeder Mensch eine andere Konstitution besitzt. Aus diesem Grund reagiert auch jeder Mensch anders auf bestimmte Elemente oder äußere Einflüsse. Vereinfacht gesagt, sieht dies so aus: Die Elemente verbinden sich zu Paaren und formen so insgesamt drei Doshas.

Diese Doshas stehen für Regelkreise oder Grundprinzipien, die die verschiedenen Erscheinungstypen der Menschen sowohl im gesunden als auch im kranken Zustand prägen und alle körperlichen und seelischen Vorgänge steuern. Die Doshas selber bleiben dabei unsichtbar, sie zeigen sich nur in körperlichen und geistigen Merkmalen beim Menschen. Denn die Doshas sind in jeder einzelnen Körperzelle des Organismus vorhanden und wirken sich hier genauso wie in der Psyche des Menschen aus. Bei jedem Menschen stehen die drei Doshas seit dem Moment seiner Entstehung im Mutterleib in einem bestimmten und einzigartigen Verhältnis zueinander.

So besitzt jeder von uns von Geburt an seine eigene, unverwechselbare Natur mit unterschiedlichen Bedürfnisse und Vorlieben, beispielsweise für bestimmte Nahrungsmittel oder klimatische Bedingungen. Ebenso regeneriert sich jeder Körper auf verschiedene Art und Weise, ist unterschiedlich aktiv beim Aufbau von Körpergewebe und arbeitet auf verschiedenste Arten bei der Entgiftung und Entschlackung über das Verdauungssystem.

Der Ayurveda ordnet dem Menschen drei verschiedene Konstitutionstypen zu, die anhand der Charaktereigenschaften, dem Wesen und den körperlichen Merkmalen eines Menschen ermittelt werden können.

Unterschiedliche Gefühlswelten

Auch emotional ist jeder Mensch anders »gestrickt«, verhält sich seiner Umwelt gegenüber eher extrovertiert oder ist schüchtern, hat diese oder jene gefühlsmäßige Ausstattung bzw. angenehme oder sozial unverträgliche Charaktereigenschaften.

Trotzdem: Verstehen Sie Ihren Konstitutionstyp nicht »als schicksalhafte Größe, der Ihr Sein und Handeln auf Erden regelt. Das Wissen über Ihre individuelle Konstitution kann Ihnen dabei helfen, ganz gezielt Ihre Gesundheit zu stärken und damit Ihr Wohlbefinden zu fördern. Wir erfahren durch das Wissen um unsere Konstitution, worin unsere besonderen körperlichen oder seelischen Stärken liegen, aber auch wo unsere Schwachpunkte sind und wo wir helfend oder stärkend eingreifen können.

Mit Hilfe des Tests zur Feststellung Ihres individuellen Konstitutionstyps (siehe Seite 31 ff.) können Sie die Zusammensetzung der Doshas bei Ihnen selbst feststellen. Generell unterscheidet man bei der Konstitution sieben Typen, das heißt, die hier genannten Doshas dominieren jeweils das körperlich-seelische Erscheinungsbild des betreffenden Menschen:

- Kapha
- Pitta
- Vata
- Vata-Pitta
- Pitta-Kapha
- Vata-Kapha
- Kapha-Pitta-Vata

Diese Unterscheidung sollte man keinesfalls als absolut, sondern lediglich als Richtschnur betrachten. Es gibt innerhalb dieser Kategorie noch sehr viele Variationen, die sich durch Feinheiten unterscheiden.

Balance der Doshas als Lebensziel

Es bedarf einer gesunden Balance der Grundprinzipien Kapha, Pitta und Vata, um sich in ein inneres und äußeres Gleichgewicht zu bringen.

Die Doshas oder Grundprinzipien Kapha, Pitta und Vata stellen für die ayurvedische Medizin wichtige Grundlagen dar. Im Altdeutschen kennen wir den Begriff »Körpersäfte«, der mit dem der Doshas vergleichbar ist. Ziel der Heilkunde ist es, die Doshas ins Gleichgewicht zu bringen bzw. es zu erhalten. Denn bei Beschwerden oder Krankheiten sind es Kapha, Pitta und Vata, die in Disharmonie geraten sind. Die Harmonie zwischen allen Doshas nennt man »sattwa«. Wir kennen diesen Begriff bereits aus dem Schöpfungsgedanken des Ayurveda. Dieses altindische Wort steht auch für Liebe, Ausgeglichenheit und Klarheit der Gedanken. Sind die Doshas bei einem Menschen im Gleichgewicht, so ist dieses nicht starr und unveränderlich. Es kann sich jederzeit verändern, ganz davon abhängig, auf welche Weise wir unser Leben gestalten. Jeder Mensch kann im Alltag ohne großen Aufwand dafür sorgen, dass seine Doshas im Gleichklang bleiben. Wenn man über seine individuelle Konstitution Bescheid weiß, kann man auch Ernährung und Körperpflege auf seine Grundbedürfnisse abstimmen.

Feuer und Erde sind zwei der fünf Elemente, die man auch im menschlichen Organismus wiederfindet. Feuer ist in der Verdauung und im Gehirn abgebildet, Erde im Bewegungsapparat sowie in Haut und Haaren.

Die kleinsten Regelkreise im Kosmos

Anhand der Doshas, die unsere körperlich-geistigen Vorgänge und Zustände regulieren, wird wieder der Zusammenhang von den Kräften, die im Kosmos wirksam sind, deutlich. Genauso, wie die Doshas mit ihren nach innen wirkenden Kräften den Menschen prägen, so beeinflussen sie sich gegenseitig, stehen zudem in Wechselwirkung mit der Natur und damit mit unserer Ernährung und den verschiedenen Reizen, die aus unserer Umwelt auf uns einströmen. Wie sehen die einzelnen Doshas nun aus und welche Elemente und Eigenschaften können wir ihnen zuordnen?

Viele Menschen sind kein reiner Kapha-, Vata- oder Pitta-Typ, sondern sie vereinen zwei oder Teile aller drei Typen in sich und sind somit Mischtypen.

Das Kapha-Dosha

Kapha besteht aus den Elementen Erde und Wasser. Dieses Dosha bildet die Grundlage für die Kraft und die Widerstandsfähigkeit des menschlichen Organismus.

Wenn Ihnen ein indischer Arzt ein Kompliment macht, dann hat dies etwas mit dem Kapha-Dosha zu tun, das die Gesundheit und Schönheit eines Menschen ausmachen kann, sofern es sich im Gleichge-

Der Konstitutionstyp eines Menschen gibt Aufschluss über seine körperlichen, geistigen und seelischen Eigenschaften.

wicht befindet. Kapha-Dosha ist kalt, süß, ölig, wässrig glatt, stabil, fest und träge. Aus Kapha ist das Baumaterial der Körperstruktur gebildet, das gleichzeitig alle Elemente im Körper zusammenhält. Es verleiht Stabilität und Energie, sorgt für die Feuchtigkeit im Körper, sei es zwischen den Gelenken oder im Bindegewebe, und stärkt letzteres. Das Immunsystem, die Herz-Lungen-Funktionen im oberen Körperdrittel und die allgemeine Lebenskraft werden durch Kapha beeinflusst. Die Kapha-Region im Gesicht liegt im oberen Drittel und umfasst Stirn und Augen.

Da Kapha auch mit Körperflüssigkeiten assoziiert wird, lokalisiert man es in allen Schleimabsonderungen und Körpersekreten sowie im Brustraum, im Hals-Nasen-Rachen-Raum oder im Zellplasma.

Durch Kapha werden auch Wiederaufbau, Regeneration der Körpergewebe und beschleunigtes Wachstum eingeleitet. Eine Kapha-Natur steht für eine gute Gesundheit und ein ausgeglichenes Gemüt.

»Tamas« steht für Dunkelheit, Unwissenheit und potentiell zerstörerische Kraft.

Die körperlich-seelische Ausprägung des Kapha-Typs

- Entspanntes und entspannendes Wesen
- Starker Knochenbau mit Neigung zu Übergewicht und Rundlichkeit
- Gut entwickelte Muskulatur, kaum sichtbare Venen
- Heller Teint mit weichem, festem (normalem) Hauttyp
- Kräftiges, welliges Haar, starke Nagelsubstanz
- Regelmäßiger Appetit, eher träge Verdauung, wenig Schweißabsonderungen, tiefer Schlaf
- Bedächtig, erdverbunden, an Körperempfindungen orientiertes Wesen
- Langsame Auffassungsgabe, gutes Gedächtnis, anmutige Beweglichkeit, ausgeglichener Energiehaushalt, ausdauernd, tolerant, vergebend, Liebe schenkend
- Schwache Verstandeskräfte, vergesslich, wenig ausgeprägter Wille und Selbstvertrauen
- Besitzgierig, klammernd, zum Hamstern neigend, neidisch, lethargisch
- Zuviel Kapha fördert »tamas«

Das Pitta-Dosha

Pitta besteht aus den Elementen Feuer und Wasser. Es repräsentiert den Wärmeprozess im Körper, reguliert die Verdauung und den Stoffwechsel. Pitta-Dosha ist rot, heiß, scharf, leicht, durchdringend, feucht-ölig und sauer. Dieses Prinzip reguliert das Verdauungsfeuer Agni, welches in der ayurvedischen Heilkunde eine wichtige Rolle spielt, beeinflusst die Temperatur des Körpers sowie die Farbe der Haut. Auch die Intelligenz und die allgemeine Verständnisfähigkeit eines Menschen wird von Pitta gesteuert. Der Sitz des Pitta-Dosha wird im Ayurvedischen im mittleren Körperdrittel gesehen, also in Dünndarm, Magen, Haut und Blut. Auch im Gesicht wird das mittlere Drittel mit Nase und Wangen Pitta zugeordnet. Pitta wirkt maßgeblich auf die Aktivität unseres Stoffwechsels. Wie auch Vata fördert zuviel Pitta »rajas«. Pitta im Übermaß äußert sich im emotionalen Bereich als Zorn, Eifersucht oder sogar Hass.

Typische Pitta-Beschwerden sind Entzündungen, fieberhafte Infekte, Sodbrennen, Magenleiden und Hautkrankheiten sowie Sehbeschwerden.

Die körperlich-seelische Ausprägung des Pitta-Typs

- Intensität eines Wesens
- Mittelstarker Knochenbau mit Neigung zur Zartheit, schlank, wohlproportioniert (leichte Gewichtsschwankungen)
- Mittelstarke Muskulatur
- Hellerer Teint mit Neigung zu Sommersprossen und Muttermalen sowie einem weichen, sonnenempfindlichen Hauttyp
- Feines Haar mit Neigung zu Haarausfall und Grauhaarigkeit, weiche Nagelsubstanz
- Stark ausgeprägter Hunger und viel Durst, gute Stoffwechselfunktionen, normaler Schlaf
- Neigung zu verstärktem Schwitzen
- Unternehmungslustig, kühn, ehrgeizig; Führernaturen
- Empfindliche Reaktionen auf Nahrungsgifte, Drogen und ungute Atmosphäre
- Gute Auffassungsgabe, scharfsinnig, analytisch und rhetorisch begabt, konzentrationsfähig, visuell und luxusorientiert
- Hitzig, ungeduldig, eifersüchtig, angeberisch, ungeeignet für schwere körperliche Arbeit, anspruchsvoll, verletzend

»Rajas« steht für Dynamik, Beweglichkeit und Lebenskraft.

Das Vata-Dosha

Schlaflosigkeit, Erschöpfung, chronische Müdigkeit, Nervosität, ein hektisches Gemüt, Besorgtheit, Nervenschwäche, sich nicht geerdet fühlen, Ängste und Verkrampfungen sind z.B. Vata-Beschwerden.

Vata besteht aus den Elementen Luft und Äther und ist trocken, rau, leicht, schnell, beweglich und kalt. Körperlich lokalisiert wird Vata-Dosha im unteren Körperdrittel, also dem Beckenraum mit den Hüften, den Geschlechtsorganen sowie im Dickdarm. Auch im Gesicht eines Menschen befindet sich die Vata-Region im unteren, beweglichen Drittel mit Mund und Ohren. Bei einer Überentwicklung von Vata sammelt es sich in diesen Regionen und kann hier auch entsprechende Störungen auslösen. In körperlicher Hinsicht kommt es bei einer Vata-Dominanz zu Verstopfungen oder Blähungen, nervösem Magen und krampfartigen Schmerzen vor und/oder während der Menstruation. Das bewegliche Prinzip Vata fördert die unbeweglichen Doshas Pitta und Kapha und führt sie. Befindet sich Vata im Gleichgewicht, so sind es die anderen beiden in den meisten Fällen auch; es kommt es zu rascheren Verfallsprozessen und zur Abmagerung des Körpers, da sämtliche organischen Abbauvorgänge beschleunigt werden.

Vata-Dosha repräsentiert das Prinzip der Bewegung. Es regelt die Tätigkeit der Muskulatur, der inneren Organe, des Geistes sowie der Sinnesorgane.

Die körperlich-seelische Ausprägung des Vata-Typs

- Wechselhaftes Wesen
- Leichter Knochenbau mit Neigung zur Unterentwicklung, schlanke Figur (Gewichtsschwankungen möglich)
- Schwache Muskeln, hervortretende Knochen, Gelenke und Venen
- Dunkler Teint mit Muttermalen, trockener Hauttyp
- Wenig Haarwuchs, brüchige Nagelsubstanz
- Neigung zu körperlichen Unregelmäßigkeiten (z.B. Überbiss)
- Neigung zu unregelmäßiger Lebensführung
- Unterschiedlich stark ausgeprägter Appetit
- Reagiert geräusch- und berührungsempfindlich
- Schnelle Auffassungsgabe, fantasievoll, begeisterungsfähig, gesprächig
- Schwache Verstandeskräfte, oft vergesslich, wenig Selbstvertrauen, hektisch, sprunghaft, ermüdet schnell

Die Doshas im Laufe unseres Lebens

Unser Leben von der Kindheit bis zum Alter wird – ebenso wie die einzelnen Lebensvorgänge in Körper, Geist und Seele – am Tag und über das ganze Jahr von den Doshas geregelt. Lesen Sie hierzu auch auf den Seiten 41 bis 48 nach. Da während der Kindheit eines Menschen jede Menge Wachstumsprozesse stattfinden, herrschen in dieser Lebensphase auch die Kapha-Elemente vor. Bei Erwachsenen ist das Pitta-Dosha dominierend, denn der Körper ist keinen Wachstumsprozessen mehr unterworfen und in sich stabil. Vata hingegen tritt als beherrschendes Dosha im höheren Lebensalter des Menschen in den Vordergrund.

Welcher Konstitutionstyp bin ich?

Mit Hilfe des folgenden Fragebogens können Sie feststellen, welcher Konstitutionstyp Sie sind, welche Züge Ihr eigentliches Wesen bestimmen und was für Ihr Wohlbefinden wichtig ist. Durch detaillierte Fragen werden sowohl Ihre natürlichen Veranlagungen deutlich gemacht als auch ihre persönlichen körperlichen oder geistig-seelischen Schwachpunkte, die sich als Befindlichkeitsstörungen oder Beschwerden ausprägen können.

Antworten Sie auf alle Fragen intuitiv und aus dem Bauch heraus. Streichen Sie nur die körperlich-geistigen Merkmale an, die Sie als wirklich typisch für Ihre Person empfinden und die in Ihrem Leben eine wichtige Rolle spielen. Wenn bestimmte Dinge in Ihrem Leben häufig auftreten, sind sie typisch für ein bestimmtes Dosha. Empfinden Sie ein beschriebenes Merkmal als besonders stark, tragen Sie die 2 ein. Ist es nur mittelmäßig wichtig, so tragen Sie eine 1 ein. Tritt es in Ihrem alltäglichen Leben überhaupt nicht auf, wählen Sie die 0. Bei manchen Fragen sind auch mehrere Eigenschaften in einen Satz zusammengefasst. Geben Sie auch dann die entsprechende Punktzahl, wenn nur ein Merkmal mittel oder stark auf Sie zutrifft. Beachten Sie auch, dass Sie die Eigenschaften von zwei oder allen drei Doshas besitzen können, und gewichten Sie danach, was bei Ihnen verhältnismäßig stark oder schwach oder zur Zeit stärker oder schwächer ausgeprägt ist.

Zählen Sie zum Schluss die jeweiligen Punkte für Kapha (K), Pitta (P) und Vata (V) zusammen und trennen Sie dabei Veranlagungen von akuten Störungen. So sehen Sie, wie Ihre Doshas derzeit gewichtet sind.

Test zur Identifizierung des Konstitutionstyps

1 Ich besitze ein ruhiges und starkes Wesen. **K**
Ich besitze einen starken Willen, kann mich durchsetzen und genieße Herausforderungen. **P**
Ich bin geistig beweglich, habe eine rasche Auffassungsgabe und lerne schnell. **V**

2 Ich gehe den Dingen auf den Grund und nehme mir Zeit für das Wesentliche. **K**
Ich bin begeisterungsfähig, gefühlsintensiv und temperamentvoll. **P**
Ich reagiere sehr feinfühlig und habe ein gutes Wahrnehmungsvermögen für meine Umwelt. **V**

3 Ich bin psychisch stabil, ausdauernd und geduldig. **K**
Ich bin humorvoll und beherzt. **P**
Ich bin zuversichtlich, heiter, fröhlich und beschwingt **V**

4 Ich besitze ein gutes Langzeitgedächtnis. **K**
Ich bin scharfsinnig und analytisch. **P**
Ich besitze ein gutes Kurzzeitgedächtnis. **V**

5 Meine Stimme ist weich und beruhigend. Ich spreche im Allgemeinen wenig, aber bestimmt. **K**
Ich argumentiere überzeugungsstark und ausdrucksvoll. **P**
Das Sprechen fällt mir leicht und ich spreche schnell und flüssig. **V**

6 Ich bin zufrieden, sanftmütig, liebevoll und loyal anderen gegenüber. **K**
Ich habe ein sicheres Auge und kann gut unterscheiden. **P**
Ich habe einen sehr ausgeprägten Tastsinn und mag gerne sanfte Berührungen und Massagen. **V**

7 Ich bin von Natur aus bodenständig und großzügig. **K**
Ich bin ein »Augenmensch«, liebe Farben und Malerei. **P**
Ich besitze ein feines Gehör und liebe Musik. **V**

8 Ich besitze einen kräftigen und starken Körper. **K**
Ich bin immer gut durchwärmt und friere selten. Kaltes Wetter macht mir nichts aus. **P**
Mein Körperbau ist leicht und zartgliedrig. Meine Hände und Füße sind grazil und fein gebaut. **V**

Test zur Identifizierung des Konstitutionstyps

9 Ich bewege mich ruhig und maßvoll. **K**
Ich bin sportlich. **P**
Ich bin flink, beweglich und körperlich geschickt. **V**

10 Ich bin bei meinen Handlungen bedacht und gehe methodisch vor. **K**
Meine Handlungen sind zielgerichtet und kühn. **P**
Ich bin bei meinen Handlungen spontan und flink. **V**

11 Meine Haare sind kräftig, dicht und glänzend. **K**
Meine Haare sind dünn, seidig glänzend und weich. Meine Haarfarbe
ist rötlich oder hell. **P**
Ich habe feines, welliges Haar mit einem leichten Glanz. **V**

12 Meine Haut ist weich, geschmeidig und normal gefettet. **K**
Meine Haut ist weich, geschmeidig und hell oder sommersprossig. **P**
Meine Haut ist fein und zart, mit einem gesunden, bräunlichen Teint. **V**

13 Meine Zähne sind groß, kräftig und breit, schön geformt und wider-
standsfähig gegen Karies. **K**
Meine Zähne sind mittelgroß und scharfkantig. **P**
Meine Zähne sind klein, perlartig glänzend und regelmäßig. **V**

14 Ich esse und trinke gerne und genieße Gaumenfreuden. **K**
Ich besitze einen gesunden Appetit und kann viel essen. Ich mag
gerne gewürzte Speisen. Ich habe viel Durst und mag Getränke lieber
kühl, jedenfalls nicht zu heiß. **P**
Ich habe ein Bedürfnis nach regelmäßigem Essen und viel Flüssigkeit.
Ich spüre sehr genau, was mir bekommt. **V**

15 Mein Stuhlgang ist regelmäßig, geformt und eher von öliger Substanz. **K**
Mein Stuhlgang ist im Allgemeinen kräftig und gut verdaut. **P**
Ich achte auf regelmäßigen Stuhlgang. **V**

16 Ich träume wenig, aber sanft. Mein Schlaf ist tief und erholsam. **K**
Ich träume oft farbenfroh, leidenschaftlich und gefühlsintensiv. Mein
Schlaf ist erholsam, und ich bewältige die Tagesereignisse gut. **P**
Ich träume angenehm und phantasiereich, häufig auch vom Fliegen.
Ich habe einen leichten, aber erfrischenden Schlaf und stehe morgens
gerne auf. **V**

Test zur Identifizierung des Konstitutionstyps

17 Ich bin widerstandsfähig gegenüber Infektionskrankheiten.   K
Meine Schleimhäute sind gut durchblutet und befeuchtet.   P
Ich fühle mich bei Wind und beim Wechsel der Jahreszeiten be-
schwingt, ideenreich und leistungsfähig.   V

18 Ich bin sehr ausdauernd und leistungsfähig.   K
Ich bin bei allem, was ich tue, sehr ordentlich und konzentriert.   P
Ich esse mit allen fünf Sinnen, weshalb der Tisch geschmackvoll ge-
deckt sein sollte. Vor allem Speisen mit einem feinen ausgewogenen
Geschmack genieße ich sehr.   V

19 Ich fühle mich häufig träge und brauche für manche Dinge zu
lange. Es macht mich müde, viel geistig zu arbeiten.   K
Ich reagiere zu emotional, auch verärgert oder zornig.   P
Ich fühle mich öfter zerfahren. Oft bin ich auch schreckhaft und über-
empfindlich.   V

20 Ich neige zum Schlemmen und esse manchmal zuviel des Guten.
Ich leide oft an Völlegefühl und fühle mich nach dem Essen
schwer.   K
Ich vertrage keine scharf gewürzten Speisen, oder ich habe über-
mäßiges Verlangen nach scharfen Gewürzen.   P
Ich neige dazu, unregelmäßig zu essen. Oft esse ich zu hastig, ohne
Genuss und kaue zu wenig.   V

21 Ich bin öfter schwermütig und in sentimentaler Stimmung.   K
Ich schwitze schnell und vertrage Sommerhitze schlecht.   P
Ich leide an Schwindelgefühlen und Ohrgeräuschen.   V

22 Ich neige zum Aufbewahren, Sammeln und halte Besitz für etwas sehr
Wichtiges.   K
Ich werde gelegentlich aggressiv oder verletzend.   P
Ich bin häufig hektisch und meine Lebensführung ist normalerweise
sehr unregelmäßig.   V

23 Meine Verdauung ist meist träge.   K
Ich neige zu Durchfall.   P
Ich neige zu Verstopfungsbeschwerden oder Blähungen.   V

So können Sie Ihre Doshas beeinflussen

Der Ayurveda hält auch eine große Menge an individuell auf den jeweiligen Konstitutionstyp abgestimmten Ratschlägen zur Bereicherung seines täglichen Lebens bereit. Diese zielen grundsätzlich darauf ab, unseren spirituellen und unseren geistigen Zustand ins Gleichgewicht mit unserem Körper zu setzen. Erst in diesem Stadium ist ein »gutes Leben« möglich, und der Mensch fühlt sich gesund und schön und strahlt dies auch nach außen hin aus.

Unsere Doshas können wir über die Ernährung (siehe Seite 86 ff.) – hier vor allem pflanzliche Lebensmittel und Gewürze – über Körper- und Schönheitspflege sowie über den Lebensstil beeinflussen, der an die individuelle Leistungsfähigkeit angepasst ist und in einem engen Zusammenhang mit den inneren und äußeren Rhythmen zu sehen ist. Auch Tages- und Jahreszeit (siehe Seite 40 und 46) sowie das Lebensalter spielen bei der Einstimmung der Doshas eine erhebliche Rolle.

Eine der Grundeigenschaften des Ayurveda ist, dass er auf die wechselnden Bedürfnisse des Menschen eingehen kann. In gewisser Hinsicht ist diese Lehre genauso fließend wie das Leben selbst und passt sich so auch den verschiedenen Menschentypen und ihren Ansprüchen an.

Doshas regulieren

- Kapha verleiht unserem Leben Beständigkeit und das Gefühl von innerer Sicherheit. Kaphaausgleichend wirken die persönliche Weiterentwicklung in geistigen Bereichen, körperliche Aktivität, eine abwechslungsreiche Arbeit und leichte, warme, maßvolle Mahlzeiten.

- Pitta sorgt für Reinheit und für das Maß aller Dinge in körperlicher und seelischer Hinsicht. Pittaberuhigend wirkt daher ein ausgeglichener Lebensrhythmus, bei dem vor allem beim Essen und bei anderen Genussmitteln Maß gehalten werden sollte.

- Vata ist häufig als Vorreiter der Doshas bei der Entstehung von Beschwerden, aber auch für Verfallserscheinungen des Bindegewebes, Mattigkeit und einem allgemeinen Verlust an Ausstrahlung verantwortlich. Umso wichtiger ist es, dieses Dosha in Balance zu halten. Vataberuhigend wirkt beispielsweise entspanntes Liegen und Meditieren, ausreichender Schlaf und ein regelmäßiger Tagesablauf.

SCHÖNHEIT VON INNEN

Ein gesunder Mensch – im ayurvedischen Sinn ein Mensch, der im Gleichgewicht lebt – ist auch ein schöner Mensch. Jenseits aller Vorstellungen von jugendlichen Berufsschönheiten aus der Glitzerwelt der Illustrierten lehrt Ayurveda einen tieferen Schönheitsbegriff. Glatte Haut und volles Haar sind für diese Philosophie allenfalls Merkmale eines bestimmten Alters, aber noch längst nicht schön. Dazu gehört die Ausstrahlung einer inneren Ruhe, eines inneren Wohlbefindens, das ältere Menschen genauso auszeichnen kann wie solche, deren Körpermaße nicht in die superschlanken Konfektionsgrößen zu pressen sind.

Schön sein und schön scheinen

Nach der eigenen Natur leben

Ziel des Ayurveda ist die Erhaltung und Förderung unserer Gesundheit und Lebenskraft. Fühlt sich ein Mensch von Grund auf und damit von innen heraus wohl, wirkt sich dies in seiner Stimmung, seiner Toleranz anderen und sich selbst gegenüber, seiner Leistungsfähigkeit und seiner Ausstrahlung auf andere Menschen aus. Im ayurvedischen Lebens- und Gedankenkonzept hat daher die Harmonisierung der inneren Regelkreise, der Doshas, die unser Sein und Wirken bestimmen, eine Schlüsselfunktion. Denn sie wirkt sich nicht nur innerhalb der körperlichen, sondern auch auf der seelisch-geistigen Ebene unserer Gesundheit aus. Ebenso wie ein kranker Mensch, dessen Doshas sich im Ungleichgewicht befinden, kann auch der Gesunde auf die Weisheiten des Ayurveda zurückgreifen, welche die Veden im Fall von Befindlichkeitsstörungen bereithalten.

Innere Ausgeglichenheit zeigt sich nach außen hin durch eine angenehme Ausstrahlung, schöne Haut und glänzende Haare. Ziel des Ayurveda ist, dem Menschen diese innere Harmonie zu vermitteln.

Schönheit strahlt von innen heraus

Sind die Doshas eines Menschen allerdings im Gleichgewicht und er fühlt sich wohl, so dienen die ayurvedischen Ratschläge zur Pflege von Körper, Geist und Seele dazu, die Lebensenergie und damit die innere und äußere Schönheit zu erhalten und sogar zu verstärken. Doch auch hier liegt der Schwerpunkt nicht ausschließlich an der sichtbaren Oberfläche – beschränkt sich also nicht auf das gute Aussehen einer glatten rosigen Haut oder einer seidig schimmernden Haarpracht eines Menschen.

Um diese »Früchte« der Schönheitspflege zu ernten, bedarf es im ayurvedischen Sinn eben jenes vielbesprochenen inneren Gleichgewichts, ohne das wir im eigentlichen Sinne gar nicht wirklich schön sein können. Insofern sind auch die Ergebnisse von größeren mechanischen oder gar chirurgischen Eingriffen fraglich, denn sie befassen sich nicht mit der Grundsubstanz und dem eigentlichen Wesen eines Menschen, sondern nur mit seiner Hülle, die im negativen Fall auch zur seelenlosen Maske erstarren kann.

Erste Schritte zur vollkommenen Schönheit

Innerhalb der ayurvedischen Gesundheits- und Schönheitspflege gibt es viele Empfehlungen zur Körper- und Schönheitspflege, die allgemeiner Natur sind und auch jedem Menschen im Alltag von Nutzen sein können. Dazu gehören beispielsweise eine erholsame Nachtruhe, körperliche Bewegung und Entspannung, Spaziergänge an der frischen Luft und auch maßvolle Sonnenbäder. Darüber hinaus gibt es im Ayurveda aber auch ganz spezielle Anwendungen, die auf den jeweiligen Konstitutionstyp eines Menschen und den sich hieraus ergebenden besonderen Bedürfnissen von Körper und Seele zugeschnitten sind. Hierzu gehört die typgerechte Ernährung und die individuelle Körper- und Gesichtspflege.

Die Doshas prägen sich in einem Menschen jeweils in einem ganz bestimmten Verhältnis aus. Dies zeigt sich im äußeren Erscheinungsbild und in den spezifischen Reaktionen auf die Umwelt. Entsprechend dem jeweiligen Konstitutionstyp sind auch die individuellen Bedürfnisse eines Menschen verschieden. Und sofern er sich von diesem leiten lässt, bleibt er im Gleichgewicht und damit gesund und schön.

Was Ihr Dosha über Sie aussagt

Aller Anfang ist der Wille zur Veränderung bzw. das Bedürfnis, ein gesundes Leben führen zu wollen: Gönnen Sie sich ausreichend Schlaf, Bewegung an der frischen Luft und Entspannung.

Sollten Sie schon den Test zur Feststellung Ihres Konstitutionstyps durchgeführt haben und bereits wissen, welche Doshas die Ihnen eigene und unverwechselbare Natur bestimmen, dann sind Sie auf dem Weg zu mehr Wohlbefinden und innerer Ausgeglichenheit schon ein ganzes Stück weiter.

Besinnen Sie sich einmal auf all die Eigenschaften, die Ihr Wesen ausmachen, und überlegen Sie, dass Sie mit dieser für Sie typischen Konstitution bereits von Kindesbeinen an durchs Leben geschritten sind. Sie hat Ihren Gesundheitszustand bestimmt, Ihren bisherigen Lebensweg mitgestaltet und sich in Ihren ureigenen Begabungen, Talenten und natürlich auch Ihren persönlichen Schwächen ausgedrückt. Auch im weiteren Verlauf Ihres Lebens werden Sie von ihr weiter getragen werden. Sehen Sie daher Ihre Natur so an, wie sie sich Ihnen präsentiert: Als etwas von Grund auf Positives, das Ihnen die richtigen Zeichen gibt, wohin Sie sich entwickeln sollen, um wirklich glücklich, gesund und damit schön zu sein.

Das eigene Wesen annehmen

Sie fühlen sich schon seit geraumer Zeit unwohl in Ihrer Haut? Sie finden sich zu üppig oder zu schmal? Sie halten alle anderen für schöner als sich selbst? Machen Sie für Ihre Gefühle nur nicht Ihre Konstitution verantwortlich. Aus einem tiefer liegenden Grund haben Sie Ihr inneres Gleichgewicht verloren, was gleichzeitig Ihr Selbstbewusstsein schwächt. Orientieren Sie sich also bei Ihrem persönlichen Wunschbild von Gesundheit und Schönheit an dem Vorbild Ihrer Doshas, wenn Sie sich im Gleichgewicht befinden. In diesem Zustand drücken sich die Kräfte von Kapha, Pitta und Vata immer am angenehmsten und positivsten aus.

Das Selbstbild des Menschen

Merkwürdigerweise haben Frauen weit häufiger als Männer Probleme damit, Ihre Attraktivität anzuerkennen, sich einfach schön zu finden. So hat eine gesunde Frau mit Kapha-Konstitution einen stabilen Körperbau und neigt verstärkt zu weiblichen Rundungen im Gegensatz zur schmalgliedrigen Vata-Frau, der so gut wie nie Gewichtsprobleme (höchstens nach unten hin) zu schaffen machen. Eine Pitta-Frau mit ihrem mittelstarken Körperbau ist weder zu dick noch zu dünn und entspricht am ehesten dem westlichen Idealbild von körperlicher Schönheit. Doch richtig schön wird ein Mensch erst durch die Ausstrahlung, die ihm ebenfalls das bei ihm dominierende Dosha verleiht. Die Kapha-Frau ist die weiblich-anmutigste und sanfteste von allen drei Typen und strahlt eine stille Heiterkeit aus, wohingegen die Vata-Frau ein Feuerwerk an Charme, Esprit und Leichtigkeit darstellt. Die Pitta-Frau hingegen wirkt durch ihre zurückhaltende Eleganz und glänzende Rhetorik.

Haben Sie Ihren Typ gefunden, der sich selbstverständlich auch als Mischtyp ausprägen kann? – Dann nehmen Sie diese Eigenschaften als die Ihren an, und lernen Sie, diese Ihnen eigene Attraktivität zu betonen – und vor allem, sie zu genießen. Die ayurvedischen Empfehlungen zu einer typgerechten Ernährungsweise, zu einer ausgewogenen Tagesgestaltung im Sinne der Naturgesetze und auch zu sanften Entspannungsmethoden werden Ihnen sicher helfen, die Augen für eine Schönheit zu öffnen, die sich mehr als Sein denn als schöner Schein versteht.

Im ayurvedischen Sinn ist jede Frau schön – vorausgesetzt sie befindet sich in innerer Harmonie.

Mit den natürlichen Rhythmen leben

Am Abend verschwindet die Sonne, um Mond und Sternen das Regiment zu überlassen und am nächsten Morgen wieder aufzusteigen. Dieser Wechsel von Licht und Dunkelheit, von Tag und Nacht wiederholt sich jeden Tag aufs Neue und bindet die gesamte Natur – Pflanzen, Tiere und uns Menschen – in feste Rhythmen ein.

Die Phasen eines Tages

Jeder Tag hat nach ayurvedischer Lehre seine unterschiedlichen Phasen: Wer den Rhythmus des Tages und der Nacht kennt, kann die Energien jeder Phase optimal nutzen.

An einem Tag durchleben wir viele verschiedene Phasen, die sich auf unseren Körper, den Geist und die Seele unterschiedlich stark auswirken. So gibt es z. B. Zeiten, in denen wir geistig und körperlich leistungsfähiger sind oder Phasen, in denen unser Körper besonders viel Ruhe benötigt. Ebenso unterliegt die Wärmebildung temporären Schwankungen: frühmorgens sind z. B. unsere Hände und Füße gut durchblutet und damit am wärmsten. Und auch unsere Haut hat Phasen unterschiedlicher Aktivität, die Sie im Zuge einer ganzheitlichen Schönheitspflege berücksichtigen sollten. Denn zu bestimmten Zeiten sind pflegende Maßnahmen besonders wirkungsvoll, während sie an anderen Momenten des Tages weniger Wirkung haben. Nachts regenerieren sich die Hautzellen und können dabei durch nährende, gehaltvolle Nachtcremes wirksam unterstützt werden. Am frühen Abend zwischen 17 und 18 Uhr ist die Haut hingegen am aufnahmebereitesten für die pflegenden Wirkstoffe in Cremes, Packungen und Masken.

Auch der Mond spielt eine große Rolle bei der Pflege unserer Haut. So sollten mit abnehmendem Mond all jene Pflegeanwendungen bevorzugt durchgeführt werden, die die Haut klären und reinigen sowie von Schlacken und abgestorbenen Zellen an der Oberfläche befreien. In der Zeit bis Neumond sind also Reinigungsmasken oder hautklärende Packungen, aber auch Massagen wie die Lymphdrainage, durch die Schlackenstoffe und angestaute Lymphflüssigkeit ausgeleitet werden, besonders wirkungsvoll. Wenn dann der Mond wieder zunimmt, sollten verstärkt jene Maßnahmen auf Ihrem Schönheitsprogramm stehen, die der Haut Stoffe zuführen: gehaltvolle Cremes mit pflegenden Wirkstoffen, vitaminreiche Gesichtsmasken und -packungen, Haarkuren oder Massagen mit hautnährenden Ölen.

In den letzten Jahren wurden viele dieser Zyklen untersucht, die so lebenswichtige Körperfunktionen wie Herzschlag oder Atemfrequenz eines Menschen betreffen. Von einigen dieser sogenannten Biorhythmen weiß man heute, dass sie schon in unserer Erbsubstanz, also in unseren Genen festgelegt sind, von anderen, dass sie tageszeitlichen Veränderungen unterliegen und damit von der Sonneneinstrahlung und auch den Mondphasen bestimmt werden. Viele dieser körperlichen Veränderungen sind auch von klimatischen Bedingungen und verschiedenen Lichtverhältnissen der Jahreszeiten beeinflusst und ziehen sich entsprechend länger hin.

Der Biorhythmus im Sinne des Ayurveda

Die Schriften des Ayurveda befassen sich sehr genau mit den biologischen Rhythmen, denen der Mensch unterliegt. So werden hier die körpereigenen Zyklen und ihr Zusammenhang mit den Rhythmen der Natur eingehend beschrieben. Entsprechend orientieren sich auch alle Behandlungen und Empfehlungen des Ayurveda an diesen Zyklen, um Mensch und Natur, die beide auch von den Doshas bestimmt werden, zu harmonisieren.

Versuchen Sie mit den natürlichen Rhythmen der Natur zu leben. Ihr Gesamtzustand wird es Ihnen danken!

Denn wenn wir aus dem natürlichen Lebenstakt und unserer inneren und äußeren Harmonie geraten, verlieren wir unser inneres Gleichgewicht und werden infolgedessen anfälliger für geistig-seelische und körperliche Störungen. Kurz – unser gesamtes Befinden leidet darunter. Sie sollten deshalb versuchen, sich den Bewegungen der Natur anzupassen und in ihrem Takt zu leben.

Ayurveda unterscheidet verschiedene, von Kapha, Pitta und Vata dominierte Phasen, die wir an einem Tag und auch im Verlauf eines ganzen Jahres durchleben.

Die Doshas von morgens bis abends

Im Laufe eines Tages durchleben wir zwei Zyklen, in denen die drei Doshas nacheinander folgen und so während festgelegter Zeiträume die Funktionen unseres Organismus maßgeblich beeinflussen. Zu Beginn eines jeden Zyklus steht eine Zeitspanne, in der Kapha dominiert, gefolgt von Pitta und Vata. Diese Phasen erstrecken sich von Sonnenaufgang bis Sonnenuntergang und dann von Sonnenuntergang bis Sonnenaufgang.

Die ayurvedischen Zyklen eines Tages

1. Zyklus

Von 6 bis 10 Uhr	Kapha-Dosha
Von 10 bis 14 Uhr	Pitta-Dosha
Von 14 bis 18 Uhr	Vata-Dosha

2. Zyklus

Von 18 bis 22 Uhr	Kapha-Dosha
Von 22 bis 2 Uhr	Pitta-Dosha
Von 2 bis 6 Uhr	Vata-Dosha

Je früher Sie aufstehen, desto mehr profitieren Sie von der positiven Kraft des Vata-Doshas. Wer hingegen zu den Langschläfern zählt, kommt morgens unter Umständen – durch den Einfluss des Kapha-Doshas – nur recht schwer in die Gänge.

Einer der Grundsätze für ein natürliches Leben im Sinne des Ayurveda ist, dass wir versuchen sollten, unsere Tagesgestaltung nach diesen Zyklen auszurichten, um den Tag so angenehm wie möglich zu verleben. Die ayurvedische Lehre gibt hier einfache Empfehlungen, die dabei helfen, den eigenen Lebensrhythmus – der selbstverständlich auch von Partnerschaft, Familie und Beruf beeinflusst wird – an der Natur anzupassen: die Dinacharya. Dabei handelt es sich ebenso wie bei allen anderen Dingen, die uns Ayurveda ans Herz legt, nicht um strenge Regeln, sondern um Anregungen, um seine Tage im Einklang mit den natürlichen Zyklen zu verleben.

Der Morgen

Der Tag beginnt unter dem Einfluss von Kapha-Dosha. Das ist leicht nachzuvollziehen, denn morgens nach dem Aufwachen fühlen wir uns meist noch etwas träge, entspannt und ruhig, aber auch gestärkt durch den Schlaf. Alles Eigenschaften, die diesem Dosha zugeordnet werden. Ayurveda empfiehlt deshalb auch, schon früher, noch während der Vata-Phase aufzustehen, denn dann profitiert man von den Eigenschaften dieses Doshas. Denn seine Beweglichkeit und Leichtigkeit machen es uns leichter, frisch und aktiv in den Tag zu starten. Die vitale Stimmung des Tagesbeginns begleitet uns dann über den ganzen Tag. Bleiben Sie dagegen zu lange, bis weit in die Kapha-Phase hinein im Bett, erwachen Sie schwerer und fühlen noch eine bleierne Müdigkeit. Das ändert sich auch häufig den ganzen Tag über nicht mehr – die Tränensäcke und müden Glieder weichen oft erst gegen Nachmittag. Also, im Sinne des Ayurveda, auch wenn dies manchem als unzumutbar erscheint: möglichst früh raus aus den Federn und den jungen Tag genießen. Bis auf die ersten Vogelstimmen ist alles noch still, die Luft noch rein und klar. Im Körper bereitet sich jetzt alles auf die kommenden Aktivitäten vor, besonders die Ausscheidung der Rückstände des vorangegangenen Tages läuft nun auf Hochtouren, um den neuen Tag »befreit« zu beginnen. Dies können Sie mit einem Glas warmen Wassers, dass Sie schluckweise nach dem Aufstehen trinken, noch unterstützen. Berücksichtigen Sie bei Ihrer Morgentoilette auch die Empfehlungen zur Haut- sowie zur Zahn- und Mundpflege.

Um Körper, Geist und Seele auf den Tag einzustimmen, sollten Sie den Sonnengruß oder Yoga-Übungen durchführen, ganz wie es Ihnen beliebt. Wem noch nicht nach so viel Aktivität zumute ist, der kann sich auch mit Pranayama aktivieren, die ayurvedische Atemübung. Im Anschluss folgt das Abhyanga, die Sesamölmassage. Sie beruhigt und harmonisiert, was aus ayurvedischer Sicht vor allem morgens wichtig ist, um nicht schon jetzt einen Wettlauf gegen die Zeit zu starten.

Beim Decken Ihres Frühstückstisches orientieren Sie sich daran, was Ihrer Konstitution am zuträglichsten ist. Und wer sich morgens darüber hinaus noch etwas aus ayurvedischer Sicht sehr Gutes gönnen möchte bzw. die Zeit dazu hat, dem sei ein kleiner Morgenspaziergang ans Herz gelegt. Er muss nicht lang sein, fünf bis zehn Minuten genügen, um die stimulierende Energie und die Frische des beginnenden Tages in sich aufzunehmen.

Stimmen Sie sich schon morgens positiv auf den neuen Tag ein. Gönnen Sie Ihrem Körper wohltuende Pflege, viel frische Luft und ein schönes Frühstück, mit den für Ihren Typ am besten geeigneten Zutaten.

Die Mittagszeit

Von 10 bis 14 Uhr übernimmt Pitta die Führung über unseren Organismus. Jetzt ist seine körperlich aktivste Zeit, in der sich auch ein entsprechend großer Appetit einstellt, der durch ein nicht zu spätes Mittagessen, nach Möglichkeit der größten Mahlzeit des Tages, gestillt werden sollte. Agni, das Verdauungsfeuer und der Stoffwechsel laufen nun auf Hochtouren. Berücksichtigen Sie hierzu auch die ayurvedischen Ernährungsempfehlungen auf Seite 70. Nach dem Essen bleiben Sie noch ein wenig sitzen und gehen dann, bevor Sie sich wieder Ihren Aufgaben zuwenden, noch kurz spazieren. Das unterstützt den Körper bei seiner Verdauungstätigkeit und gibt Geist und Seele Gelegenheit zur Regeneration.

Der Nachmittag

Die erste Pitta-Zeit des Tages endet nun und überlässt Vata das Regiment. Nachmittags erreichen Konzentrationsfähigkeit und die geistige Leistungsbereitschaft ihren Höchststand. Die meisten Menschen fühlen sich jedoch gerade nachmittags besonders müde. Das liegt daran, dass sie ein schwaches Agni und infolgedessen keine gute Verdauung haben, ihnen also das Mittagessen noch zu schaffen macht.

Der Abend

Um 22 Uhr beginnt eine neue Pitta-Phase. Um sich das Einschlafen zu erleichtern, sollten Sie bereits vor Beginn dieser neuen Aktivphase zu Bett gehen.

Der zweite Tageszyklus beginnt gegen sechs Uhr abends ebenfalls wieder mit einer Phase, in der Kapha dominiert. Nun entspannen wir uns und die untergehende Sonne stimmt uns auf den Feierabend ein. Während dieser Zeit sollten Sie das Abendessen zu sich nehmen, jedoch deutlich vor 22 Uhr. Denn so kann es noch verdaut werden, bevor Sie zu Bett gehen. Diese letzte Mahlzeit des Tages sollte leicht ausfallen, mit wenig tierischem, schwerverdaulichem Eiweiß. Ein anschließender Spaziergang unterstützt Agni, sowie Magen und Darm in ihrer Aktivität und hat eine beruhigende Wirkung auf Geist und Seele. Lassen Sie den Tag ruhig ausklingen, mit entspannenden Gesprächen, Lektüre oder Musik.

Die Nacht

Die Nachtruhe sollte nicht zu spät beginnen, zumal Sie dann auch wirklich am nächsten Tag früh aufstehen können. Die beste Zeit, zu Bett zu gehen, ist gegen 22 Uhr, also am Ende der Kapha-Phase, in der sich normalerweise ein natürliches Schlafbedürfnis einstellt. Wenn Sie hingegen später zu Bett gehen, kann Sie die anschließende Pitta-Zeit erneut zu Aktivitäten aufmuntern – der Grund warum man, wenn der »tote Punkt« einmal überwunden ist, oft noch lange wach bleiben kann. Damit tun Sie jedoch Ihrem Körper und vor allem Ihrem Aussehen am nächsten Tag nichts Gutes, denn bekanntermaßen ist Schlaf das allerbeste Schönheitsmittel. Früh schlafen gehen ist aus ayurvedischer Sicht die wirkungsvollste Form der Ge-

sundheits- und Schönheitspflege. Denn in der nächtlichen Pitta-Phase findet die Regeneration des Körpers und damit auch der Haut statt. Jetzt werden abgestorbene Hautzellen erneuert und mögliche Schädigungen durch Umwelteinflüsse, denen wir tagsüber ausgesetzt waren, beseitigt. Die anschließende Dominanz von Vata in den frühen Morgenstunden drückt sich in der besonders aktiven Traumphase aus, die wir jetzt durchlaufen. Die Hirnimpulse sind nun am aktivsten und schließlich wachen wir, angeregt davon, auf.
Der Kreis schließt sich nun und beginnt von neuem mit Kapha.

Im Schlaf regeneriert sich unser Körper, denn die Zellen, die den Körper biologisch aufbauen, teilen sich nachts doppelt so schnell wie am Tag.

Unterstützen Sie Ihr Agni, das Verdauungsfeuer, indem Sie am Abend noch einen schönen Spaziergang unternehmen. Genießen Sie die beruhigende Wirkung der Natur – so werden Sie einen angenehmen und erholsamen Schlaf finden.

45

Schönheit im Laufe der Jahreszeiten

Wie ein Tag, so hat auch das Jahr seine den Doshas entsprechenden Zyklen, die ebenfalls mit einer Kapha-Phase beginnen und insofern ein Abbild der Tagesrhythmen darstellen.

Wie von den einzelnen Tageszeiten werden Körper, Geist und Seele auch vom Wechsel der Jahreszeiten bestimmt, deren jeweiligen Stimmungen Antonio Vivaldi in seiner bekannten Komposition so treffend Klang verliehen hat: das verheißungsvolle Erwachen der Natur im Frühling, die lebensspendende Kraft der Sommersonne, der üppige Herbst mit seiner bunten Farbenpracht und seinen Früchten sowie die einsame Stille des Winters. Die Merkmale der drei Doshas Kapha, Pitta und Vata spiegeln sich in diesen Eigenschaften der Jahreszeiten wieder.

Im Gegensatz zur hierzulande üblichen Jahreszeitenberechnung unterscheidet man im Ayurveda sechs statt vier Jahreszeiten. Der Einfachheit halber können die sechs ayurvedischen Jahreszeiten jedoch zu drei zusammengefasst werden.

Die Doshas im Jahreslauf

Kapha-Zeit	Frühling: Mitte März bis Mitte Juni
Pitta-Zeit	Sommer und Frühherbst: Mitte Juni bis Mitte Oktober
Vata-Zeit	Spätherbst und Winter: Mitte Oktober bis Mitte März

Die Angaben, wann welches Dosha in der Natur dominiert, sind allerdings immer nur als ungefährer Anhaltspunkt zu verstehen. Die Doshas, die unsere Konstitution bestimmen, registrieren die Wetterlage, und jedes reagiert auf die ihm entsprechende, durch die es aktiviert wird.

- Bei feuchtkaltem Wetter und bei Schnee wird Kapha aktiviert.
- Bei Hitze und bei schwüler Witterung reichert sich Pitta an.
- Bei kaltem, trockenem Wetter und Wind sammelt sich Vata an.

Die Doshas reagieren auf jede geringe Veränderungen des Klimas, da sie ja durch Außenreize beeinflusst werden. So führt beispielsweise jeder feuchtkalte und bewölkte Tag zu einer Erhöhung von Kapha, egal ob wir gerade Herbst, Winter oder Frühling haben.

Ritucharya – Empfehlungen für die Jahreszeiten

Ebenso wie für die einzelnen Tageszeiten gibt die ayurvedische Lehre auch spezielle Empfehlungen für die verschiedenen Saisonen des Jahres, um in ihrem Lauf im inneren und äußeren Gleichgewicht und damit gesund, vital und vor allem natürlich auch schön zu bleiben. Diese Empfehlungen nennt man Ritucharya. Sie sagen uns, welche Ernährung und Lebensweise für die einzelnen Jahreszeiten am geeignetsten ist.

Generell gilt, dass Sie in der Jahreszeit besonders auf sich achten sollten, die Ihrem Konstitutionstyp entspricht: Kapha-Menschen im Frühjahr, Pitta-Menschen im Sommer und Vata-Menschen im Winter. Falls Sie, wie viele von uns, ein Mischtyp sind (z. B. Pitta-Vata), gleichen Sie das jeweilige Dosha dann aus, wenn seine bevorzugte Zeit ist.

Versuchen Sie sich in den »kritischen« Zeiten verstärkt an die Ihrem Dosha oder Ihren Doshas förderlichen Ernährungsempfehlungen zu orientieren. Auf Vata sollten Sie übrigens bei jedem Jahreszeitenwechsel achten, unabhängig davon, welcher Typ Sie sind. Denn dieses Dosha, das für Beweglichkeit und Veränderung steht, reagiert besonders empfindlich auf Wetterwechsel und erhöht die Anfälligkeit für Erkältungskrankheiten.

Die Ritucharya dienen in erster Linie dazu, Ihren natürlichen Instinkt für Ihre seelischen und körperlichen Bedürfnisse im Lauf der Jahreszeiten zu schulen.

Der Wechsel der Jahreszeiten bedeutet für unseren Organismus und für unsere Stimmung oftmals eine enorme Umstellung. Um diesen Schwankungen Stand zu halten und Erkrankungen vorzubeugen, sollten Sie Ihre Ernährung den Umständen anpassen.

Frühling und Frühsommer

Jetzt ist die Zeit von Kapha, denn durch die allmähliche Erwärmung »schmilzt« gewissermaßen auch der angesammelte Winterspeck und führt zu einer Anreicherung von Ama (Schlacken und Giftstoffen) sowie Kapha in unserem Körper.

Daher sollten jetzt kaphareduzierende Maßnahmen wie Entschlackungskuren und Fastentage auf Ihrem Programm stehen, um fit und gestärkt in den Sommer zu gehen. Nehmen Sie jetzt bevorzugt warme Speisen und heiße Getränke mit den Geschmacksrichtungen scharf, bitter und herb zu sich. Gut tun Ihnen jetzt auch regelmäßig einige Schlucke heißes Wasser und täglich ein bis zwei Tassen Kapha-Tee, der Sie auf die wärmere Jahreszeit bestens vorbereitet.

47

Sommer und Frühherbst

Versuchen Sie, den Vormittag zum Sonnen zu nutzen und sich nachmittags bevorzugt im Schatten aufzuhalten.

In den Sommermonaten dominiert Pitta. Im Ayurveda geht man davon aus, dass die Sonne, wenn sie im Norden steht, intensiver und austrocknend wirkt und daher zu einem Energieverlust führt – nicht umsonst fühlen wir uns in der heißen Jahreszeit oft schlapp und müde. Aufgrund der großen Wärme von außen dreht der Körper auch die innere Flamme herunter und wir haben weniger Appetit. Ideal sind in dieser Jahreszeit leichte Gerichte, die gut gewürzt sein sollten, um das schwache Agni anzuregen. Bevorzugen Sie generell süße, bittere und herbe Speisen, saure und salzige Nahrungsmittel sollten Sie nun eher meiden. Trinken Sie viel, auch ein bis zwei Tassen Pitta-Tee pro Tag. Berücksichtigen Sie beim Sonnenbaden – das Sie Ihrer Haut zuliebe ohnehin nur in Maßen und durch Sonnencremes gegen die UV-Strahlen geschützt genießen sollten –, dass die Sonnenstrahlen nach ayurvedischer Auffassung nur bis zehn Uhr morgens eine vitalisierende und kräftigende Wirkung haben. Ab diesem Zeitpunkt, besonders über Mittag und am frühen Nachmittag, ziehen Sonnenbäder eher Energien ab und schwächen unseren Organismus.

Spätherbst und Winter

Schützen Sie sich jetzt besonders gut vor Erkältungen und bereiten Sie Ihren Körper durch Abhärtung auf die herannahende kalte Zeit vor.

Die kühlen, stürmischen Herbsttage und die klirrende Kälte der Wintermonate sind überwiegend die Zeit von Vata. Jetzt, wo die Sonne wieder im Süden steht, nimmt auch unsere Energie wieder zu und wir fühlen uns aktiver und kräftiger. Im Spätherbst, der meist eher feuchtkalt ist, kommt es zunächst zu einer Zunahme von Kapha, der Sie ebenso wie im Frühjahr mit Fasten- und Entschlackungstagen begegnen sollten. Mit der trockenen Kälte, etwa ab Mitte Dezember, reichert sich dann vor allem Vata an. Nehmen Sie bevorzugt vataregulierende Nahrung zu sich, gut sind auch ein bis zwei Tassen Vata-Tee täglich. Ernähren Sie sich fetter und nahrhafter als sonst während des Jahres, denn der Körper braucht nun viel Energie, um sich »aufzuheizen«. Dadurch, dass Agni in den kalten Wintermonaten ohnehin sehr kräftig ist, brauchen Sie sich auch keine Sorgen um Ihr Gewicht zu machen: Jetzt können Sie mehr essen als im Sommer, ohne dabei zuzunehmen. Essen Sie warme und gargekochte Speisen, die süß, sauer oder salzig sind, um Agni nicht zu schwächen und Ihren Körper warm zu halten.

Schönheitsschlaf

Die Kraft der Nacht

Im Ayurveda misst man gesundem und vor allem ausreichendem Schlaf große Bedeutung bei. Schlaf gilt, neben einer gesunden Ernährung entsprechend dem jeweiligen Konstitutionstyp, als Voraussetzung für das seelische und körperliche Wohlbefinden eines Menschen, denn er dient der Erhaltung unseres inneren Gleichgewichts und damit unserer Gesundheit. Entsprechend setzen die Vaidyas, die indischen Ayurveda-Ärzte, Schlaf als »Heilmittel« bei vielen psychischen und körperlichen Störungen ein und empfehlen ihn ganz besonders zur Erhaltung von Gesundheit und Schönheit. Auch die Haut arbeitet zu dieser Zeit auf Hochtouren und schädliche Auswirkungen von Stress, Hitze und Kälte, Umweltbelastungen oder falscher Ernährung können sozusagen weggeschlafen werden. Die Erholung und Neubildung der Haut beginnt übrigens schon um 17 Uhr. Hautdurchblutung und Stoffwechsel verstärken sich, und Pflegestoffe können jetzt besser vom Bindegewebe aufgenommen werden: Gesichtsmasken oder -packungen sind deshalb abends immer effektiver als am Morgen nach dem Aufstehen.

»Gesunder Schlaf bringt Glück, nährt den Körper, verleiht Stärke und Vitalität, gibt Wissen und spendet Leben.« (Caraka Samhita)

Auf die innere Uhr hören

Besonders wichtig ist es nach ayurvedischer Auffassung auch, sich frühzeitig und in entspannter Stimmung zur Nachtruhe zu begeben. Versuchen Sie also nicht, zu spät zu Bett zu gehen, denn ab 22 Uhr bestimmt Kapha unseren inneren Rhythmus. Nun stellt sich in der Regel ein natürliches Schlafbedürfnis ein, das Körper und Geist entsprechend den Eigenschaften dieses Doshas ruhig stimmt und so auf die Nacht vorbereitet.

Danach beginnt wieder eine neue biologische Phase, in der Pitta dominiert, und in der neue Energien freigesetzt werden, durch die man oft noch endlos lange wach bleiben kann. Damit laufen wir jedoch Gefahr, unseren Körper überzustrapazieren. Sie sollten also die Signale, die der Körper sendet, beachten, und ausreichend schlafen, um ihm die nötige Zeit zur Regeneration und zum Aufbau neuer, lebenswichtiger Energien zu geben. Nach acht Stunden ist unser Körper, wenn wir gesund und normal belastet sind, ausgeruht und wieder bereit für neue Taten. Stehen Sie frühzeitig auf, am besten noch in der Vata-Phase, die bis sechs Uhr morgens andauert. Sie werden sich frischer und aktiver fühlen, als wenn Sie noch ein wenig in die Kapha-Zeit hineinträumen, denn diese macht wieder träge und das Aufstehen und das In-die-Gänge-Kommen umso schwerer.

Wie funktioniert Schlaf?

In der Tiefschlafphase entspannen wir uns völlig und werden dann auch nur noch sehr schwer wach. Nur 15 bis 20 Prozent der Gesamtschlafzeit verbringen wir im Tiefschlaf – das sind pro Nacht etwa 90 Minuten.

In einer Nacht passieren wir mehrere Schlafzyklen, dabei wechseln Leichtschlaf, Traumschlaf und Tiefschlaf immer ab. Die erste Tiefschlafphase ist ziemlich bald nach dem Einschlafen erreicht und dauert am längsten. Im Lauf der Nacht werden diese Phasen immer kürzer. Jede Tiefschlafphase wird von Zeiten leichteren Schlafs abgelöst. Träume, Ausdruck der Arbeit unseres Unterbewusstseins, finden während der Leichtschlafphasen statt.

Tips für einen guten Schlaf

- Trinken Sie nachmittags nicht mehr zu viel koffeinhaltigen Kaffee oder schwarzen Tee. Vor allem das Koffein im Tee (Teein) ist über einen langen Zeitraum wirksam und kann Sie bis in die tiefe Nacht vom Schlaf abhalten.
- Ein »sicherer« Schlummertrunk ist eine Tasse heiße Milch vor dem Zubettgehen getrunken. Wenn Sie möchten, können Sie die Milch auch mit zwei bis drei Fäden Safran oder einer Mischung aus Zimt, Nelken, Ingwer und Kardamom würzen. Denn diese Gewürze fördern zudem die Verdauung.
- Massieren Sie Ihre Füße vor dem Schlafengehen sanft mit etwas Sesamöl oder Ghee (geklärte Butter). Bitten Sie vielleicht auch Ihren Partner darum. Das bringt zuverlässig einen tiefen und erholsamen Schlaf.
- Ein abendliches Vollbad mit einem Zusatz beruhigender Kräuter wie Hopfen, Melisse, Lavendel oder auch Sandelholz bringt die Nerven zur Ruhe.
- Verzichten Sie tagsüber auf das kleine Nickerchen, auch wenn Sie noch so müde sind. Denn aus ayurvedischer Sicht fördert Schlaf tagsüber die Ansammlung von Ama (Schlacken).

Ayurvedische Entspannungsmethoden

Es gibt wohl kaum einen, der sich nicht zumindest zeitweise den Auswirkungen unseres hektischen Lebens ausgeliefert sieht. Stress, in Form von körperlicher wie geistiger Überforderung, gehört schon fast zu unserem Alltag und wird von vielen als nun mal unvermeidbar akzeptiert. Nicht ohne Folgen, denn Leistungsdruck und permanente Überlastung fordern ihr Tribut und schlagen sich langfristig auch in Ausstrahlung und Aussehen nieder: ein verspanntes Gesicht mit nervösen Flecken an Hals oder Dekolleté sind nur einige der Signale, die uns Körper und Seele senden, dass wir loslassen, uns von der Flut der Anforderungen und Außenreize lösen und uns entspannen sollen.

Hier verfügt Ayurveda über einen großen Fundus an Möglichkeiten: Pranayama (Übungen zur Atemkontrolle), über Yogaübungen bis hin zur Meditation im Lotussitz. Auch die Empfehlungen zur Tagesroutine, die Dinacharya, tragen sehr viel zur Entspannung und Regeneration von Geist, Seele und Körper bei und dienen damit auch der Erhaltung und Pflege unserer Schönheit.

Die ayurvedische Lehre selbst kann an und für sich bereits als Entspannungsmethode gelten, da sie die innere Harmonie anstrebt. Auch die Hinwendung zur Natur und die bewusste Wahrnehmung ihrer Faszination ist ein Mittel, um inneren Frieden zu erlangen und wieder ins Gleichgewicht zu kommen, um sich rundum wohl zu fühlen. Diese Erfahrung, die sicherlich jeder von Ihnen schon vielfach gemacht hat und die bereits in den alten vedischen Schriften als wichtiges »Instrument« für mehr Ausgeglichenheit und Vitalität Erwähnung findet, ist der Schlüssel zu unserer Schönheit.

Jeder von uns hat hier seine eigenen Vorlieben, die seinen Bedürfnissen am besten entgegenkommen. Ob das ein entspannendes Bad mit duftenden Ölen, ein kurzer Spaziergang an der frischen Luft oder einfach Beine hochlegen, Augen schließen und an gar nichts mehr denken ist. Lassen Sie sich von den einzelnen Entspannungsmethoden inspirieren …

Friedliche Seele – schöne Haut

Wer sich rundum wohl fühlt, sieht meist auch so aus: Die Augen strahlen, die Haut ist glatt und rosig, das Haar glänzt, der Gang ist aufrecht und entspannt. Verkniffene Lippen, Sorgenfalten auf der Stirn und hektische Flecken auf der Haut lassen dagegen niemanden schöner erscheinen. Dass ein ansprechendes Äußeres nicht nur Resultat eines regelmäßigen Gebrauchs von Salben, Masken, Cremes und sonstigen Mittelchen ist, sondern ganz eng an eine gesunde Ernährung und eine naturorientierte Lebensführung im Sinne des Ayurveda geknüpft sind, wurde schon vielfach erwähnt. Und im Zusammenhang mit Schönheit von innen spielt auch die Geisteshaltung eine bedeutende Rolle, denn eine positive Einstellung zum Leben spiegelt sich auch im Aussehen wieder. Nicht nur das: Auch Probleme und Stress lassen sich leichter bewältigen, wenn wir in solchen Situationen neben dem Negativen auch das Positive sehen wollen. Denn es ist vielfach unsere eigene Sicht der Dinge, die die Welt um uns herum erschafft. Mit einer bejahenden und konstruktiven Lebenseinstellung zum Einklang mit sich selbst zu gelangen, und damit auch zu innerer wie äußerer Schönheit zu finden, ist das Anliegen des Ayurveda und all seiner Anwendungen.

Auf den nächsten Seiten finden Sie eine Reihe von Übungen, die Ihnen dabei helfen, sich zu entspannen und wieder ins innere und äußere Gleichgewicht zu kommen.

Gerade an der Haut sieht man die Auswirkungen einer tiefen, richtigen Atmung. Sie erhält mehr Sauerstoff, wird besser durchblutet und ihr Stoffwechsel wird angekurbelt. Das Ergebnis: eine rosige, straffe und gesunde Haut, die den vielen Anforderungen, die täglich an sie gestellt werden, gewachsen ist.

Atmen ist Leben

Im Sanskrit, der klassischen indischen Hochsprache, gibt es für »Atem« und »Leben« das gleiche Wort: »Prana«. Prana steht für die Lebensenergie, womit der große Einfluss einer richtigen und bewussten Atmung auf unser Leben, unsere Gesundheit und auf unsere Schönheit schon ausgedrückt ist: Atmen bedeutet Leben.

Die richtige Atmung

Den meisten Menschen ist die zentrale Rolle des Atmens in ihrem Leben nicht bewusst. Stress und Anspannung führen dazu, das wir häufig zu flach und kurz atmen oder den Atem sogar unterdrücken. Wenn wir wieder lernen, regelmäßig und entspannt zu atmen, können wir die vitalen Vorgänge in Körper, Geist und Seele anregen und harmonisieren, und damit auch unser Hautbild und unsere Ausstrahlung verbessern. Denn durch richtiges Atmen verbessert sich die Zellatmung, der Stoffwechsel normalisiert sich und alle Organfunktionen werden angeregt. Richtiges Atmen steigert zudem die Konzentrationsfähigkeit, und Sie werden in geistiger und kreativer Hinsicht aktiver. Auch das Seelenleben wird ausgeglichener: Nervosität und innere Unruhe nehmen ab; Sie fühlen sich stärker und ausgeglichener, nehmen sich und Ihre Eigenheiten besser an und sind für die Anforderungen des Alltags besser gewappnet. Entscheidend bei allen Atemübungen ist vor allem das tiefe Ein- und Ausatmen, denn nur so werden alle Lungenbläschen frei, um beim nächsten Atemzug wieder genügend neuen und frischen Sauerstoff aufnehmen zu können. Versuchen Sie sich dies bei den Atemübungen, aber auch während des ganzen Tages, immer wieder ins Gedächtnis zu rufen.

Pranayama

Als Pranayama (Sanskrit, Prana: Atem, Lebenskraft, Energie; Yama: Regelung) bezeichnet man verschiedene Übungen zur Kontrolle des Atmens. Pranayama ist ein Bestandteil des Hatha-Yoga, fördert die innere Ruhe, entspannt und ist deshalb auch gut zur Einstimmung auf eine Meditation geeignet. Darüberhinaus reinigt diese Form des Atmens auch die Nadis, die Körperkanäle, damit Prana ungehindert im Körper fließen kann. Mit dem wechselseitigen Atmen durch jeweils ein Nasenloch nehmen Sie mehr Sauerstoff auf, als beim normalen Atmungsvorgang. Das erfrischt Geist und Körper.

Das Pranayama können Sie deshalb auch wunderbar zur kleinen »Aufmunterung« im Büro oder privat nutzen, wenn Sie zwischendurch mal einen »toten Punkt« haben und sich schnell wieder wach und fit fühlen wollen. Aber vor allem vor Ihren Yogaübungen sollten Sie Ihre Atmung durch ein Pranayama auf die körperlichen Übungen vorbereiten.

- Setzen sie sich bequem auf einen Stuhl, und atmen Sie mehrmals hintereinander ruhig ein und aus. Versuchen Sie, Kopf und Rücken möglichst gerade zu halten – Kopf, Schultern und Hüften sollten eine Linie bilden –, und legen Sie Ihre linke Hand vor den Bauch.
- Nun verschließen Sie mit dem rechten Daumen das rechte Nasenloch und atmen langsam durch das linke Nasenloch ein. Wenn Sie eingeatmet haben, verschließen Sie das linke mit Ihrem Ringfinger, öffnen das rechte Nasenloch wieder und atmen langsam aus.
- Atmen Sie wieder durch das rechte Nasenloch ein. Wenn Sie eingeatmet haben, verschließen Sie mit dem Daumen das rechte Nasenloch, öffnen das linke und atmen dadurch aus.
- Diesen Zyklus – links einatmen, rechts ausatmen und rechts einatmen, links ausatmen – wiederholen Sie insgesamt viermal.

Nehmen Sie sich für die Atemübungen genügend Zeit und Ruhe, und führen Sie sie an einem Ort aus, an dem Sie ungestört sind. Wählen Sie zum Üben bequeme und warme Kleidung aus natürlichen Materialien. Kunstfasern eignen sich nicht gut, denn sie beeinträchtigen die Hautatmung. Der Raum, in dem Sie üben, sollte nicht zu warm und gut gelüftet sein.

- Mit der Zeit können Sie die Anzahl der Zyklen jeweils um zwei Zyklen steigern, bis Sie 16 Atemzyklen durchführen können.

Bauchatmung

Wenn Sie bereits geübter sind, können Sie die Bauchatmungsübung auch im Sitzen oder Stehen durchführen. Am einfachsten ist sie allerdings im Liegen.

Kinder, Tiere, Sänger und Sportler nutzen alle die beste und auch natürlichste Form der Atmung: die Bauchatmung. Sie ist auch ein wesentlicher Bestandteil vieler Meditations- und Entspannungstechniken, um den Bauch – also das Zentrum unseres Körpers – dem Prana wieder zugänglich zu machen. Die Bauchatmung versorgt vom Körperzentrum aus alle Organe mit Sauerstoff. Sie verleiht innere Ruhe und Gelassenheit. Das »richtige« Atmen haben viele von uns jedoch verlernt, denn normalerweise atmen wir kombiniert aus Brust- und Bauchatmung.

- Legen Sie doch einmal die Hände auf Ihren Bauch, und versuchen Sie zu spüren, was in Ihrem Körper vor sich geht, wenn Sie durch den Bauch atmen: Beim Einatmen verlagert sich das Zwerchfell nach unten und vergrößert den Brustraum. Alle Lungenbläschen füllen sich mit Luft und der Bauch dehnt sich deutlich sichtbar nach außen. Wenn Sie dann wieder ausatmen, geht das Zwerchfell wieder nach oben in seine Ausgangsposition zurück. Bei der Brustatmung hebt und senkt sich dagegen nur der Brustkorb und die Lungen werden nur im oberen Teil mit Luft gefüllt.

Übung im Liegen

- Legen Sie sich auf den Rücken, und schieben Sie ein kleines Kissen unter Ihren Nacken, damit sich Wirbelsäule und Brustkorb entspannen können. Wenn Ihre Bauchmuskulatur etwas verspannt ist, winkeln Sie beide Beine etwas an oder legen sich ein Kissen unter die Kniekehlen.
- Ihre Hände legen Sie entspannt und locker auf den Bauch.
- Richten Sie Ihre Konzentration nun auf die Zwerchfellgegend und den Bauch, und spüren Sie, wie sie sich heben und senken.
- Atmen Sie zuerst kräftig durch die Nase aus, und warten Sie einen Moment mit dem Einatmen, bis der Körper danach verlangt. Atmen Sie dann in einem Zug durch die Nase ein und gehen dann gleich ins Ausatmen über.

● Auf diese Weise atmen Sie 20-mal ein und aus. Versuchen Sie, diese Übung zwei- bis dreimal täglich durchzuführen. Wenn es Ihnen anfangs etwas schwindlig wird, reduzieren Sie die Anzahl der Atemzüge, bis Sie sich an diesen Rhythmus des Luftholens gewöhnt haben.

Mit Yoga die eigene Mitte finden

Der Begriff »Yoga« taucht bereits in den alten vedischen Schriften auf. Die Yoga-Sutras stammen aus der Zeit von 200 v.Chr. bis 400 n. Chr. und haben ihre Wurzeln im Hinduismus. Im Laufe der Jahrhunderte entwickelten sich die heute bekannten Yogatechniken zur Selbstverwirklichung, die alle das gleiche Ziel verfolgen: die Erlangung einer höheren Bewusstseinsstufe durch Sammlung der Seelenkräfte und Zügeln des ewig unruhigen Geistes. Dies besagt auch bereits der altindische Ausdruck »yui«, von dem der Begriff des Yoga abstammt und der übersetzt anspannen und zügeln bedeutet. Anliegen des Yoga ist also die Entfaltung der Gesamtpersönlichkeit.

Das Hatha-Yoga
Jedes der Asanas, der Körperstellungen des Yoga, erzielt eine ganz bestimmte Wirkung im Körper. Sinn dieser körperlichen Yogaübungen ist es, gegensätzliche Kräfte im Körper auszugleichen.
Die hier am häufigsten praktizierte Form der Technik ist der Hatha-Yoga, ein System verschiedener Körper-, Atem- und Konzentrationsübungen, die einen Zustand innerer Ruhe und tiefer Entspannung hervorrufen und das Körperbewusstsein schulen. Innere Organe, Gehirn, Nervensystem und Drüsen werden aktiviert, Entschlackung und Entgiftung beschleunigt, Sehnen und Gelenke beweglicher. Zudem machen sie sensibler, aufnahmefähiger und konzentrierter.

Was Sie vorher beachten sollten
Im Anschluss haben wir Ihnen einige Asanas zu einem einfachen Yogaprogramm für jeden Tag zusammengestellt. Es wäre gut, wenn Sie alle Übungen durchführen, da die einzelnen Übungen in ihrer Abfolge aufeinander abgestimmt sind und in wechselseitiger Wirkung zueinander stehen. Wenn Sie also eine Übung auslassen, wird damit der

Achten Sie darauf, dass Sie die einzelnen Übungen ohne Anstrengung durchführen, denn Yoga hat nichts mit Sport zu tun und entsprechend geht es dabei nicht um Leistung oder Ausdauer. Machen Sie die Übungen langsam und bewusst, und lassen Sie sich nicht entmutigen, wenn eine Stellung nicht gleich klappen will. Wenn Sie regelmäßig üben, werden Sie beweglicher sein und die Asanas leichter ausführen können.

Rhythmus des Gesamtprogramms gestört. Wenn die eine oder andere Übung nicht gleich klappt, lassen Sie sich nicht entmutigen.

Suchen Sie sich zum Üben einen ruhigen Ort, an dem Sie ungestört sind und planen Sie täglich mindestens eine halbe Stunde für Ihre Yogaübungen ein. Sie sollten wenn möglich versuchen, die Asanas immer zur gleichen Tageszeit durchzuführen. Die beste Zeit dazu ist morgens vor dem Frühstück oder abends vor dem Abendessen. Ein voller Magen belastet Sie nur bei Ihren Yogaübungen. Wenn Sie sich abends den Übungen widmen, achten Sie darauf, dass seit Ihrer letzten Mahlzeit mindestens zwei Stunden vergangen sind. Wählen Sie zum Üben lockere und bequeme Kleidung, und ziehen Sie keine Schuhe an, denn Sie sollen den Boden unter Ihren Füßen spüren. Socken sind natürlich erlaubt. Legen Sie sich eine Decke oder einen Teppich unter, damit der Untergrund, auf dem Sie die Übungen machen, nicht zu hart oder zu kalt ist.

Frauen sollten an den ersten beiden Tagen Ihrer Menstruation auf Yoga verzichten, ebenso vom fünften Monat einer Schwangerschaft an. Das empfiehlt sich auch bei Bandscheibenschäden. Im Zweifelsfall wenden Sie sich bitte an Ihren Arzt, bevor Sie mit den Yogaübungen beginnen.

1. + 12. Savasana – Totenstellung

Das Savasana dient der Einstimmung auf die einzelnen Stellungen, denn es versetzt Sie in Ruhe und entspannt. So befinden Sie sich in der richtigen Geisteshaltung zum Üben.

Dieses Asana sollte jeweils zu Beginn und am Ende Ihres Yogaprogramms ausgeführt werden.

- Legen Sie sich mit dem Rücken flach auf den Boden. Achten Sie darauf, dass Sie mit Ihrer gesamten Rückseite den Untergrund, auf dem Sie liegen, bedecken.
- Ihre Fersen liegen einen halben Meter weit voneinander entfernt, die Fußspitzen fallen dabei locker nach außen. Ihre Arme ruhen entspannt neben dem Körper, mit den Handflächen nach oben.
- Schließen Sie nun Ihre Augen, und atmen Sie ein und aus. Beim Ausatmen entspannen Sie jeden Bereich Ihres Körpers von den Füßen bis zur Zunge ganz bewusst. Fühlen Sie die Wärme und die Schwere, die nun in Ihrem Körper entsteht. Dieses Empfinden weicht nach kurzer Zeit einem Gefühl der Leichtigkeit.
- Konzentrieren Sie sich nun wieder auf Ihre Atemzüge: Atmen Sie ruhig und langsam ein und aus.
- Bleiben Sie eine Weile, drei bis fünf Minuten, so liegen und richten sich dann langsam wieder auf.

2. Tadasana – Bergstellung

Diese Stellung entlastet alle Muskeln des Körpers, besonders aber die Schulter- und Nackenmuskeln sowie die Wirbelsäule. Im psychischen Bereich verhilft sie zu mehr Selbstbewusstsein und Stehvermögen – fest und unerschütterlich wie ein Berg …

- Stellen Sie sich aufrecht hin, die Füße stehen parallel nebeneinander. Ihren Kopf halten Sie gerade und blicken nach vorne.
- Lockern Sie Ihre Schultern, indem Sie sie anheben und dann wieder entspannt fallen lassen. Die Arme hängen locker nach unten.
- Verteilen Sie Ihr Gewicht gleichmäßig auf beide Füße. Sie sollten aufrecht, entspannt und vor allem fest auf dem Boden stehen.
- Schließen Sie dann die Augen. Dabei geht Ihnen vielleicht das Gefühl, vollkommen gerade zu stehen, verloren. Bringen Sie sich wieder ins Gleichgewicht, und korrigieren Sie Ihre Haltung, indem Sie sich auf Ihre Füße und auf den Boden konzentrieren.
- Atmen Sie dann achtmal ein und aus und öffen dann langsam die Augen. Bleiben Sie noch eine Weile so stehen, und versuchen Sie, sich die Wirkung dieser Übung bewusst zu machen.

3. Suryanamaskar – Sonnengruß

(Die Übungsanleitung für den Sonnengruß siehe Seite 63 ff.)

4. Vajrasana – Diamantsitz

Neben dem Lotussitz ist dieses Asana eine der Stellungen, in denen Sie auch Pranayama, die ayurvedische Atemübung und Meditation ausführen können. Der Diamantsitz hilft hervorragend gegen Müdigkeit und regt die Verdauung an. Zudem dehnt er den Brustkorb und vertieft die Atmung. Durch die Dehnung der Beinmuskeln werden auch die Gelenke in den Beinen und Füßen geschmeidiger.

- Knien Sie sich auf den Boden, und setzen Sie sich auf Ihre Fersen, die Zehen weisen dabei nach hinten. Halten Sie Kopf und Rücken möglichst gerade. Die Knie sollten zusammen liegen, mit den Händen locker darauf. Verweilen Sie in dieser Position, und atmen Sie achtmal tief ein und aus.
- Dann erheben Sie sich langsam, bis Sie aufrecht knien. Bleiben Sie für einige Sekunden in dieser Stellung, und kehren Sie dann wieder in die Ausgangsposition zurück.

Am effektivsten sind die Yoga-übungen, wenn man sie wirklich regelmäßig jeden Tag durchführt. Versuchen Sie, sich die Zeit dafür zu nehmen, denn eine halbe Stunde Yoga bringt Ihrer Gesundheit und Ihrer Schönheit weitaus mehr als eine halbe Stunde auf der Couch vor dem Fernseher zu faulenzen.

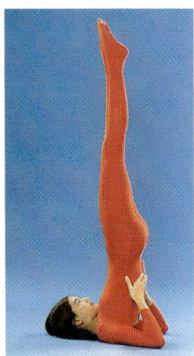

Die Übung »Kerze«.

5. Sarvangasana – Schulterstand, »Kerze«

Dieses Asana regt die Durchblutung im Kopf an und stärkt das Sehvermögen. Die umgekehrte Körperhaltung beugt Krampfadern vor, kräftigt Nieren, Magen sowie Fortpflanzungsorgane und wirkt entspannend bei Stress und geistiger Erschöpfung.

● Legen Sie sich auf den Boden, schließen Sie die Beine, und legen Sie Ihre Hände neben dem Körper mit den Handflächen nach unten.

● Drücken Sie sich vom Boden ab, und heben Sie langsam Ihre gestreckten Beine, bis sie einen 90-Grad-Winkel zum Boden bilden.

● Heben Sie auch Ihre Taille vom Boden und stützen die Hüften mit beiden Händen ab. Die Füße neigen Sie schräg nach hinten zum Kopf.

● Bringen Sie Ihre Beine in senkrechte Stellung, stützen Sie sich im Rücken mit den Händen ab, und drücken Sie das Kinn an Ihren Hals.

● Verweilen Sie für etwa zehn Sekunden in dieser Position. Später können Sie diese Zeit auf eine halbe Minute ausdehnen.

● Beenden Sie die Übung, indem Sie sich langsam und vorsichtig Wirbel für Wirbel abrollen und Ihre Beine wieder senken.

● Bleiben Sie noch drei Minuten liegen, und ruhen Sie sich aus.

6. Halasana – Pflugstellung

Halasana stärkt die Wirbelsäule, entspannt Nacken- und Schultermuskeln und wirkt entschlackend und belebend.

● Legen Sie sich auf den Rücken, die Arme neben Ihrem Körper auf dem Boden. Nun erheben Sie sich langsam und vorsichtig zum Schulterstand (Übung 5).

Die Extremform der Pflugstellung – aber nur für ganz besonders gelenkige Menschen.

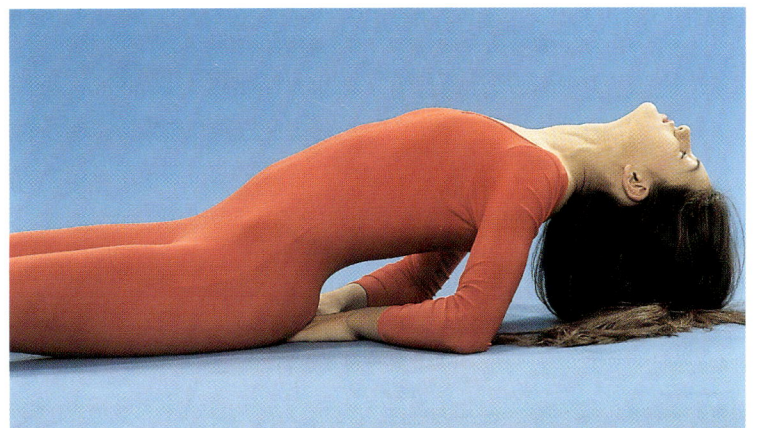

Die Yogaübung »Fisch« ist eine der einfacheren Formen. Sie ist leicht nachzu-machen und dient zum Ausgleich der »Kerze« und der Pflugstellung.

● Senken Sie dann Ihre gestreckten Beine so weit, bis die Zehen den Boden über Ihrem Kopf berühren. Die Arme legen Sie locker auf den Boden, dahin wo sie zu Beginn der Übung gelegen haben.
● Verweilen Sie in dieser Stellung, und zählen Sie dabei bis zehn.
● Nun rollen Sie langsam Wirbel für Wirbel wieder in die Anfangs-stellung zurück und ruhen sich eine halbe Minute lang aus.
● Bei dieser Übung ist es wichtig, dass Sie immer schön durchatmen; auch beim Heben und Senken der Beine.

7. Matsyasana – Fisch

Der Fisch ist als Ausgleichsstellung zum Schulterstand und zum Pflug zu betrachten: Die in Übung 5 und 6 beanspruchte Hals-, Rücken- und Brustmuskulatur wird nun wieder entspannt. Darüber-hinaus fördert Matsyasana die Funktionen der Schilddrüse.
● Schieben Sie die Hände, mit den Handflächen nach unten, unter Ihr Gesäß bzw. unter Ihre Oberschenkel.
● Stützen Sie sich auf Ihren Ellenbogen ab, beugen Sie Kopf und Nacken nach hinten, so dass sich die Brust nach oben wölbt. Sie soll-ten darauf achten, dass Ihre Beine und Ihr Oberkörper locker bleiben.
● Verbleiben Sie acht Atemzüge in dieser Stellung.
● Heben Sie Ihren Kopf leicht an, und legen Sie ihn auf dem Boden ab; ziehen Sie Ihre Arme wieder unter Ihrem Körper hervor, und legen Sie sie neben sich. Verbleiben Sie einige Atemzüge in dieser Lage.

Matsyasana ist ein gute Übung zur Stärkung der Atmungsfunktio-nen, sie erweitert den Brustkorb und macht ein freies Atmen möglich.

Die Variante der Kopf-Knie-Stellung für Fortgeschrittene: Ausgangsstellung mit gegrätschten Beinen, dann einen Fuß ganz an den Körper abwinkeln, mit den Händen das gestreckte Bein berühren.

8. Paschimothanasana – Kopf-Knie-Stellung

Das Paschimothanasana fördert die Durchblutung des Gehirns, macht die Wirbelsäule beweglicher und regt die Verdauungsfunktionen an. Vor allem bei der Kopf-Knie-Stellung ist es wichtig, dass Sie nichts zu erzwingen oder zu überdehnen versuchen. Führen Sie die Übung nur so weit aus, wie Sie dazu in der Lage sind.

● Legen Sie sich flach auf den Boden; strecken Sie Ihre Arme gerade nach hinten – die Handflächen einander zugewandt. Atmen Sie ein, und setzen Sie sich gerade auf, die Hände immer noch ausgestreckt über dem Kopf. Die Füße sind dabei gestreckt, Kopf und Rücken sind gerade, und Sie atmen ruhig und gleichmäßig, bis Sie eine bequeme Sitzposition eingenommen haben.

● Mit dem Ausatmen beugen Sie dann den Oberkörper nach vorne. Achten Sie darauf, dass die Wirbelsäule dabei gestreckt bleibt und die Zehen senkrecht zur Decke zeigen.

● Versuchen Sie nun, Ihre Beine mit den Armen – wenn möglich, sogar Ihre Füße mit den Händen – zu umfassen.

● Verbleiben Sie in dieser Kauerstellung, solange es Ihnen möglich ist. Achten Sie dabei auf gleichmäßiges und ruhiges Atmen.

● Richten Sie dann den Oberkörper mit dem Einatmen wieder langsam auf, und halten Sie Kopf, Wirbelsäule und Beine dabei gerade. Legen Sie Ihre Hände auf den Knien ab, und atmen Sie zum Abschluss noch einige Male tief ein und aus.

Die einzelnen Yogaübungen gibt es in vielen verschiedenen Variationen. Sie erfahren hier einfach nachzumachende Übungen sowie einige etwas kompliziertere Formen für Fortgeschrittene oder sehr gelenkige Personen.

9. Bhujangasana – Kobrastellung

Bei diesem Asana richten Sie Kopf und Oberkörper wie eine Kobra auf. Bhujangasana stärkt die Bauch- und Rückenmuskulatur, macht die Wirbelsäule geschmeidiger und unterstützt die inneren Organe. Zudem weitet sich in dieser Stellung der Brustkorb, wodurch die Atmung vertieft wird.

● Legen Sie sich auf den Bauch, schließen Sie die Beine, und führen Sie die gestreckten Arme über dem Kopf zusammen. Die Handflächen legen Sie aneinander.

● Ziehen Sie Ihren Körper von den Zehen bis zu den Fingerspitzen in die Länge, und legen Sie den Kopf mit der Stirn auf den Boden.

● Heben Sie beim Einatmen Ihren Kopf und Ihre Brust an, und blicken Sie mit den Augen nach oben. Stützen Sie sich gleichzeitig mit den Händen vom Boden ab, und strecken Sie sie durch.

● Halten Sie diese Stellung drei bis fünf Atemzüge lang.

● Dann gehen Sie wieder in die Ausgangsposition zurück, und entspannen Sie sich, indem Sie eine Gesichtshälfte auf den Boden legen.

● Wiederholen Sie diese Übung dreimal.

Konzentrieren Sie sich bei den einzelnen Übungen nur auf die Atmung und auf die einzelnen Körperteile, die Sie gerade ausstrecken oder bewegen. In der Entspannungsphase versuchen Sie, die Unterlage, auf der Sie liegen, zu spüren.

In der Endposition der »Kobra« unterstützen Sie Ihre inneren Organe durch eine vertiefte Atmung.

Wenn Sie die Heuschreckenübung mit angehobenen Beinen beherrschen, können Sie versuchen, zusätzlich auch noch die Arme gestreckt vom Boden abzuheben.

10. Shalabhasana – Heuschreckenstellung

Die »Heuschrecke« beugt Hexenschuss und Ischiasbeschwerden vor. Sie kräftigt die Bauch-, Po- und Beinmuskeln. Falls die Übung anfangs zu anstrengend ist, heben Sie abwechselnd immer nur ein Bein   jede Seite zweimal.

- Legen Sie sich auf den Bauch, und legen Sie Ihre Arme neben dem Körper mit den Handflächen nach unten auf dem Boden. Das Kinn liegt ebenfalls auf dem Boden auf.
- Nun heben Sie die gestreckten Beine hoch, bleiben zwei bis drei Atemzüge lang in dieser Stellung und legen Ihre Beine dann wieder auf dem Boden ab. Halten Sie dabei jedoch nicht den Atem an.

11. Nakrasana – Drehsitz

Diese Übung wirkt wohltuend auf Rücken und Wirbelsäule.

- Setzen Sie sich auf den Boden, und strecken Sie beide Beine aus.
- Nun winkeln Sie Ihr linkes Bein an und heben es über das rechte Bein, bis der linke Fuß neben dem rechten Knie außen steht.
- Breiten Sie dann beide Arme aus, und drehen Sie Kopf und Oberkörper so weit wie möglich nach links.
- Legen Sie den rechten Arm an die Außenseite des linken, angewinkelten Knies, und fassen Sie mit der rechten Hand an den linken Fuß. Ziehen Sie nun den rechten Fuß an Ihre linke Pobacke.
- Den linken Arm führen Sie um Ihren Rücken herum, und stützen Sie sich mit der Hand am Boden hinter Ihnen ab.
- Verweilen Sie einige Sekunden in dieser Stellung, und blicken Sie dabei so weit es geht nach hinten.
- Dann kehren Sie wieder in die Ausgangsposition zurück, ruhen ein wenig aus und wiederholen die Übung mit dem anderen Bein.

Der Sonnengruß – Suryanamaskar

Der gläubige Hindu, so wollen es Brauch und Religion, verneigt sich jeden Morgen vor der Sonne und dankt für ihre Leben spendenden Strahlen. Aus diesem religiösen Brauchtum entstand Suryanamaskar, der Sonnengruß. Die ayurvedische Körperübung setzt sich aus zwölf Asanas, Yogastellungen, zusammen. Man führt sie am besten morgens nach dem Aufstehen vor dem offenen Fenster durch, oder wenn möglich auf dem Balkon, der Terrasse oder im Garten. So erhalten Sie viel frische Luft, bringen Ihren Kreislauf in Schwung, fördern die Durchblutung Ihres Gehirns und helfen Ihrem Körper dabei, Ama abzubauen.

Die wohltuende und kräftigende Wirkung von Suryanamaskar zeigt sich bereits nach dem ersten Üben: Alle Muskeln werden gestärkt und gestreckt, Wirbelsäule und Gelenke beweglicher, die inneren Organe angeregt und massiert; der Blutkreislauf wird belebt und das Blut wird durch die tiefe Atmung beim Üben gereinigt. Wenn der Sonnengruß regelmäßig durchgeführt wird, macht er den Körper gelenkiger, belastbarer und anmutiger, die Seele ausgeglichener und entspannter. Schon nach einer Woche werden Sie feststellen, dass Ihnen ohne Ihren täglichen Sonnengruß etwas fehlt.

Ein Sonnengrußzyklus dauert etwa zwei Minuten und sollte von einem Durchgang langsam auf sechs Durchgänge gesteigert werden. Die einzelnen Übungen sind so aufeinander abgestimmt, dass Sie sich auf gar keinen Fall dabei überanstrengen können.

Die Atmung während des Sonnengrußes

Wenn Sie jeden Morgen mit dem Suryanamaskar beginnen, werden Sie zudem feststellen, dass Ihre Muskeln gestärkt und Ihre Kondition gesteigert wird. Wichtig ist, dass Sie bei allen Übungen, die gleichsam fließend ineinander übergehen, ruhig und entspannt atmen. Beim Einatmen hebt sich Ihre Bauchdecke, beim Ausatmen senkt sie sich. Achten Sie darauf, dass Sie nicht in Brustatmung verfallen (die Brust hebt sich beim Einatmen und senkt sich beim Ausatmen), denn dann wird Ihr Körper und Ihr Gehirn weniger gut durchblutet.

Vielleicht hilft Ihnen zur richtigen Atmung auch diese Regel: Sobald Sie die Wirbelsäule strecken, sich aufrichten oder vollständig ausstrecken, atmen Sie ein. Fühlen Sie dabei, wie sich Ihr Zwerchfell nach unten wölbt. Wenn Sie sich bücken, den Körper beugen oder die Wirbelsäule krümmen, atmen Sie aus. Ihr Bauch ist dann wieder ganz flach.

Übungsteil A	• Gehen Sie in die Ausgangstellung: Stellen Sie sich aufrecht hin, falten Sie die Hände vor dem Brustbein, und halten Sie den Kopf gerade. Ihre Füße sollten so nebeneinander stehen, dass sie sich leicht berühren. Atmen Sie entspannt ein und aus.
Übungsteil B	• Strecken Sie Ihre Arme über dem Kopf aus, und beugen Sie Ihren Oberkörper mit ausgestreckten Armen nach hinten über. Drücken Sie dabei Ihr Becken nach vorne. Die Beine bleiben gestreckt.
Übungsteil C	• Dann beugen Sie sich langsam nach vorne. Versuchen Sie, bei durchgedrückten Knien mit Ihren Fingerspitzen oder sogar mit den Handflächen den Boden zu erreichen.
Übungsteil D	• Nun bewegen Sie sich in Bodennähe. Dazu machen Sie mit dem rechten Bein einen weiten Grätschschritt nach hinten. Das rechte Bein ist dabei gestreckt, das Knie berührt den Boden. Das linke Bein ist angewinkelt. Ihre Hände stützen Sie vor dem abgewinkelten Bein parallel zueinander auf den Boden. Ihr Gesicht ist der Decke zugewandt. Wippen Sie in dieser Stellung leicht nach oben und unten.
Übungsteil E	• Strecken Sie auch das angewinkelte Bein nach hinten aus, stützen Sie sich nur auf Ihre ausgestreckten Arme und Zehen. Ihr restlicher Körper bildet eine gerade Linie von den Schultern bis zu den Fersen.

*So sieht die End-
position des
Übungsteil D aus.
Vergessen Sie dabei
nicht das Atmen.*

Dies ist die End-position des Übungsteil H. Fühlen Sie, wie dabei das Blut in Ihren Kopf strömt.

● Atmen Sie aus, beugen Sie Ihre Arme, und bringen Sie langsam Ihre Stirn, Ihre Brust und die Knie auf den Boden. Schultern, Po und Fersen zeigen (in entgegengesetzter Richtung) zur Decke.

Übungsteil F

● Atmen Sie ein. Heben Sie die Füße, um die Zehen nach hinten zu strecken, legen Sie Ihr Becken auf dem Boden ab, und strecken Sie Ihre Beine durch. Versetzen Sie Ihre ausgestreckten Arme näher an Ihre Hüften, beugen Sie Ihren Oberkörper zurück, und richten Sie Ihren Blick zur Decke.

Übungsteil G

● Atmen Sie aus. Sie stützen sich weiter mit den Händen auf dem Boden auf. Heben Sie jetzt Ihren Po steil nach oben. Ihr Gesicht blickt dabei in Richtung Ihrer Knie. Lassen Sie in dieser Stellung das Blut in Ihren Kopf schießen. Der Scheitel darf den Boden berühren.

Übungsteil H

● Nun führen Sie denselben Grätschschritt wie in Übung D durch. Allerdings strecken Sie jetzt das linke Bein aus und winkeln das rechte an. Wippen Sie wieder leicht nach oben und unten.

Übungsteil I

Übungsteil J • Entfernen Sie sich wieder vom Boden, und begeben Sie sich in Stellung C. Versuchen Sie dabei wieder, bei durchgedrückten Knien mit Ihren Fingerspitzen den Boden zu erreichen.

Übungsteil K • Strecken Sie sich jetzt wieder nach oben aus wie in Übung B, und recken Sie Arme und Oberkörper weit nach hinten.

Übungsteil L • Beenden Sie den Sonnengruß, wie Sie ihn begonnen haben – mit Übung A in aufrechter Stellung und vor dem Brustbein gekreuzten Händen. Bleiben Sie noch einige Atemzüge lang in dieser Stellung stehen, und beginnen Sie dann, wenn Sie möchten, den zweiten Zyklus. Nachdem Sie den Sonnengruß genügend oft wiederholt haben, legen Sie sich hin, strecken die Wirbelsäule und lassen den Körper vollständig entspannen. Schließen Sie die Augen, und ruhen Sie ein bis zwei Minuten lang, wobei der Atem frei und leicht fließen sollte.

Meditation – der Weg zum Selbst

Wählen Sie zum Meditieren einen Raum, in dem Sie sich wohlfühlen. Er sollte gut gelüftet und nicht zu hell beleuchtet sein. Tragen Sie bequeme Kleidung, die Sie nicht beengt, sondern Ihren Körper locker einhüllt und warm hält. Gegen kalte Füße schlüpfen Sie prophylaktisch in dicke, kuschelige Wollsocken.

Als im 6. Jahrhundert v. Chr. in Indien der Hinduismus entstand, entwickelte sich auch die Lehre, durch Selbsterkenntnis und Bewusstseinserweiterung zu einer Harmonie zwischen Geist, Seele und Körper zu finden. Diese Selbstversenkung ist Meditation (lat.: meditari – sinnen, in sich gehen). Die indischen Yogis versenken sich durch Meditation in tiefe Ruhe und lösen sich von ihrer Umgebung, um auf diese Weise tief in ihr Bewusstsein einzutauchen.

Meditation ist eigentlich eine Lebenshaltung, an der immer Verstand, Gefühl und Wachsamkeit beteiligt sind. Doch nichts davon soll überwiegen: weder ein verstandesorientiertes Analysieren der Welt noch spontan aufbrechende Emotionen.

Der Yogi sucht vielmehr geistiges Erkennen und ein tiefes Erleben seiner selbst: Meditation ist der uralte Weg, Erfahrungen durch die Wendung nach innen zu sammeln. Dieser Weg zum Selbst verschafft innere Ruhe und Gelassenheit gegenüber der Außenwelt. Die Besinnung auf das eigene Ich kann Spannungen lösen, ungeahnte Fähigkeiten freisetzen und nimmt so Einfluss auf die seelische, geistige und körperliche Haltung eines Menschen. Nachfolgend werden Sie die Meditationsübungen kennenlernen, die im Yoga zu den Klassikern zählen.

Die Klassiker

Auf geistiger Ebene vermitteln die verschränkt auf dem Boden liegenden Beine des Lotussitzes ein Gefühl des Verwurzeltseins. Die aufrechte Haltung der Wirbelsäule fördert die geistige Wachheit und die Konzentrationsfähigkeit. Nach längerem Verweilen im Lotussitz vertieft sich die Atmung und die Gedanken kommen zur Ruhe. Auf körperlicher Ebene wirkt diese Stellung stärkend auf die Wirbelsäule und die inneren Organe, sie kräftigt die Beinmuskeln und macht Hüft-, Knie- und Fußgelenke beweglicher.

Diese Stellung ist ohne Übung nicht so ganz einfach einzunehmen. Deshalb sollten Sie zunächst mit dem halben Lotussitz beginnen und dann zu Padmasana, dem kompletten Lotussitz, übergehen.

Ardha Padmasana – Halber Lotussitz

- Setzen Sie sich im Schneidersitz auf den Boden.
- Nehmen Sie dann mit beiden Händen den rechten Fuß und legen den Rist möglichst nah am Körper auf den linken Oberschenkel. Ihr linkes Bein liegt am Boden.
- Legen Sie dann beide Hände mit dem Handrücken auf Ihre Knie, die Mittelfinger sollten den Boden berühren.
- Nun versuchen Sie sich darauf zu konzentrieren, wie die Energie der Erde durch Ihre Finger in Sie hineinströmt. Schließen Sie die Augen, atmen Sie ruhig und gleichmäßig, und spüren Sie, was in Ihrem Inneren geschieht.

Padmasana – Lotussitz

- Setzen Sie sich im halben Lotussitz auf den Boden.
- Liegt der linke Fuß auf dem rechten Oberschenkel, fassen Sie den rechten Fuß und legen ihn auf den linken Oberschenkel.
- Vielleicht gelingt es Ihnen, die Füße, die nun beide auf den Oberschenkeln liegen, bis hinauf in die Leistenbeuge zu ziehen. Ihre Knie sollten dabei den Boden berühren.
- Lassen Sie dann die rechte Hand in der linken Hand wie in einer Schale ruhen. Die Daumenspitzen sollten sich dabei berühren, um den Energiekreislauf durch den Körper zu schließen.
- Schließen Sie, wenn Sie möchten, die Augen, und atmen Sie ruhig und gleichmäßig.

Stellen Sie einen Gegenstand, z.B. eine Vase, vor sich in Augenhöhe auf. Nehmen Sie den Lotussitz ein. Lassen Sie den Gegenstand auf sich wirken, in Ihr Bewußtsein eindringen. Wandern Sie mit dem Blick einige Sekunden über den Gegenstand, dann blicken Sie woanders hin. Nach einigen Sekunden wieder zurück zum Gegenstand, dann wieder abschweifen – fünf Minuten lang immer abwechselnd. Schließen Sie die Augen für zwei Minuten, und lassen Sie Ihre Gedanken wieder aufkommen. Öffnen Sie die Augen, und atmen Sie einige Male kräftig ein und aus.

AYURVEDISCHE ERNÄHRUNG

Diese alte Regel des Ayurveda bezieht sich nicht nur auf die biochemische Beschaffenheit und Verwertbarkeit unserer Nahrung. Nach ayurvedischen Grundsätzen essen heißt, die Nahrungsaufnahme zu einem Fest für alle Sinne zu machen: das Aussehen, den Geruch, die Oberflächenbeschaffenheit seiner Speisen zu genießen – und so in jeder Hinsicht dafür zu sorgen, dass einem das Essen gut tut.

Essen mit Lust und Verstand

Wenn Ayurveda durch den Magen geht

Luft und Nahrung erhalten uns nicht nur am Leben, sondern beeinflussen auch unseren Alltag. Je nachdem, was wir zu uns nehmen, fühlen wir uns leicht oder beschwert, gutgelaunt oder eher deprimiert, haben eine gesunde, regelmäßig arbeitende Verdauung oder aber unter Störungen wie Blähungen, Verstopfung oder Durchfall zu leiden. Doch nicht nur Lebensmittel gehören zur täglichen Nahrung. Im Prinzip ist alles, was wir über unsere fünf Sinne aufnehmen, mit Ernährung gleichzusetzen. Denn wir müssen sowohl die chemische Zusammensetzung der Nährstoffe verdauen als auch die Eindrücke, die sie auf Geruchs-, Geschmacks-, Tast- und Sehsinn hinterlassen. So wie unsere Mahlzeiten auf all unsere Körperfunktionen wirken, strahlt dies auch auf den Zustand unserer Seele und unseres Gemüts aus. Aus diesem Grunde sollen die Mahlzeiten, die wir über den Tag verteilt zu uns nehmen, für alle unsere Sinne ein Genuss sein. Dabei spielen natürlich wieder unser Konstitutionstyp und unsere inneren Bedürfnisse eine große Rolle, die sich über das Gleichgewicht der Doshas ausdrücken. Denn, was den einen nährt und glücklich macht, ist für den anderen schädlich. Ist unsere Nahrung auf eine für uns zuträgliche Weise zusammengesetzt, so wirkt sich das optimal auf unseren Körper und unseren Geist aus. Beinhaltet sie jedoch Nahrungsmittel, die von minderer Qualität sind, oder ist von der einen Zutat zu viel und von der anderen zu wenig in einem Gericht vorhanden, so wirkt sie weniger vorteilhaft.

»Die Lebensmittel, die das Gleichgewicht der körperlichen Dhatus erhalten und dabei helfen, Störungen dieses Gleichgewichts aufzulösen, werden als ganzheitlich betrachtet; tun sie dies nicht, sind sie nicht ganzheitlich. Das ist die genaueste Unterscheidung.« (Caraka Samhita, Sutrasthana 25–31)

Gesunde und ausgewogene Vollwerternährung

In erster Linie hat unsere tägliche Nahrung natürlich den Zweck, unserem Organismus lebenswichtige Bausteine und Energie zuzuführen, ihn mit Ballaststoffen, Vitaminen und Mineralien zu versorgen. In diesem Zusammenhang gibt der Ayurveda auch einer vegetarischen oder lakto-vegetabilen (pflanzliche Lebensmittel kombiniert mit Milch und Milchprodukten) Ernährung den Vorzug, weil sie am verträglichsten für den Körper und damit für unser Wohlbefinden ist. Doch macht der Ayurveda daraus keine Glaubenssache. Wer also möchte und wem es schmeckt, kann weiterhin tierische Produkte wie Eier und Käse, Fleisch und Fisch zu sich nehmen. Gerade wenn man jahrelang an eine Mischernährung aus tierischen und pflanzlichen Lebensmitteln gewohnt ist, sollte man dieser auch nicht auf einmal abschwören. Der plötzliche Verzicht auf Fleisch und Wurst setzt einen unter Druck, und man fühlt sich mit einer ganz neuen Ernährungsweise, die einem fremd ist, nicht unbedingt wohl. Und genau dieses, einen Mangel an Wohlbefinden, hat der Ayurveda in seiner Lehre nicht vorgesehen. Essen soll schließlich eine Freude für Körper und Seele sein.

Worauf Sie bei Ihrer Ernährung achten sollten

Aus ernährungsphysiologischen und Umweltgründen sei darauf hingewiesen, dass es wirklich nichts schadet, nur ein- oder zweimal die Woche Fleisch oder Fisch zu essen. Das werden Sie nicht nur an einer erleichterten Verdauung, sondern auch an einem rundum ausgeglichenen Gesamtbefinden bemerken.

Achten Sie beim Kauf Ihrer Nahrungsmittel immer auf größtmögliche Frische. Fragen Sie Ihren Händler, ob Gemüse und Obst bereits länger als einen Tag in seinem Geschäft lagern, denn gerade Blattgemüse und Vitamin-C-reiches Obst verliert mit jedem Tag nach der Ernte kostbare Inhaltsstoffe. Kartoffeln, Zwiebeln, Knoblauch und bestimmte Kohlsorten behalten bei sachgemäßer, dunkler und luftiger Lagerung allerdings auch über einen längeren Zeitraum ihre Nährstoffe.

Kaufen Sie auch nur möglichst ungespritzte Gemüse und Früchte. Waschen Sie diese Lebensmittel vor der Zubereitung gründlich. Wenn Sie auf Fleisch in Ihrem Speiseplan nicht ganz verzichten möchten, erkundigen Sie sich bei Ihrem Metzger nach der Herkunft von Rind-, Lamm- oder Schweinefleisch, und ob die Tiere artgerecht gehalten wurden. Ansonsten kann es passieren, dass Sie mit Ihrer Mahlzeit ungewollt Antibiotika und Hormone zu sich nehmen, die den Tieren für ihr schnelleres Wachstum verabreicht wurden. Vielleicht versuchen Sie es zwischendurch auch einmal mit frischem Fisch oder Geflügel. Verzichten Sie in Ihrer Küche ganz auf nährstoffarme Konservennahrung und auf Lebensmittel, die mit Konservierungs-, künstlichen Farbstoffen und anderen chemischen Zusätzen versetzt sind. Auch Fertiggerichte aus dem Gefrierschrank, die im heißen Wasserbad oder durch einen längeren Kochvorgang erhitzt werden, haben nur noch wenig nährende Qualitäten aufzuweisen.

Agni – das Feuer des Stoffwechsels

Der Ayurveda beschäftigt sich im Zusammenhang mit unserer Ernährung auch mit der gesunden Verdauung eines Menschen, die in vieler Hinsicht zu unserem Wohlbefinden beiträgt. Hier kennt die indische Lehre den Begriff »Verdauungsfeuer« oder »Agni«. Agni wirkt sowohl in unserem Verdauungssystem als auch im Stoffwechsel unserer Körperzellen. Je besser Agni in einem Organismus arbeiten kann, um unsere Nahrung zu verstoffwechseln, desto unbelasteter und freier fühlt sich der Mensch. Seine Darmflora ist gesund und alle Vorgänge der Nahrungszersetzung und -umwandlung im Körper funktionieren reibungslos.

Auf unser Verdauungsfeuer wirken immer verschiedene Faktoren: vor allem die Zusammensetzung der Lebensmittel, aber auch das Klima, in dem wir leben, unser Lebensalter oder die Tageszeit, zu der wir etwas essen. Selbstverständlich hat auch unsere geistig-seelische Verfassung großen Einfluss auf den Stoffwechsel. Wer das weiß, kann auf den Zustand seines Agnis bewusster achten. Denn er beeinflusst nicht nur unsere Lebensqualität, Gesundheit und Schönheit, sondern auch unsere Vitalität und Lebensdauer.

Ohne ein gut funktionierendes Agni könnten unsere Körpergewebe, die Dhatus, nicht ernährt werden, und unser Immunsystem wäre instabil.

Die Dhatus – aufbauende Elemente

Lebenswichtig sind die sieben Gewebe, die im Sanskrit Dhatus genannt werden. Immerhin sind sie für die Struktur unseres Organismus verantwortlich und halten auch alle körperlichen Funktionen aufrecht. Mit Hilfe von Agni schützen sie unser Immunsystem. Die Dhatus stehen in enger Beziehung zueinander: Wenn nur eines unserer sieben wichtigsten Dhatus gestört ist, werden auch die anderen davon in Mitleidenschaft gezogen, denn jedes erhält seine Nahrung vom vorangehenden Gewebe:

- Rasa – Plasma
- Rakta – »Blutgewebe«
- Mamsa – Muskelgewebe
- Meda – Fettgewebe
- Asthi – Knochengewebe
- Majja – Knochenmark und Nervengewebe
- Shukra und Artav – Samen, und Fortpflanzungsgewebe

Ojas, Prana und Tejas

Ojas betrifft die Lebensenergie des Menschen. Es ist die feinste Essenz von Nahrung, die nach der Verdauung im Körper verbleibt, alle Dhatus versorgt und ihnen dabei hilft, sich zu regenerieren. Ojas entsteht auch bei angenehmen Eindrücken und Erfahrungen und in Glücksmomenten. So sorgt die Essenz Ojas nicht nur für den freien Fluss der Körpersäfte und die Erhaltung des hormonellen Gleichgewichts, sondern auch für das ungehemmte Fließen der Gedanken und Ideen eines Menschen. Ojas verleiht also nicht nur körperliche Energie und Stärke, sondern auch seelisches Wohlbefinden sowie einen wachen Geist und ein stabiles Immunsystem, das sowohl mit Krankheitserregern als auch mit Ängsten und Sorgen, die das psychische Fließgleichgewicht blockieren, fertig werden kann. Man könnte es auch als die Kraft bezeichnen, die Leib und Seele zusammenhält. Sie steht im Bezug zu Kapha-Dosha. Deshalb beeinflusst alles, was über unsere Ernährung oder unsere Umwelt auf dieses Dosha wirkt, auch die Bildung von Ojas.

Die Essenz Ojas entsteht quasi als Endprodukt unserer Verdauung, nachdem unsere Nahrung alle Dhatus durchlaufen hat.

Prana ist nach Ojas die Essenz, die für die vitale Kraft unseres Körpers steht. Je kraftvoller Prana ist, desto besser und stärker funktioniert das Verdauungsfeuer Agni. Prana kontrolliert all unsere geistigen Tätigkeiten und unsere Gefühlswelt und regelt damit auch Ojas und die dritte feinstoffliche Essenz namens Tejas.

Tejas ist für die Funktionen der verschiedenen Dhatus verantwortlich und kann, sofern es im Ungleichgewicht ist, Ojas verringern.

Über ein funktionierendes Agni, eine gesunde Ernährung und eine entsprechende Lebensweise können Sie dafür sorgen, dass unter den feinstofflichen Essenzen Ojas, Prana und Tejas Gleichgewicht herrscht, Ihre Gesundheit erhalten und Ihr Leben verlängert wird.

Ama, das negative Produkt von Agni

Ist das Verdauungsfeuer Agni blockiert oder verlangsamt, kann keine Ausgewogenheit mehr entstehen, so wie sie Ojas herbeiführt. Ama ist das gegenteilige Produkt, das bei einem schlecht arbeitenden Verdauungsfeuer entsteht. Ama heißt übersetzt auch ganz schlicht unverdaut. Wir kennen dafür den Begriff »Schlacken« oder auch »Stoffwechselgifte«, die nicht nur das Magen-Darm-System, sondern auch die Körperzellen und Gewebe belasten und schwächen. Doch nicht nur bei einem gehemmten Stoffwechsel im Körper entsteht das gesundheitsschädliche Ama. Auch bei unverarbeiteten oder »unverdauten« Problemen, Ängsten und Sorgen bleiben deren Restgifte in Körper, Geist und Seele wirksam.

Ein Übermaß an Ama verstopft die Gedärme und anderen Kanäle, die unseren Körper durchziehen. Durch zuviel Ama kann es dann in letzter Hinsicht zu Krankheiten und Immunschwächereaktionen kommen.

So entlasten Sie Agni

Während man hierzulande die wohlmeinende Überzeugung hegt, dass ein knackiger Rohkostsalat oder ein Müsli ebenso gesund sind wie ein warmes Gemüsegericht, gibt der Ayurveda Letzterem den Vorzug.

Auch hier steht die Bedeutung des Agni im Vordergrund. Während Rohkost den Organismus überfordert, nimmt Gekochtes dem Körper bereits einen Teil seiner Verdauungsarbeit ab. So kann Agni die schweren Bestandteile der Mahlzeit aufschließen und sie auf diese Weise für den Körper nutzbar machen.

- Mittags ist die beste Zeit, um eine Salatmahlzeit zu verdauen. Essen Sie ihn jedoch zum Abschluss der Mahlzeit oder allein.
- Schwer verdauliche Lebensmittel sind in Fett Gebratenes, überbackener Käse, Milch, Joghurt und Sauermilchprodukte. Auch Fleisch und Fisch machen der Verdauung mehr zu schaffen als pflanzliche Kost. Vermeiden Sie daher vor allem abends Mahlzeiten aus diesen Zutaten, um Ihren Schlaf nicht zu beeinträchtigen.
- Trinken Sie zum Essen wenig Flüssigkeit und wenn, dann leicht angewärmte. Denn warme Flüssigkeiten wirken anregend auf die Verdauung, kalte hingegen produzieren Ama. Wer zu viel beim Essen trinkt, stört den Verdauungsprozess, indem unverdaute Nahrung durch den Flüssigkeitsschub weiter durch den Körper gespült wird. Die Folge sind Völlegefühl, Blähungen oder Müdigkeit und Schwere nach der Mahlzeit.
- Achten Sie generell auf den natürlichen Verdauungsrhythmus Ihres Körpers, der gegen Mittag am stärksten ist und gegen Nachmittag nachlässt. Am Abend ist er sehr schwach und tritt schon in seine Ruhephase ein.

Lieber verzichtet man auf das eine oder andere Vitamin aus dem frischen Salat und gart oder kocht frisches Gemüse, so dass die Verdauung auch wirklich jedes Vitamin für den Körper umsetzen kann.

Einfache Kur zum Abbau von Ama

Ama abzubauen ist äußerst hilfreich, wenn Sie merken, dass Ihre Verdauung nicht so harmonisch arbeitet, wie sie sollte. Auch Ihr Wohlbefinden dürfte im Zuge dessen eingeschränkt sein. Unter Umständen fühlen Sie sich verstimmt, niedergeschlagen und traurig. Bei der Kur reduzieren Sie die unverdauten Schlacken im Körper, die nicht nur den Zellstoffwechsel, sondern auch den Blutkreislauf und den Fluss der Lymphe behindern können. Nach der Entschlackungskur, bei der Sie wie gewohnt Ihren alltäglichen Tätigkeiten nachgehen können, steigen Sie möglichst auf eine leichtverdauliche Ernährung um, die agnistärkend wirkt. Ihr körperlich-seelisches Befinden wird sich nachhaltig verbessern.

Was Sie während der Kur beachten sollten

Je mehr Schlacken und Giftstoffe sich in Ihrem Körper angereichert haben, desto mehr wird auch Ihr Allgemeinbefinden leiden. Fühlen Sie sich matt und deprimiert, und haben Sie Probleme mit Ihrer Verdauung? Dann sollten Sie Ihrem Organismus und Ihrem Geist eine Entschlackungskur gönnen.

Die Kur geht über drei bis fünf Tage, je nachdem wie Sie sich körperlich und geistig derzeit fühlen. Gewöhnen Sie sich während dieser Zeit an das regelmäßige Trinken von heißem Wasser. Es regt den Stoffwechsel an und hilft dem Körper dabei, Ama auszuscheiden. Trinken Sie jede halbe Stunde ein paar Schlucke und immer nur so viel, wie Sie im Moment möchten. Allein Ihr Durst bestimmt die Menge Wasser, die Sie zu sich nehmen. Meistens reicht etwa eine halbe Tasse pro halber Stunde. Trinken Sie auf keinen Fall zu viel. Menschen mit Kapha-Konstitution neigen auch dazu, von zu viel Wassergenuss zuzunehmen.

Zubereitung Kochen Sie Wasser, das mengenmäßig für einen Tag reichen sollte (eineinhalb bis zwei Liter) etwa fünf Minuten lang, und füllen Sie den Vorrat in eine Thermoskanne. Durch das Kochen wird der Geschmack des Wassers deutlich verbessert und wirkt besser auf die Körperzellen und Gewebe. Vermeiden Sie während der Kur Fettes, Saures, Rohes, Müsli, Fleisch, Gebratenes, Überbackenes, Milchprodukte und Süßigkeiten.

Besorgen Sie sich frische Zutaten für Suppen oder warme Gemüsegerichte. Auf dem Einkaufszettel sollten vor allem folgende Lebensmittel stehen:

- Weißer Reis
- Karotten, Rote Bete, Blattgemüse (Spinat, Mangold etc.)
- Brot (etwas abgelagert)

Kurablauf

- Trinken Sie nach dem Aufstehen ein Glas heißes Wasser.
- Auf das Frühstück sollten Sie möglichst verzichten. Trinken Sie etwas Warmes wie z.B. Matetee mit Sahne, gesüßt mit etwas Rohrzucker.
- Mittags sollten Sie eine warme und leicht verdauliche Mahlzeit zu sich nehmen wie etwa eine Suppe oder Gemüse. Essen Sie davon so lange, bis Sie satt sind – jedoch nicht über Ihren Sättigungspunkt hinaus. So vermeiden Sie ein anschließendes Völlegefühl.
- Verkneifen Sie sich zwischen mittags und abends Zwischenmahlzeiten, denn damit beeinträchtigen Sie den Erfolg der Kur.
- Bei starken Hungergefühlen trinken Sie ein paar Schlucke heißes Wasser.
- Lassen Sie das Abendessen möglichst ausfallen, und trinken Sie stattdessen Kräutertee. Sollten Sie jedoch sehr hungrig sein, so essen Sie (bis spätestens 19.30 Uhr) eine leichte Gemüse- oder Reissuppe, ein warmes Gemüsegericht oder etwas anderes Eiweißarmes.

Denken Sie daran, dass Sie sich die Atmosphäre um das Essen herum angenehm und ruhig gestalten, und bleiben Sie nach dem Mittagessen noch zehn Minuten sitzen.

Natürliche Lebenselixiere – die Rasayanas

Der Begriff »Rasayana« spielt bei der ayurvedischen Ernährung eine äußerst wichtige Rolle. Er stammt aus dem Sanskrit und bedeutet »Flüssigkeit bewegen«. Bei den Rasayanas handelt es sich um Kräuter-, Mineralstoffpräparate oder um reine Lebensmittel, die in allen Lebenssituationen und bei jedem Konstitutionstyp extrem wirkungsvoll sind. Denn sie fördern die allgemeine Vitalität, Gesundheit und Schönheit eines Menschen. Die verschiedenen Rasayanas sind ganz gezielt zusammengestellt, so dass alle Vorgänge in Körper, Geist und Seele in einem ständigen Fluss und damit in lebendiger Bewegung gehalten werden. Insofern wirken sie deutlich stärker als Nahrung. Mit ihrer Hilfe kann der gesunde Mensch die Stabilität und Kraft seiner Körpergewebe, der Dhatus, und damit seine Spannkraft und

Jugendlichkeit erhalten. Rasayanas haben keine Nebenwirkungen und dienen der Nahrungsergänzung. Man kann sie in jedem Lebensalter und bei jedem Gesundheitszustand und wenn man möchte auch täglich einnehmen. Unten stehend finden Sie Rasayanas, die auch bei den Empfehlungen zur Behandlung von Hautkrankheiten (siehe Seite 166 ff.) und den Pflege- und Schönheitszubereitungen (siehe Seite 95 ff.) genannt werden.

Aloe vera

Die Rasayanas sind die Grundbausteine der natürlichen Ernährungs-, Pflege- und Heilmittel. Auf ihrer Basis können Sie Gerichte, Pflege- und Heilmittel problemlos selbst herstellen.

Unerlässliche Zutat ist der Saft oder das Gel aus der Heilpflanze Aloe vera. Seine Inhaltsstoffe regenerieren die Zellen, stärken ihren Stoffwechsel, wirken antibakteriell und stärken das Bindegewebe der Haut. Sie helfen bei der Neubildung von Hautzellen und spenden viel Feuchtigkeit. Aloe vera wird äußerlich eingesetzt zur Wundheilung sowie bei Verbrennungen und innerlich zur Regulierung der Darmtätigkeit und zur Stärkung der Sehkraft. Die Heilpflanze harmonisiert alle Doshas, jedoch insbesondere Pitta.

Amalaki

Die Früchte des Amalakibaumes werden gerne verwendet zur allgemeinen Kräftigung und Stärkung des Körpers und vor allem zur Förderung der Sehkraft. Die Amalakifrüchte enthalten alle Geschmacksrichtungen bis auf salzig, weshalb sie ausgleichend auf alle Doshas wirken, insbesondere auf Vata und Pitta. Ihre Inhaltsstoffe sind oft Bestandteile von anderen Rasayanas wie etwa Amrit Kalash. Gemeinsam mit den Früchten des Haritaki- und des Bibhitakibaumes bildet die Amalakifrucht die Grundlage der Triphalapräparate (siehe Seite 216).

Amrit Kalash

Eines der berühmtesten Rasayanas aus den alten Schriften ist Amrit Kalash, eine Mischung aus mehreren Heilkräutern und Früchten, welche wiederum selbst zu den Rasayanas gehören: darunter sind Sandelholz, die Amalakifrucht, Lakritze, Honig und Ghee.
Der Begriff »Amrit Kalash« steht im Sanskrit für Gefäß der Unsterblichkeit. Nehmen Sie Amrit Kalash so ein, wie es auf dem Beipackzettel empfohlen wird.

Ghee

Ghee ist eines der drei natürlich vorkommenden Rasayanas mit verjüngender und zellaktiver Wirkung. Ghee besteht aus Butterschmalz und fördert in kleinen Mengen Agni, die Verdauungsorgane und damit auch die Bildung von Ojas (siehe Seite 72). Man verwendet es in der Küche zum Dünsten und als feine Zutat zu Saucen und anderen Zubereitungen.

Zubereitung Geben Sie ein Pfund frische, ungesalzene Butter in einen Topf. Zerteilen Sie diese, geben Sie kaltes Wasser dazu und gießen es wieder ab. Diesen Vorgang nennt man Butterwaschen. Wiederholen Sie ihn so oft, bis das Wasser klar bleibt und keine milchigen Rückstände mehr darin zu sehen sind. Schmelzen Sie jetzt die Butterstücke bei niedriger bis mittlerer Hitze, und lassen Sie sie ca. zwölf Minuten köcheln. Dann etwa ist alles Wasser verdampft. Das Ghee ist fertig, wenn Sie einen Tropfen kaltes Wasser auf die geschmolzene Masse geben und dieser sofort verzischt. Seihen Sie die Masse jetzt durch ein sauberes Leintuch oder durch einen Papierfilter, und füllen Sie sie in mehrere kleine Gläser, die sie sofort verschließen. Kühl und dunkel aufbewahren.

Ghee wirkt entgiftend und kühlend, macht Gerichte bekömmlicher, stärkt die Sehkraft und schützt die Zellen vor den aggressiven freien Radikalen. Es enthält die Vitamine A, E, Niazin und die Mineralien Eisen, Kalium, Kalzium, Magnesium, Natrium und Phosphor. Ghee kann einfach und sogar auf Vorrat hergestellt werden.

Honig

Als reinster in der Pflanzenwelt vorkommender Stoff gilt der Honig. Wie Ghee gehört er zu den natürlichen Rasayanas. Er wirkt ausgleichend auf alle Doshas, insbesondere aber auf Kapha-Dosha. Denn Honig ist schleimlösend, hilft beim Fettgewebeabbau und stärkt die Sehkraft. Aus ayurvedischer Sicht sollte Honig jedoch nie (über 40 °C) erhitzt werden, also auch nicht zum Backen oder als Süße für warme Getränke verwendet werden.

Milch

Auch die Milch ist ein natürliches Rasayana und wirkt bei einem gut funktionierenden Verdauungsfeuer ojasfördernd, entgiftet, beruhigt die Nerven, regt den Appetit an, nährt, süßt, stärkt die Vitalität und geistige Regsamkeit, macht eine schöne Haut und enthält viele für das Wachstum und die Regeneration wichtige Vitamine und Mineralien. Die fettärmere Ziegenmilch empfiehlt sich besonders für Menschen mit einer Kapha-Konstitution.

Sandelholz

Vom Sandelholzbaum, dem Rakta-Chandana, stammen das bei uns gebräuchliche Sandelholzpulver, die -paste oder die -öle. Sandelholz wirkt ausgleichend auf Pitta-Dosha und ist ideal bei Verbrennungen oder Fiebererkrankungen. Auf spiritueller Ebene öffnet der Duft von Sandelholz das Herz und fördert die Entstehung von geistiger Energie und meditativen Entspannungszuständen.

Sukumara Rasayana

Ein klassisches Rasayana ist Sukumara. Es wird als Paste verabreicht und auch ganz gezielt als Medikament bei bestimmten Krankheiten eingesetzt.

Gesund essen im Ayurveda

Die Verdauungskraft eines Menschen und der Einfluss der Ernährung auf seine Gesamtkonstitution sind die wichtigsten Punkte in der Ernährungslehre des Ayurveda.

Ein gesunder Mensch weiß instinktiv, welche Lebensmittel in welcher Zusammensetzung ihm bekommen und welche nicht. Seine Sinne geben ihm Auskunft über die Rasas, die sechs Geschmacksqualitäten der Nahrungsmittel, sowie über die Gunas, die physikalischen Eigenschaften (schwer, leicht, kalt, warm, ölig etc.). So wird dieser Mensch genau die Lebensmittel bevorzugen, die gut für seinen Konstitutionstyp sind. Schulen Sie daher bei jeder Mahlzeit immer wieder Ihren Geschmacks- und Geruchssinn, und nehmen Sie sich viel Zeit dafür. Schnuppern Sie an dem Aroma der Speisen auf Ihrem Teller, und kauen Sie jeden Bissen gut durch, um seinen genauen Geschmack herauszufinden. Nach einer gewissen Zeit wissen Sie genau, was Ihnen bekommt und was weniger.

Einem Gesunden, dessen Doshas sich im Gleichgewicht befinden, empfiehlt der Ayurveda, sich jeden Tag mit Lebensmitteln aus allen sechs Geschmacksrichtungen (süß, sauer, salzig, bitter, scharf und zusammenziehend) zu versorgen. Gemeinsam regen sie die Sinne und die Bildung des Magensafts an, man fühlt sich zufrieden nach der Mahlzeit und vermeidet gleichzeitig eine zu einseitige Kost.

Der Ayurveda berücksichtigt beim Thema »Ernährung« darüber hinaus noch acht verschiedene Prinzipien, die – richtig umgesetzt – dabei helfen, die Gesundheit zu erhalten.

Pakriti – die Qualität der Lebensmittel

Wie bereits erwähnt, hilft die Geschmacksqualität, das Rasa eines Nahrungsmittels, uns dabei herauszufinden, was unserem Körper gut tut und was weniger. Im Prinzip gibt uns die Geschmacksrichtung also Aufschluss darüber, welche Inhaltsstoffe das jeweilige Nahrungsmittel besitzt und welche Qualität es damit im Zusammenhang mit unserer individuellen Konstitution hat.

Selbstverständlich gibt es auch viele Lebensmittel, die mehrere Geschmacksrichtungen besitzen. Die Amlakfrucht oder die Frucht des Haritakibaumes und auch Knoblauch beinhalten alle Rasas bis auf salzig. Aus diesem Grund wirken sie auch harmonisierend auf alle drei Doshas.

Karana – die Zubereitungsweise

Grundsätzlich sollten alle Gerichte, die serviert werden, immer frisch zubereitet und gleich anschließend verzehrt werden. Die Nährstoffe der Lebensmittel sollen während der Zubereitung möglichst erhalten bleiben. Aus diesem Grund sollte frisches Gemüse und Obst nicht zu lange großer Hitze ausgesetzt werden, denn so verdampfen wichtige Vitamine und Mineralien und wir haben allenfalls noch die pflanzlichen Faserstoffe auf dem Teller.

● Dünsten oder Garen bei niedriger Hitze bereitet Gemüsegerichte optimal auf die Bedürfnisse unseres Körpers vor. Roh ist Gemüse und auch Obst, insbesondere für Kapha-Typen, wesentlich schwerer verdaulich.

● Wichtigste Zutat zu einem wirklich guten und verträglichen Gericht ist jedoch die Liebe, mit der es zubereitet wird und der Respekt vor bzw. die Freude an den Nahrungsmitteln, mit denen man in der Küche umgeht. Kein Gericht aus einer Schnellküche oder einer Kantine ist in seiner Qualität und Wirkung mit der einer liebevoll komponierten Mahlzeit zu vergleichen.

Samyoga – die richtige Kombination der Lebensmittel

Die richtige Zusammensetzung einer Mahlzeit will gelernt sein, weshalb die Erfahrung eines Kochs dabei eine große Rolle spielt. Er kennt die Kombinationen von Lebensmitteln, die negativ auf unser Körper-Geist-System wirken und die, die sich positiv ergänzen. So

Probieren geht über studieren: Lernen Sie die Vielfalt unserer Nahrung neu kennen über ihre Gerüche, Aromen und Geschmäcker. So bereitet das Essen neben seinem nährenden und vitalisierenden Effekt auch eine große Sinnes- und damit Seelenfreude.

wird ein erfahrener Ayurveda-Koch Hülsenfrüchte immer mit Knoblauch oder ähnlich strukturierten Gewürzen anrichten, um ihre blähende Wirkung aufzuheben. Wichtig ist zudem, dass alle Menschen verschieden auf bestimmte Lebensmittelkombinationen reagieren. Auch diesen Faktor sollten Sie in Betracht ziehen.

Rasi – die richtige Menge

Nehmen Sie Ihre Mahlzeiten in ruhiger und angenehmer Umgebung ein. Vermeiden Sie dabei Störungen wie Fernsehen, Zeitunglesen o. Ä. Essen Sie nur dann etwas, wenn Sie wirklich Hunger und nicht nur etwas Appetit haben. Essen Sie nur so lange, bis Sie satt – aber nicht übersättigt – sind.

Aus ayurvedischer Sicht sollten wir ein Drittel unseres Mageninhalts mit Nahrung füllen und die verbleibenden zwei Drittel mit Wasser und mit Luft. Das bedeutet, dass wir von einer gesunden Mischung aus fester und flüssiger Nahrung leben sollten. Entspricht der Mageninhalt den oben genannten Verhältnissen, so kann unser Verdauungsfeuer optimal arbeiten. Sie trinken also immer erst dann etwas, wenn Sie ein paar Bissen Ihrer Mahlzeit gut durchgekaut und heruntergeschluckt haben. Nehmen Sie das Getränk nur in kleinen Schlucken zu sich, und trinken Sie nicht zu viel zum Essen, sonst wird Ihr Nahrungsbrei im Magen zu feucht. Auch nach der Mahlzeit sollten Sie nicht zu viel trinken. Das fördert lediglich die Gewichtszunahme und bildet Ama. Wer sein Gewicht reduzieren möchte, sollte vor der Mahlzeit ein heißes Getränk (Tee, Wasser) zu sich nehmen.

Desha – die Herkunft der Lebensmittel

Wichtig in der ayurvedischen Ernährungslehre ist das Herkunftsland eines Lebensmittels, also der Ort, wo es unter freiem Himmel gedeihen konnte. Bei der Vorbereitung eines Speiseplans und beim Einkauf sollte man darauf achten, sich mit den heimischen Pflanzen und Gemüsen zu ernähren, die man von Kindesbeinen an gewohnt ist. Deshalb sollte man auch auf den regelmäßigen Genuss von exotischen Früchten oder auch Seefisch verzichten, sofern man sein Domizil nicht in einem tropischen Land oder an der Küste hat.

Kala – der richtige Zeitpunkt

Frühstücken sollte man so früh am Tag wie möglich. Dabei sollte die Zusammenstellung möglichst leicht verdaulich ausfallen und eine anregende Wirkung haben, denn jetzt wirkt Kapha, das einen bei einer schwer verdaulicheren ersten Mahlzeit am Tag etwas träge machen kann. Mittags arbeitet Agni am stärksten, denn jetzt ist Pitta am deutlichsten spürbar. Um diese Zeit können Sie auch ein mehrgängiges Menü zu sich nehmen, ohne Gefahr zu laufen, davon zuzunehmen. Das Abendessen sollte spärlicher ausfallen, da die Verdauung jetzt auf ihre Ruhephase zusteuert. In Herbst, Winter und Frühjahr sollte man noch vor 19 Uhr zu Abend essen.

Idealerweise sollte man nur dann etwas essen, wenn man entspannt ist und wirklich Hungergefühle verspürt. Bei Nervosität und Stress sollten Sie sich erst einmal beruhigen, bevor Sie sich an eine Mahlzeit setzen. Versuchen Sie, sich zu entspannen, vielleicht auch kurz zu meditieren, und freuen Sie sich auf das Essen, das sie erwartet, als etwas Kostbares und Freude Bringendes.

Zu jeder Jahreszeit wirkt ein bestimmtes Dosha verstärkt auf den Organismus. Im Frühjahr sollten Sie eine eher kaphaabschwächende Kost zu sich nehmen. Im Sommer achten Sie bei einer Kapha-Konstitution darauf, sich von möglichst frischen Mahlzeiten, bestehend aus Salaten und Obst, zu ernähren. Je kälter es draußen wird, desto wichtiger wird es, Vata zu dämpfen und dies entsprechend durch die Ernährung zu steuern.

Trigunas – Essen für Geist und Seele

Ein gut funktionierendes Agni hält nicht nur den Körper in Form, sondern regt auch den Geist an und macht die Seele unbeschwert. Mit bestimmten Nahrungsmitteln kann man ganz gezielt seinen Geistes- und Seelenzustand beeinflussen. Hierbei spielen die sogenannten Trigunas eine Rolle, die bereits in einem anderen Zusammenhang genannt wurden: Sattwa, Rajas und Tamas.

Sattwa: Leichte sattwische Kost hilft dabei, das Bewusstsein zu öffnen und die Seele zu harmonisieren. Denn sie wirkt auf die Intelligenz, die geistige Regsamkeit und die Sensibilität der Sinnesorgane. Ideal ist sie für Menschen, die viel geistig arbeiten, die Erholung und Entspannung benötigen sowie für Rekonvaleszenten. Sattwa-Lebensmittel sind frisch, saftig, ölig, nährend und süß. Folgende Lebensmittel gehören in diese Kategorie: Butter, grünes Gemüse und Salate, Honig, Milch, Nüsse, Obst, Reis, Roggen, roher Rohrzucker und Weizen. Auch eine lakto-vegetabile Ernährung ist sattwischer Natur. Zwischen Zubereitung und Verzehr der Lebensmittel sollten nicht mehr als acht Stunden vergangen sein.

Im Sommer, wenn es sehr heiß ist, kann man die Essenzeiten gemäß der klimatischen Bedingungen etwas verschieben: Das Mittagessen kann etwas früher stattfinden und die letzte Mahlzeit auch später als 19 Uhr. Als kleiner Energieschub zur Überbrückung der Zwischenzeit werden heiße Getränke wie Tee oder Kaffee empfohlen.

Rajas: Die Qualität der Rajas-Lebensmittel betreffen die Leidenschaften eines Menschen. Zu ihnen gehören stark gewürzte, saure, salzige, heiße und trockene Nahrungsmittel wie erhitzte Gewürze und Kräuter, Knoblauch, Wein, Bier, Tee, Kaffee, Sodawasser, in Fett Gebratenes etc. Rajas-Lebensmittel sind ideal für Menschen, die viel Energie aufwenden müssen und viel Kraft im Leben brauchen. Sie regen Motiviation, Ehrgeiz, Sinnlichkeit und Fantasie an; aber auch die Eifersucht, manische Zustände und Egoismus.

Tamas: Sie brauchen viel Energie, um verdaut zu werden. In ihre Kategorie gehören Trockenmilch, Wurzelgemüse (außer süßem), Erdnüsse, Getreidesorten, die austrocknend wirken, Resteessen und überkochte Gerichte, Konservenmahlzeiten und Tiefkühlgerichte, hochprozentige alkoholische Getränke sowie Fleisch und Fleischprodukte. Letztere sind zwar sehr nährend, sollten aufgrund ihrer tamaserhöhenden Wirkung jedoch seltener auf dem Speiseplan stehen.

Tamasische Lebensmittel sind von eher träger Natur und fördern daher neben körperlichen Beschwerden auch negative Grundzüge wie Pessimismus, Ignoranz, Gier, Faulheit, Zweifel, Unsicherheit, schlechte Laune und Geiz. Insgesamt sollte man in Rücksicht auf seine Gesundheit und sein Wohlbefinden Tamas-Lebensmittel eher meiden.

Ayurvedisches Menü

Ein ayurvedisches Essen ist immer eine Freude für alle Sinne und eine Wohltat für Körper, Geist und Seele, das nie einen ermüdenden, sondern eher einen erfrischenden Effekt nach sich zieht. Diese anregende Wirkung auf Körper und Geist hängt in erster Linie von den Geschmacksrichtungen der einzelnen Bestandteile einer ayurvedischen Menükomposition ab. Durch den Geschmack können wir ja auch feststellen, welches Lebensmittel oder welches Gewürz unsere Sinne und damit unsere Doshas oder das dominierende Dosha unserer Konstitution besonders anspricht.

Ingweraperitif

Zutaten für 1 Person Frischer Ingwer • 1 Tasse stilles Wasser
1 TL Zitronensaft • 1 TL Honig • Salz • Zitronenmelisse zur Garnitur

Zubereitung Schälen Sie ein Stück Ingwer, und pressen Sie es mit einer Presse aus. Verrühren Sie dies mit den restlichen Zutaten und dem Wasser. Dann salzen und mit einem Blatt Zitronenmelisse garniert servieren.

Viergängiges Mittagsmenü

Brunnenkressesuppe

Zutaten für 4 Portionen *250 g Brunnenkresse • 3/4 l Gemüsebrühe*
75 g Doppelrahmfrischkäse • 2 EL süße Sahne • Salz, weißer Pfeffer

Zubereitung Die Brunnenkresse verlesen, waschen, trocken-
schwenken und auf Küchenkrepp legen. Hacken Sie nun die Brunnenkresse klein. Geben Sie die Stiele und Blättchen mit der Gemüsebrühe in einen Topf, und bringen Sie die Mischung zum Kochen.
Anschließend den Frischkäse zerteilen, in die Suppe geben und unter
Rühren schmelzen lassen. Schmecken Sie die Suppe mit Sahne, Salz
und Pfeffer ab.

Weinblätter mit Bulgur

Zutaten für 4 Portionen *1 kleine Zwiebel • 2 EL Ghee*
2 EL Olivenöl • 100 g Bulgur • 1/4 l Wasser • Salz • schwarzer
Pfeffer aus der Mühle • 1/2 Bund Basilikum • 10 Tomaten
50 g Cashew- oder Pinienkerne • etwa 35 frische Weinblätter
Gemüsebrühe • 2 EL Zitronensaft • 1 Limette oder Zitrone

Zubereitung Weinblätter für ein bis zwei Minuten in kochendes
Wasser geben und durchkochen. Mit kaltem Wasser abschrecken, ab-
tropfen lassen und auf Küchenkrepp legen. Zwiebel schälen, klein
hacken und in einem Esslöffel Ghee bei schwacher Hitze glasig
dünsten. Bulgur dazugeben und kurz mitbraten.
200 Milliliter Wasser, Salz und Pfeffer zugeben, aufkochen und zugedeckt bei niedriger Hitze etwa 20 Minuten garen lassen. Das Basilikum fein hacken, die Tomaten häuten und klein schneiden. Dann die
Nusskerne hacken und in einem Esslöffel Ghee bei schwacher Hitze
unter Rühren rösten. Basilikum, Tomaten, Nüsse und den gegarten
Bulgur mischen.
Je einen gehäuften Teelöffel der Füllung auf ein Weinblatt geben. Das
Blatt rechts und links an den Seiten umschlagen und aufrollen. Mit
allen Blättern gleichermaßen verfahren. Blätter, die dabei reißen sollten, zerhacken und unter die Füllung mischen.

**Dieser Menü-
vorschlag ist für
alle Typen
geeignet. Wenn
Sie z. B. für die
Familie oder
Freunde kochen,
müssen Sie davon
ausgehen, dass
unterschiedliche
Typen zusammen-
kommen. Reichen
Sie einfach ver-
schiedene
Gewürze ent-
sprechend den
Doshas zum
Essen.**

**Tomaten häuten
geht ganz einfach.
Bringen Sie einen
Liter Wasser zum
Kochen, und
tauchen Sie die
Tomaten für
kurze Zeit hinein.
Anschließend lässt
sich die Haut sehr
leicht lösen.**

Das Öl und den Rest des Wassers mit etwas Gemüsebrühe und Zitronensaft in einem großen Topf aufkochen. Die gefüllten Weinblätter nebeneinander in den Topf legen und zugedeckt bei niedriger Hitze 20 Minuten lang ziehen lassen. Danach den Topf von der Kochstelle nehmen und die Weinblätter im Sud abkühlen lassen. Weinblätter mit Limetten- oder Zitronenstückchen servieren.

Die gefüllten Weinblätter können Sie übrigens auch schon einen Tag vorher zubereiten und sie dann erst kurz vor dem Essen fertig zubereiten.

Pilaw mit Gemüse

Zutaten für 3 Portionen 8 Trockenpflaumen • 500 ml Wasser
1 große Zwiebel • 2 Knoblauchzehen • 300 g Basmatireis • Salz
1 rote Pfefferschote • 1 TL Safranfäden • 1 rote Paprikaschote
1 grüne Paprikaschote • 100 g Blattspinat • 400 g Kichererbsen
50 g Pistazienkerne • Saft einer halben Zitrone

Zubereitung Trockenpflaumen so lange in Wasser einweichen, bis der Pilaw fast gar ist. Kichererbsen in Wasser einweichen. Zwiebel und Knoblauch schälen und kleinhacken. Einen Esslöffel Öl in einem Topf erhitzen und Zwiebel, Knoblauch und den Reis darin bei mittlerer Hitze unter Rühren anbraten. Gemüsebrühe, Salz, die ganze Pfefferschote und den Safran hinzufügen und einmal aufkochen. Den Topf zugedeckt in die kalte Backröhre auf die untere Schiene stellen, und den Pilaw bei 180 °C (Umluftherd: 160 °C; Gasherd: Stufe 2) etwa 30 Minuten garen.

Kichererbsen mit einem halben Liter Wasser in einen Topf geben und etwa 30 Minuten bei mittlerer Hitze köcheln lassen. Paprikaschoten putzen, waschen und in kleine Stücke schneiden. Spinat waschen und auf Küchenkrepp legen. Pilaw aus der Backröhre holen. Die abgetropften Kichererbsen mit dem Gemüse unter den Pilaw mischen und diesen weitere 15 Minuten in der Backröhre garen.

Das restliche Öl in einer Pfanne erhitzen und die Pistazienkerne darin bei mittlerer Hitze drei Minuten lang rösten, herausnehmen und zur Seite stellen. Jetzt die Pflaumen zusammen mit dem Einweichwasser und dem Zitronensaft in die Pfanne geben und unter Rühren erhitzen. Den Pilaw damit mischen.

Zum Menü gibt es warmen Tee, den Chai. Zutaten: 1/2 l Wasser, 2 TL Pfefferminzblätter oder 2 TL schwarzer Tee, je 1/2 TL Ingwerpulver, Nelken, Zimt und Kardamom, 1/2 l Milch, 2 EL Rohrzucker. Mischen Sie das Wasser mit Teeblättern und Gewürzen, lassen es aufkochen und 15 Minuten köcheln. Milch und Zucker dazugeben. Nochmals aufkochen, abseihen und dann servieren.

Honigeis mit Orangen

Zutaten für 6 Portionen *100 g Honig • 2 Eier • 1 Prise Ingwerpulver • abgeriebene Schale von 1/2 unbehandelten Orange
200 g süße Sahne • 500 g Orangen • 3 Kiwis • 3 El Pistazienkerne*

Zubereitung Honig im warmen Wasserbad (unter 40 °C!) verflüssi-
gen. Eier, Ingwerpulver und Orangenschale dazugeben und mit dem
Schneebesen zu einer dicken Creme aufschlagen. Die Schüssel mit
der Creme in kaltes Wasser mit einigen Eiswürfeln stellen und
rühren, bis sie kalt ist. Sahne steif schlagen und unter die Honigcreme
ziehen. Schüssel zugedeckt in den Gefrierschrank stellen und das
Honigeis etwa vier Stunden fest werden lassen. Orangen und Kiwis
schälen und in dünne Scheiben schneiden. Pistazienkerne klein
hacken. Früchte auf Desserttellern verteilen, mit gehackten Pistazien
bestreuen und das Honigeis daneben anrichten.

**Etwas zeit-
aufwendig in der
Herstellung, aber
umso köstlicher
ist das Honigeis
mit Orangen nach
original-
ayurvedischem
Rezept.**

So berücksichtigen Sie alle Geschmacksrichtungen

- Süß: Getreide, Fladenbrot, Datteln, Kandiszucker, Milch,
Nudeln, Pfefferminze, Reis, Süßholzwurzel, Süßkartoffeln,
Süßspeisen und Weizen. Regt Kapha an und reduziert Vata
sowie Pitta.
- Sauer: Eibisch, Essig, Hagebutten, grüne Weintrauben,
Joghurt, Käse, Tamarinde, Zitronen. Regt Pitta und Kapha an,
reduziert Vata.
- Salzig: jodiertes Salz, Meersalz, Steinsalz etc. Regt Pitta und
Kapha an, reduziert Vata.
- Scharf: Asa foetida, Cayennepfeffer, Curry, Ingwer, Knob-
lauch, Paprika, Pfeffer (langer, schwarzer, weißer, grüner etc.),
Rettiche, Zwiebeln. Regt Vata und Pitta an, dämpft Kapha.
- Bitter: Sauerampfer, Bockshornklee, Enzianwurzel, Löwen-
zahnwurzel, Rhabarber, generell alle Salatpflanzen.
- Zusammenziehend: Auberginen, Brokkoli, Chicoreé, Fenchel, Granatäpfel, grüne Bananen, Hülsenfrüchte (Mungbohnen), Kohl, Kurkuma, Myrrhe, Spargel, Spinat, Stangensellerie, Wirsing.

**Im ayurvedischen
Menü sollen
alle sechs Ge-
schmacksrich-
tungen enthalten
sein. Eine ayur-
vedische Mahl-
zeit, die aus
mehreren Gängen
besteht, ist also,
im wahrsten
Sinne des Wortes,
ganzheitlich.**

Die richtige Nahrung für Ihre Doshas

Nicht nur im kranken Zustand hilft eine doshagerechte Ernährung wieder zu Kräften zu kommen. Eine Ernährungsweise, die auf den individuellen Konstitutionstyp abgestimmt ist, empfiehlt sich auch bei einem Gesunden, der etwas für seine Leistungsfähigkeit, seine Agilität, sein gutes Aussehen und seine Ausstrahlung tun möchte. Mit Nahrungsmitteln, die dabei helfen, das Gleichgewicht unserer Doshas zu erhalten oder es herbeizuführen, fördern wir die positiven Grundzüge, die Kapha, Pitta oder Vata im harmonischen Zustand zugeschrieben werden. Wir können gerade über die Ernährung viel für unsere eigene und unverwechselbare Schönheit tun.

Sag mir, was du bist – ich sag dir, was du isst

Jeder Konstitutionstyp will seinen Ausprägungen entsprechend ernährt sein.

In der Regel herrscht bei bestimmten körperlichen und/oder seelischen Störungen ein Überschuss an einem bestimmten Dosha vor. Auch bei Hautbeschwerden oder kleineren Schönheitsfehlern ist häufig ein bestimmtes Dosha bestimmend für Entwicklung und Verlauf der Störung. Folglich sollten wir uns darum bemühen, dieses Dosha herabzusetzen, indem wir etwas an unserer Lebensweise ändern, uns über seelische Grundbedürfnisse klar werden und uns eben so ernähren, wie es unsere Konstitution erfordert. Ist man also beispielsweise ein Pitta-Typ und neigt im Zuge dessen zu typischen Hautbeschwerden wie etwa Mitessern (siehe Seite 114), so sollte man dafür sorgen, dass pittabesänftigende Nahrungsmittel auf dem Speiseplan stehen. So verhindert man eine weitere Verstärkung der Wirkung dieses Doshas oder, sofern man sich über seine individuelle Konstitution bewusst ist, man lässt es gar nicht erst soweit kommen. Denn eine doshagerechte Ernährung hilft dabei, unser seelisch-körperliches Gleichgewicht zu erhalten und macht uns so von innen heraus schön.

Denken Sie aber auch daran, dass Ihr Körper ständigen Veränderungen und Entwicklungen unterworfen ist. Das bedeutet, dass die einmal gefundene ideale Nahrung für Ihren Konstitutionstyp nicht für alle Zeiten dieselbe bleiben wird. Denn genauso wie Sie klimatischen Veränderungen, einem neuen Umfeld oder auch persönlichen Reifeprozessen unterworfen sind, so verändern sich auch Ihre Bedürfnisse.

Die Dominanz der bestimmenden Doshas kann sich verändern und damit die Zusammenstellung Ihrer Nahrungsmittel.

Sollten Sie bereits über Ihren Konstitutionstyp Bescheid wissen (siehe Test Seite 32 ff.), so wählen Sie für Ihren Speiseplan die Nahrung aus, die harmonisierend auf Ihr Hauptdosha wirkt. Sollten Sie ein Mischtyp aus mehreren Doshas sein, so wählen Sie sich diejenigen doshagerechten Lebensmittel, die Sie spontan als gut für sich und Ihre Gesundheit empfinden. Sie sollten Ihnen geschmacklich zusagen und der jeweiligen Jahreszeit angemessen sein.

Zusätzlich zu den Ernährungstips für die einzelnen Doshas gelten auch noch die folgenden Empfehlungen:

● Männer sollten mehr pittareduzierende Kost zu sich nehmen und Frauen eher kaphadämpfende Lebensmittel.

● Innerhalb einer Familie mag jeder seinen unterschiedlichen Konstitutionstyp besitzen, doch werden sich diese recht ähnlich sein. Daher muss man bei einer doshagerechten Küche nicht für jeden eine Spezialmahlzeit zubereiten. Wenn man verschiedene Gewürze zum Essen reicht, die zu den jeweiligen Doshas der Menschen am Tisch passen oder bestimmte Gerichte anstatt gedünstet roh serviert, so kann man mit derselben Essenskombination alle gleichermaßen zufrieden stellen.

Die sechs verschiedenen Geschmacksrichtungen und die Eigenschaften der Nahrungsmittel geben Aufschluss über ihre Wirkung. Anhand der unten stehenden Tabelle können Sie sich nun individuell und Ihrem Typ entsprechend gesund ernähren.

Die Nahrungsqualitäten der einzelnen Doshas

● Kaphaanregend: süß, sauer, salzig, schwer
● Kaphadämpfend: scharf, bitter, zusammenziehend, warm, leicht, trocken, anregend

● Pittaanregend: scharf, sauer, salzig, schwer, heiß, nicht zu schwer
● Pittadämpfend: süß, bitter, zusammenziehend, leicht, kalt, warm, leicht fettig

● Vataanregend: scharf, bitter, zusammenziehend, kalt, trocken
● Vatadämpfend: süß, sauer, salzig, leicht fettig, warm, nicht zu schwer, beruhigend, sättigend

Lebensmittel für das Kapha-Dosha

Kapha-Dosha bildet die Grundlage für die Kraft und die Widerstandsfähigkeit des Organismus. Es lässt sich weniger leicht durch Ernährung beeinflussen als die anderen Doshas. Bei schlechten Essgewohnheiten können allerdings auch die stabilen Kapha-Menschen aus dem Gleichgewicht geraten. Leichte, salz- und fettarme Kost schont auf Dauer ihre Körpergewebe. Knackiges Obst und angedünstetes Gemüse mit vielen Gewürzen und Kräutern stimulieren die Verdauung des Kapha-Typs und machen kalorienarm satt, denn Kapha-Menschen neigen häufig zum Viel- und Überessen. Auch Müdigkeit und das morgendliche Nicht-in-die-Gänge-Kommen gehören mit Hilfe einer kaphadämpfenden Ernährung bald der Vergangenheit an. Wer kann, verzichtet als Kapha-Typ auf sein Frühstück und beginnt den Tag mit einem leichten warmen Getränk. Bei Neigung zu Übergewicht hilft auch der Verzicht auf Süßes für zwei oder drei Tage. Appetitanregend zum Mittagessen und schleimhautreinigend wirken die Geschmacksrichtungen bitter, zusammenziehend und scharf.

Empfohlene Nahrungsmittel

Mit der nebenstehenden Liste der empfohlenen Nahrungsmittel lassen sich sehr viele verschiedene, köstlich schmeckende Gerichte und Getränke zubereiten. Nutzen Sie die Vielfalt der Möglichkeiten.

● Gemüse: Auberginen, Blumenkohl, Brokkoli, Rote Bete, Erbsen, Mangold, Karotten, weiße Kartoffeln, Okra, Paprika, Pilze, Radieschen, Rettiche, Rosenkohl, Rot- und Weißkohl, Salat, Spargel, Spinat, Sprossen, Stangensellerie, Zwiebeln
● Getreide: Basmatireis (wenig), Buchweizen, Gerste, trockener Hafer, Hirse, Mais, Roggen
● Hülsenfrüchte: alle außer Gartenbohnen, weißen Bohnen, Sojabohnen, Mungbohnen und schwarzen Linsen
● Milchprodukte: Magermilch, Vollmilch, Ziegenmilch, Ghee
● Obst: Äpfel, frische und getrocknete Aprikosen, Birnen, Granatäpfel, getrocknete Feigen, Kirschen, Mangos, Persimonen, Pfirsiche, getrocknete Pflaumen, Preiselbeeren, Rosinen
● Tierische Nahrung: Eier (gekocht oder in Butter/Ghee gebraten), Geflügel, Meeresfrüchte (in geringen Mengen)
● Zutaten: Kürbiskerne, Sonnenblumenkerne; keine Öle, außer Distel-, Maiskeim-, Mandel- und Sonnenblumenöl in geringen Mengen; geschleuderter Bienenhonig, ansonsten keine Süßmittel; alle Gewürze und Kräuter, Knoblauch und Ingwer, wenig Salz

Lebensmittel für das Pitta-Dosha

Pitta-Dosha repräsentiert den Wärmeprozess im Körper. Es reguliert die Verdauung und den Stoffwechsel. Gerade zur wärmeren Jahreszeit sind kalte und leichte Mahlzeiten wie Milch, ein kühles Getränk, Eis und Salate für das Pitta-Dosha von Vorteil. Allerdings sollte man Letztere mit nur wenig Öl, Salz und scharfen Gewürzen anmachen. Auch saure Lebensmittel sind besser vom Speiseplan zu streichen. Zitronensaft ist ein pittaverträgliches Säuerungsmittel, das man beispielsweise anstelle von Essig verwenden kann. Eine fettarme und vegetarische Ernährung wirkt besonders positiv auf die Lebensgeister des Pitta-Menschen. Allerdings sollte er für eine ausreichende Aufnahme von Getreide- und Getreideprodukten, Gemüse und Milch sowie generell für eine kohlenhydratreiche Kost sorgen, die langfristig sättigt und zufrieden macht.

Als Pitta-Typ sollten Sie auf alle Sauermilchprodukte wie beispielsweise Käse, Joghurt, Quark, Buttermilch und Sauerrahm verzichten, denn sie verstärken Ihr Pitta-Dosha noch mehr.

Empfohlene Nahrungsmittel

- Gemüse: Blumenkohl, grüne Bohnen, Brokkoli, Erbsen, Gurken, Kartoffeln, Mangold, Okra, grüne Paprika, Pilze, Rosenkohl, Rot- und Weißkohl, grüner Salat, Spinat, Sprossen, Stangensellerie, Zucchini
- Getreide: Basmatireis, weißer Reis, Gerste, gekochter Hafer und Weizen
- Hülsenfrüchte: alle, außer Linsen
- Milchprodukte: Butter, Eis, Ghee, Milch
- Obst: Äpfel, Ananas, Avocados, Birnen, Feigen, Granatäpfel, süße Kirschen, Mangos, Melonen, süße Orangen, frische und getrocknete Pflaumen, Rosinen, blaue Weintrauben; allgemein süße und ganz reife Früchte
- Tierische Nahrung: Eiweiß, Garnelen und Geflügel (in geringen Mengen), Wild
- Zutaten: Kokosnüsse, Kürbiskerne, Sonnenblumenkerne; Kokos-, Oliven-, Soja- und Sonnenblumenöle, alle natürlichen Süßmittel, außer Melasse und Honig; als Gewürze Dill, Fenchel, Kardamom, grüner Koriander, Kreuzkümmel, Kurkuma, Minze, Petersilie, Pitta-Churna (siehe Seite 217), schwarzer Pfeffer, Safran, Zimt (alle nur in sehr geringen Mengen verwenden); Gewürze sollten generell möglichst vermieden werden

Lebensmittel für das Vata-Dosha

Das Mangolassi empfiehlt sich für Vata-Typen. Zutaten: 1/2 Tasse Joghurt, 1/2 Tasse Mangomark, 1 Tasse Wasser, etwas Ingwer, Salz oder Kümmel. Mischen Sie Joghurt, Mangomark und Wasser, und verquirlen Sie das Ganze so lange, bis alle Klümpchen verschwunden sind. Würzen Sie je nach Ihren Vorlieben mit den genannten Gewürzen.

Vata-Dosha repräsentiert die Bewegung. Es regelt die Tätigkeit der Muskeln, der inneren Organe, des Geistes und der Sinne. Bei gestörtem Vata helfen generell mild zubereitete Speisen und Getränke. Das Frühstück sollte reichlicher ausfallen, mit einem warmen gesüßten Brei, etwa aus Reis oder Gries. Zur Überwindung des nachmittäglichen Energieabfalls hilft eine Pause mit Kräutertee und ein paar Keksen. Ganz gezielt wirkt der Vata-Tee, der Ihnen schnell wieder auf die Beine hilft. Rohkost und kalte kalorienarme Nahrung wirken ungünstig bei einem gestörten Vata-Dosha. Daher sollte man anstatt auf einen Salat eher auf warme Suppen, ein Glas warmes Wasser oder ein Brot mit Butter zurückgreifen. Die Mittagsmahlzeit kann öfter aus einem Nudelgericht mit anschließender Süßspeise oder einem Mangolassi bestehen.

Empfohlene Nahrungsmittel

- Gemüse: grüne Bohnen, Gurken, Karotten, Knoblauch (nicht roh), gekochtes Okra, Radieschen, Rettiche, Rote Beete, Süßkartoffeln, Spargel, gekochte Zwiebeln, Zucchini; alle anderen Gemüsesorten bis auf Sprossen und Kohl, sofern sie in Öl gekocht werden
- Getreide: Hafer (gekocht als Brei), Reis, Weizen
- Hülsenfrüchte: Kichererbsen, Mungbohnen, rote und schwarze Linsen, Tofu (in geringen Mengen)
- Milchprodukte: alle bei Zimmertemperatur oder im Fall von Milch, angewärmt; auch Lassi hilft dabei, Vata auszuleiten
- Obst: Aprikosen, Ananas, Avocados, Bananen, Beeren, frische Datteln, frische Feigen, Grapefruits, Kirschen, Mangos, süße Melonen, Nektarinen, Orangen, Papayas, Pfirsiche, Pflaumen, grüne Weintrauben; allgemein gekochtes, süßes und reifes Obst
- Tierische Nahrung: Eier (Spiegel- oder Rühreier), Geflügel, Hase, Meeresfrüchte und Fisch
- Zutaten: Alle Speiseöle, vor allem Sesamöl und alle natürlichen Süßstoffe (kein weißer Zucker); Nüsse und Samen in geringen Mengen; die Sesampaste Tahin und Kokosnüsse; Anis, Basilikum, Estragon, Fenchel, Ingwer, Kardamom, grüner Koriander, Kreuzkümmel, Kümmel, Lorbeer, Majoran, Muskat, Nelken, Oregano, Salbei, Senf, Süßholz, Thymian, Vata-Churna, Wacholder, Zimt

Noch mehr ayurvedische Tips zum richtigen Essen

- Essen Sie zwei- oder dreimal am Tag, und warten Sie, bis der Verdauungsprozess der vergangenen Mahlzeit (in der Regel nach vier bis sechs Stunden) abgeschlossen ist, bevor Sie wieder etwas zu sich nehmen.
- Essen Sie nur, wenn Sie wirklich Hunger verspüren, und lassen Sie ruhig einmal eine Mahlzeit aus, wenn dem nicht so ist. Appetit allein soll Sie nicht zum Essen verführen.
- Richten Sie sich Ihre Mahlzeit so ein, dass die Atmosphäre drumherum entspannend und für Sie angenehm ist, und versuchen Sie sich nur dem Essen zu widmen. Lesen, Fernsehen und sogar Musik lenken Sie nur ab. Nehmen Sie sich für diese Dinge vielleicht nachher Zeit, dann können Sie sie auch mehr genießen, als wenn alles parallel läuft.
- Riechen und schmecken Sie Ihr Essen genussvoll, und kauen Sie jeden Bissen gut durch. So unterstützen Sie die Vorverdauung.
- Beenden Sie Ihre Mahlzeit, wenn Sie satt sind, und essen Sie nicht über den Sättigungspunkt hinaus.
- Bleiben Sie nach dem Essen noch etwas sitzen und versuchen Sie, nicht sofort wieder in Aktivität zu verfallen. Lassen Sie Ihrem Körper etwas Ruhe und Zeit, um die Verdauung in Gang zu bringen.
- Vermeiden Sie Zwischenmahlzeiten: Auch Obst oder ein Glas Milch zwischendurch benötigt die Kraft Ihrer Verdauung und gilt damit für Ihren Körper als vollständige Mahlzeit, selbst wenn Sie das in diesem Moment nicht so sehen und nicht vollständig gesättigt sind.
- Größere Mahlzeiten am Abend sollten am besten ein bis zwei Stunden vor dem Schlafengehen abgeschlossen sein, damit die Verdauung noch etwas Zeit hat, die Nahrung zu verarbeiten.
- Vermeiden Sie abends auch schwer verdauliche Lebensmittel (siehe seite 73), die während der nächtlichen Ruhephase nur unzureichend oder gar nicht verarbeitet werden können und zu Ama, Schlacken- und Giftstoffen, führen.

Wichtig ist im Ayurveda auch die Zeit und Ruhe, in der man isst. Vermeiden Sie es unter Zeitdruck oder Stress zu essen.

Hauptgericht für Kapha-Dosha

Als Vorspeise für das Kapha-Dosha eignet sich z. B. eine Spinatsuppe, mit Ghee, Muskat, Curry, Pfeffer und Zitrone zubereitet. Als Dessert können Sie frisches Obst, je nach Saison z. B. eine Birne oder einen Pfirsich, essen.

Nachfolgend finden Sie einen Vorschlag für ein Hauptgericht, das Ihnen als schmackhafte Anregung dienen soll. Sie können dieses Gericht natürlich beliebig nach Ihren eigenen Vorlieben abändern. Welche Nahrungsmittel besonders gut für Kapha-Dosha geeignet sind, lesen Sie auf Seite 88. Die Zutaten für diese Mahlzeit sind für vier Personen berechnet.

Kichererbsen mit Auberginen

Zutaten 250 g Kichererbsen • 500 g Auberginen • 300 g Paprika 1/2 l vegetarische Gemüsebrühe • 2 Zwiebeln • 1 Lorbeerblatt 3 EL Sonnenblumenöl • 2 Knoblauchzehen • 1 Bund Petersilie oder Basilikum • 50 g Sonnenblumenkerne • 1/2 TL frisch gemahlener schwarzer Pfeffer • 1 Prise gemahlener Ingwer

Zubereitung Kichererbsen in der Gemüsebrühe für etwa 6 Stunden zugedeckt weichen lassen. Dann eine Zwiebel schälen, tief einschneiden und das Lorbeerblatt in den Einschnitt stecken. Die Zwiebel zu den Kichererbsen geben, alles aufkochen und zugedeckt bei schwacher Hitze etwa 90 Minuten garen, bis die Erbsen weich sind. Dann die Zwiebel aus dem Topf nehmen. In der Zwischenzeit die Auberginen und die Paprika waschen, abtrocknen und würfeln. Einen Teil des Öls in einer Pfanne erhitzen und Auberginen und Paprika darin bei schwacher Hitze und häufigem Rühren weich und leicht bräunlich braten. Die zweite Zwiebel und den Knoblauch schälen, Petersilie oder Basilikum waschen, alles fein zerhacken, zu dem Gemüse geben und kurz mit andünsten. Anschließend das Gemüse mit den Kräutern unter die Kichererbsen mischen, mit Ingwer und Pfeffer abschmecken und mit den Sonnenblumenkernen bestreut servieren. Tip: Lassen Sie die Kichererbsen bereits am Vorabend einweichen.

Hauptgericht für Pitta-Dosha

Hier finden Sie ein spezielles Gericht für das Pitta-Dosha. Sie können auch hier Ihre Phantasie spielen lassen, das Rezept ist nur eine Anregung. Die besten Nahrungsmittel für Pitta-Dosha finden Sie auf Seite 89. Die Zutaten sind für vier Personen berechnet.

Gefüllte Mangoldblätter

Zutaten *250 g Basmatireis • 500 g Mangold • 200 g Stangensellerie oder Karotten • 100 g Mozzarella • 1 Bund Petersilie
1 Bund Salbei • 2 TL Ghee • 1 Prise Asaföetida • 1 prise Curry
1/2 TL schwarzer Pfeffer • etwas Salz*

Zubereitung Den Reis in Salzwasser zum Kochen bringen und
10 Minuten ausquellen lassen. In der Zwischenzeit den Mangold putzen, die Stiele in feine Scheiben schneiden und die Blätter blanchie-
ren. Stangensellerie oder Karotten mit den klein gehackten Kräutern
10 Minuten in etwa 1/2 l Wasser kochen lassen, mit den Gewürzen
abschmecken und die Brühe davon aufheben.

Nun Reis und Stangensellerie oder Karotten mit dem zuvor klein ge-
schnittenen Mozzarella mischen und auf den Mangoldblättern verteilen. Mangoldblätter aufrollen, zuvor die Ränder etwas einschlagen,
in einen Topf geben und mit der Brühe etwa 10 Minuten bei schwacher Hitze köcheln lassen. Dann auf einer Platte anrichten und mit
etwas übrig gebliebenen Kräutern bestreuen.

**Ein Garnelen-
cocktail als
Vorspeise und ein
Melonensalat als
Dessert sind für
das Pitta-Dosha
geeignet.**

Hauptgericht für Vata-Dosha

Nachfolgend nun eine Anregung für einen Hauptgang, der speziell
für Vata-Dosha zusammengestellt wurde.

Pilznudeln

Zutaten *500 g Champignons oder Egerlinge • 250 g Vollkorn-
nudeln • 3 Zwiebeln • 2 Prisen Salz • 2 EL Ghee • 1 Prise frisch
gemahlener weißer Pfeffer • 1/8 l Sahne • 1 Eigelb • 1 Bund Petersilie • 1 Bund Schnittlauch • etwas Salz*

Zubereitung Pilze waschen und klein schneiden. Zwiebeln schälen,
hacken und im Ghee glasig braten. Pilze dazugeben, leicht braun
braten und mit Salz und Pfeffer würzen. Sahne dazugießen und im offenen Topf etwas Flüssigkeit verdampfen lassen. Nun die Nudeln in
Salzwasser al dente garen. Eigelb mit etwa zwei Esslöffeln des Pilz-
suds verrühren und dies wieder zu den Pilzen geben. Kräuter hacken
und unter das Pilzragout mischen. Nudeln abgießen, auf vorgewärm-
ten Tellern anrichten, Pilzragout darüber geben und servieren.

**Die Zutaten für
die Pilznudeln
sind für vier
Personen berech-
net. Weitere ge-
eignete Lebens-
mittel für
Vata-Dosha
finden Sie auf
Seite 90.**

VON KOPF BIS FUSS GEPFLEGT

Die Haut einer Frau ist ihr »Königsmantel«, sagt Paracelsus – und solch ein Mantel will gepflegt sein. Für ayurvedisch ausgebildete Heiler sagen der Zustand und das Aussehen der Haut eines Menschen viel über den Gesundheitszustand eines Menschen aus. Umgekehrt liegt der Schluss natürlich nahe, dass ein innerlich im Gleichgewicht befindlicher, ein innerlich »heiler« Mensch also, auch über eine gesunde Haut, ein schönes Äußeres verfügt. Und was liegt also näher, als sich nach den Grundsätzen des Ayurveda nicht nur gesund, sondern auch schön zu essen und zu pflegen?

Individuelle Pflege für jeden Typ

Die Körper- und Gesichtspflege

Für die Pflege des Körpers vom Kopf bis zu den Füßen – also von all unseren äußerlich sichtbaren Attributen – kennen wir den Begriff Kosmetik. Er stammt aus dem Griechischen (kosmein) und bedeutet ordnen, harmonisieren und in Balance bringen. Gleichgewicht und Harmonie der Doshas sind auch seit jeher das Grundanliegen der ayurvedischen Heilkunde und damit unentbehrlicher Bestandteil ihrer Schönheitsanwendungen.

Sich pflegen bedeutet nicht nur, sich für die Augen der anderen schön zu machen, sondern sich seinem eigenen Körper zuzuwenden und ihn zu verwöhnen.

Das Äußere zeigt den inneren Gesamtzustand

Nachdem sich in den letzten Kapiteln alles um die innere Schönheit drehte, wenden wir uns jetzt der äußeren zu. Dabei geht es weniger um die kunstvolle Einsetzung von Farben und Tönen, die eher zum Bereich der dekorativen Kosmetik gehören. Stattdessen dreht sich alles um Schönheit durch gezielte, auf die unterschiedlichen Bedürfnisse und Eigenschaften der verschiedenen Haut- und Haartypen abgestimmte Gesundheitspflege. Denn was ist anziehender als ein zarter, gut durchbluteter Teint und eine straffe und gesunde Körperhaut mit einem festen Gewebe? Paracelsus, Arzt und Mystiker im Mittelalter, nannte die Haut einer Frau ihren Königsmantel. Auch Ayurveda richtet auf Haut und Ausstrahlung eines Menschen ein besonderes Augenmerk. Ein erfahrener Vaidya, ein Ayurveda-Arzt, kann hieraus schon die individuelle Gesamtkonstitution ansatzweise erkennen. Aussehen und Beschaffenheit von Haut, Haaren und Zähnen eines Menschen zeigen uns nicht nur die Schönheit und Attraktivität eines Menschen, sondern geben darüber hinaus auch Auskunft über seinen körperlich-seelischen Gesamtzustand.

Alle Mittel, die dabei helfen, uns von außen her schön zu machen, tragen also auch dazu bei, die Gesundheit von Haut und Haaren zu erhalten. Bestimmte harmonisierende Wirkstoffe können dabei direkt in den Stoffwechsel der Haut eingreifen und dadurch die Atmungs- und Kreislauftätigkeiten der Haut harmonisieren.

Die Haut – Spiegel der Schönheit

Das Wunderwerk Haut ist mit einer Fläche von eineinhalb bis zwei Quadratmetern und einem Sechstel des Körpergewichts unser größtes Organ. Insgesamt unterscheidet man drei Hautschichten, zwischen denen sich Blut- und Lymphgefäße sowie Nervenstränge befinden und die alle miteinander verbunden sind.

Auch unsere seelische Verfassung spiegelt sich an der Haut wider. Besonders an der Gesichtshaut, und hier vor allem an der Mimik, lässt sich unsere allgemeine Gemütsverfassung und unser seelisches und körperliches Befinden zweifelsfrei ablesen. Nicht umsonst heißt es im Ayurveda: Die Haut ist der Spiegel unserer Seele.

Hautaufbau

- Oberhaut: Sie besteht aus mehreren Schichten hornbildender Zellen, die sie von der darunter liegenden Lederhaut abgrenzen. Die Oberhaut nimmt pflegende Wirkstoffe auf und gibt Schlackenstoffe ab. Schutz nach außen bietet ein Wasser- und Fettfilm, der die gesamte Oberhaut überzieht, sie weich und geschmeidig hält und uns wie ein Puffer gegen schädigende Einflüsse von außen schützt.
- Lederhaut: Sie besteht aus einer oberen, straffen Zone und einer darunter liegenden Stützschicht aus Bindegewebe und wird von Blutgefäßen und Nervenfasern durchzogen. Die Nervenfasern empfangen Reize wie Druck, Schmerz und Temperatur der Umgebung und leiten diese an das Gehirn weiter.
- Unterhaut: Sie ist aus Fettzellen und Bindegewebe aufgebaut. Frauen haben von Natur aus eine dickere Unterhaut als Männer. Natürlich spielen hier auch Konstitution, Lebensweise sowie Körperregion eine wichtige Rolle. Ungefähr zwei Drittel unseres Körperfetts sind in der Unterhaut gespeichert, die uns dadurch vor Temperaturschwankungen und Erschütterungen schützt. Auch unsere Talg- und Schweißdrüsen haben ihren Sitz in der Unterhaut; die Haarwurzeln und -kanäle ebenfalls.
- Die im Hautgewebe eingeschlossenen Pigmente, vor allem das Melanin, bestimmen den Farbton der Haut: Menschen mit einem dunklen Teint haben einen hohen Pigmentanteil. Auch intensive Bestrahlung durch UV-Licht (Sonne und Solarium) erhöht den Gehalt an Melanin in der Haut. Ebenfalls ausschlaggebend für die Hautfarbe ist natürlich ihre Durchblutung.

Sinneseindrücke vermitteln und Gefühle austauschen

Die Aufgaben, die unsere Haut tagtäglich erfüllen muss, damit wir gesund und schön bleiben, sind zahlreich: Als wichtiges Sinnesorgan vermittelt unsere Haut Reize und Eindrücke aus der Umwelt. Berührungen, Druck, Schmerz oder Temperatur werden von unzähligen Rezeptoren empfangen und über die Nerven an das Gehirn weitergeleitet. Dies ermöglicht uns die Kommunikation mit der Umwelt, denn über die Haut können wir durch Berührung Kontakt zu unseren Mitmenschen aufnehmen und ihnen damit unsere Gefühle mitteilen. Hautkontakt kann eine unglaublich wohltuende – ja fast heilende – Wirkung auf Geist, Seele und Körper haben, denn psychischer Stress, Ängste und Unsicherheiten werden oftmals einfach »weggestreichelt«. Berührungen sind wichtige »Vitamine« für unsere Seele, die besänftigen und beruhigen: Sanfte Massagen, wie sie im Ayurveda praktiziert werden, setzen Endorphine, sogenannte Glückshormone im Körper frei, die uns in einen entspannten, fast meditativen Zustand versetzen. Und: Berührungen haben ihre eigene Sprache. Sie können oft sehr viel mehr ausdrücken als Worte. Ein zarter Händedruck, ein Streicheln an der Wange – und die beabsichtigte Botschaft kommt mit Sicherheit an …

Die Haut bildet eine natürliche Schutzgrenze zwischen unserem Körper und den vielen Einflüssen aus unserer Umwelt. Unsere Haut sollten wir also nicht nur sorgfältig pflegen, um schön zu sein und es zu bleiben, sondern auch um sie gesund und funktionsfähig zu erhalten.

Schutz vor äußeren Einwirkungen

Gegen mechanische Einwirkungen, denen die Haut ununterbrochen ausgesetzt ist, schützt sie uns durch ihren mehrschichtigen Aufbau, ihre Fähigkeit zur schnellen Regeneration und dadurch, dass in der Oberhaut keine Blutgefäße liegen, die verletzt werden könnten. Chemische Belastungen beispielsweise wehrt die Haut durch ihren Säureschutzmantel ab, der hierbei wie ein Puffer wirkt. Wird er jedoch, etwa durch zu häufiges Waschen mit Seifen und Lotionen, angegriffen und der pH-Wert der Haut verändert, kann er uns nicht optimal vor der Einwirkung schädlicher Substanzen bewahren.

Speicherung, Ausscheidung und Aufnahme

Als Speicherorgan für Fett, Wasser und auch Blut trägt die Haut zur individuellen Ausprägung unserer Körperformen bei. Gleichzeitig schützt sie uns damit vor extremen Temperaturschwankungen und mechanischen Einwirkungen durch unsere Umwelt.

Als Ausscheidungsorgan transportiert die Haut Schlacken- und Giftstoffe aus dem Körper. Sie reguliert durch die Schweißabsonderung die Körpertemperatur und den Elektrolythaushalt, denn im Schweiß sind viele Mineralsalze und Spurenelemente enthalten.

Doch die Haut nimmt auch Stoffe aus der Umwelt auf. Von Bedeutung für unsere Schönheit sind die pflegenden und nährenden Substanzen aus der Natur, aus Cremes oder anderen Mitteln, die wir der Haut durch gezielte Pflegeanwendungen zuführen können, und die unsere Haut dankbar aufnimmt.

Die verschiedenen Hauttypen

Alle empfohlenen ayurvedischen Anwendungen sind darauf ausgerichtet, einen bestimmten aus der Balance geratenen Hautzustand zu harmonisieren.

In der ayurvedischen Heilkunde und Kosmetik bestimmen die Doshas unseren Hauttyp. Ist ein Dosha im Ungleichgewicht, so wird der Kapha-Typ zu leicht fetter Haut neigen, ein Pitta-Typ zu fetter oder Mischhaut und ein Vata-Typ eher zu trockener Haut. Denn eine Disharmonie im Gesamtorganismus zeigt sich auch immer in Form von Hautstörungen.

Besteht also eine verstärkte Neigung zu Hautproblemen, heißt dies in erster Linie, dass das dafür verantwortliche Dosha reguliert werden sollte. Dies kann sehr wirkungsvoll durch eine geregelte Lebensführung, die passende Ernährung und natürlich auch durch äußere Pflegemaßnahmen geschehen.

Die Haut zur Selbsthilfe anregen

Die ayurvedischen Pflegemittel und -mischungen helfen unserem Organ Haut zudem dabei, selbst tätig zu werden, seine eigenen Kräfte zu nutzen, um sich auszugleichen. Um diese Fähigkeit zur Selbsthilfe nicht zu behindern, sollte man beispielsweise bei einem trockenen Hautbild darauf achten, dass die Haut nicht ständig eingefettet wird. Durch die äußere Fettzufuhr erlahmen die Kräfte der Haut zur Selbstregulierung. Die Haut gewöhnt sich an die Fettzufuhr und bildet weniger Talg. Die ayurvedischen Pflegemittel sorgen hingegen dafür, dass die Haut den erforderlichen Talg wieder selbst erzeugt. Das gleiche Prinzip gilt auch für die fette oder die Problemhaut, die angeregt wird, die Talgproduktion zu reduzieren.

Mishra – Bestimmen Sie Ihren Hauttyp

Wenn Sie wissen, ob Ihre Haut eher trocken oder aber fett ist, zu Unreinheiten neigt oder sehr empfindlich auf Umweltreize reagiert, können Sie Ihre Schönheitspflege ganz gezielt danach ausrichten, was Ihrem individuellen Hauttyp am zuträglichsten ist und was Sie besser vermeiden sollten. Der Mishra, der Test zur Bestimmung des Hauttyps, hilft Ihnen, dies herauszufinden. Dazu benötigen Sie ein frisches Handtuch, ein Papiertüchlein, beispielsweise ein Kleenex oder ein Taschentuch und zwei Stunden Zeit.

● Reinigen Sie Ihr Gesicht zunächst gründlich mit warmem Wasser und trocknen es anschließend mit dem Handtuch ab.

● Für die folgenden zwei Stunden tragen Sie keine Salben oder ähnliche Produkte auf, sondern lassen Ihr Gesicht vollkommen unbehandelt. Sie sollten während dieser Zeit auch nicht aus dem Haus gehen, um zu vermeiden, dass das Ergebnis des Mishra durch Umwelteinflüsse wie Ruß, Staub oder Zugluft verfälscht wird. Nutzen Sie diese Zeit vielleicht, um sich zu entspannen – Meditation oder angenehme Lektüre bieten sich hier an.

● Nach den zwei Stunden drücken Sie ein Papiertuch auf Ihr Gesicht, das nun vollkommen bedeckt sein sollte. Lassen Sie das Tuch für etwa eine Minute auf Ihrem Gesicht liegen, und nehmen Sie es dann wieder ab.

● Jetzt wird es interessant, denn die Lokalisation sowie die Intensität der Fettabdrücke Ihrer Haut, die auf dem Papiertuch zu sehen sind, verraten Ihnen Ihren Hauttyp.

Sollten sich darüber hinaus Rötungen, kleine Hautschüppchen und andere Irritationen auf Ihrem Gesicht zeigen, deutet dies darauf hin, dass Sie empfindliche Haut haben.

Die Abdrücke und ihre Bedeutung

● Abdrücke von Stirn, Wangen, Nase und Kinn: fette Haut
● Abdrücke von Stirn und Nase: Mischhaut
● Abdruck der Nase: normale Haut
● Keine Abdrücke: trockene oder empfindliche Haut

Zur Bestimmung der älteren Haut benötigen Sie diesen Test nicht. Im Prinzip beginnt schon ab unserem 25. Lebensjahr der Kollagenabbau, dem wesentlichen Aufbaustoff unseres Bindegewebes. Fältchen und Falten stellen sich mit der Zeit ein. Ab 40 Jahren bei normaler Haut, ab Ende 30 bei extrem trockener Haut sollten Sie langsam die Pflegeempfehlungen für ältere Haut (siehe Seite 127) in Ihr tägliches Kosmetikprogramm mit einbeziehen.

Die Auswahl der nachfolgend empfohlenen Zubereitungen zur Pflege der Gesichtshaut beruht auf dem reichen Erfahrungsschatz der ayurvedischen Medizin. Alle genannten Substanzen und Pflanzen werden seit langem mit Erfolg angewendet und erprobt – sowohl was ihre Wirkung als auch ihre Verträglichkeit angeht.

Die Hauttypen im Ayurveda

Bei dieser Einteilung gehen wir vom westlichen, also grundsätzlich hellhäutigen Haut- und Haartypus aus:
- Kapha-Haut: feste und stabile Gewebe- und Hautsubstanz, ölig, kühl, weniger pigmentiert, blass, weiß und zart, junge Haut
- Pitta-Haut: weich, ölig, warm, gut durchblutet, hell, gelblich, rötlich bei starker Sonneneinstrahlung, erwachsene Haut
- Vata-Haut: trocken, rau, kühl, bräunlich (stärker pigmentiert), ältere Haut

Jetzt, wo Sie in etwa wissen, welchen Hauttyp Sie haben, wollen wir Sie mit den vielen Möglichkeiten vertraut machen, die Ayurveda zur Pflege der unterschiedlichen Hauttypen bereit hält. Zuvor noch einige allgemeine Empfehlungen zur Pflege der Gesichtshaut, die für jeden Hauttyp geeignet sind.

Ayurvedische Gesichtspflege

Reinigung, das A und O für Ihre Haut

Unsere Haut ist ebenso wie Körper und Geist einem Tages- und Nachtrhythmus unterworfen, während dem sie mal aktiver ist oder ruht (siehe Seite 40). Dieses unterschiedliche Verhalten der Körper- und Gesichtshaut bestimmt nicht nur die Wahl der Pflegemittel, sondern auch den Zeitpunkt der Anwendung.
- Morgens nach dem Aufstehen und abends vor dem Einschlafen sollte für jeden Hauttyp eine schonende Tiefenreinigung auf dem Plan stehen. Die Reinigung der Haut von Ama, also Stoffwechselschlacken, ist von entscheidender Bedeutung für die Erhaltung und Wiederherstellung einer gesunden und schönen Haut.

● Nach der Reinigung tupft man auf die gereinigten Hautpartien mit einem getränkten Wattebausch Gesichtswasser auf. Dieses wirkt tonisierend, um den Säurezustand der Haut nach der Reinigung wiederherzustellen und die normalen Hautfunktionen wieder in Gang zu setzen. Bleibt die Behandlung mit Gesichtswasser nach einer Reinigung aus, benötigt die Haut Stunden, um aus eigener Kraft wieder tätig zu werden. Reinigungsmittel und Gesichtswasser gehören somit zur Grundausstattung, wenn Sie »hautbewusst« leben wollen.

● Nach der morgendlichen Reinigung können Sie ein Gesichtsöl in ihre Haut einmassieren, das Ihrem Konstitutionstyp entspricht (siehe Seite 32) sowie eine Lippenpflege, eine Pflege für die empfindliche Augenpartie (siehe Seite 103) und dekorative Kosmetika auftragen.

● Nachts sollte man seiner Haut dann nach einer erneuten Tiefenreinigung und der Verwendung von Gesichtswasser die Gelegenheit geben, frei zu atmen und die tagsüber im Gewebe entstandenen Stoffwechselprodukte auszuscheiden. Lassen Sie anschließend eine leichte Nachtcreme oder eine Hautkur einwirken, die die Regeneration des Gewebes anregt. Vermeiden Sie allerdings dekorative Kosmetika.

Gesichtswasser für alle Hauttypen

Die Gesichtswasser, die es im Kosmetikhandel zu kaufen gibt, sind in der Regel mit Alkohol oder anderen desinfizierenden Stoffen versetzt, die die empfindliche Haut reizen und Hautirritationen wie rote Flecken oder Schüppchenbildung hervorrufen können. Deshalb sollten Sie sich Ihrer Haut zuliebe selbst ein Gesichtswasser herstellen. Im Anschluss haben wir Ihnen hierzu einige Rezepturen zusammengestellt, aus denen Sie nach Belieben auswählen können.

Rosengesichtswasser

Zutaten *20 ml Rosenwasser • 60 ml Lavendel- oder Rosenblütenauszug • 3 Tropfen reines Rosenöl • 1 Tropfen Jasminöl (alle Zutaten in Apotheken oder gut sortierten Drogerien)*

Anwendung Verrühren Sie alle Zutaten bis auf Rosen- und Jasminöl in einer Schüssel. Geben Sie beide Öle zu, rühren Sie wieder gut durch, und füllen Sie das Gesichtswasser in eine Flasche. Tränken Sie einen Wattepad damit, und betupfen Sie Gesicht, Hals und Dekolleté.

Jeder Mensch reagiert anders, und darüber hinaus ist unsere Haut ständig wechselnden Einflüssen ausgesetzt, die ihre Reaktionen und ihre Beschaffenheit verändern können. Die Verträglichkeit der genannten Pflegemittel kann daher also nicht pauschal garantiert werden. Deshalb sollten Sie die Zubereitungen zunächst testen: Streichen Sie einfach ein wenig davon auf die Innenseite Ihres Unterarms, und überprüfen Sie die Reaktion Ihrer Haut. Eine Unverträglichkeit zeigt sich in der Regel spätestens nach einem halben Tag.

Gurkensaft

Frisch gepresste Obst- und Gemüsesäfte sind ebenfalls sehr gut als Gesichtswasser anzuwenden. Besonders Gurkensaft, denn er eignet sich für alle Hauttypen und ist einfach und schnell herzustellen.

Zutat *1 Salatgurke*

Anwendung Schälen Sie die Gurke, und raffeln Sie sie mit einem Gurkenhobel. Diesen Gurkenbrei pressen Sie durch ein feines Sieb oder füllen ihn in ein grobes Leinentuch, und drücken Sie dieses fest zusammen, so dass der Saft hinausläuft. Tränken Sie einen Wattepad mit dem Gurkensaft, und betupfen Sie damit Gesicht, Hals und Dekolleté.

Cremes und Salben in der ayurvedischen Schönheitspflege

Ayurveda verwendet generell kaum Cremes und Salben, da die Haut durch die Ölmassagen und andere Anwendungen mit Ölen ohnehin schon ausreichend gepflegt und mit wertvollen Wirkstoffen versorgt wird. Massieren Sie morgens statt der üblichen Tagescreme entweder Sesamöl oder ein für Ihren Hauttyp geeignetes anderes Öl sanft auf Gesicht, Hals und Dekolleté ein. Auch wenn Sie eher fette Haut haben sollten, können Sie Öle verwenden. Denn Sie werden feststellen, dass sich Ihre Haut durch das tägliche Einölen harmonisiert. Auch am Abend ist grundsätzlich keine spezielle Creme oder Salbe für die Nacht erforderlich.

Dampf regt an und klärt

Idealerweise führen Sie das Gesichtsdampfbad abends durch, so kommen Sie in den vollen Genuss seiner entspannenden und klärenden Wirkung.

Ein Gesichtsdampfbad leistet besonders bei der Behandlung von entzündlicher Pustelbildung oder von großporiger und zu Unreinheiten neigender Haut gute Dienste. Durch den Dampf wirken die Pflanzenauszüge, die dem heißen Wasser zugesetzt werden, intensiv auf die obersten Hautschichten ein und aktivieren die Regeneration der Haut. Zudem bewirkt die feuchte Wärme eine bessere Durchblutung und Sekretion der Haut. Wenden Sie ein Gesichtsdampfbad einmal pro Woche an, direkt nach der Hautreinigung.

Anwendung Gießen Sie einen halben Liter kochendes Wasser in eine flache Schüssel, und fügen Sie zwei Esslöffel Kapuzinerkresse oder Hamamelis hinzu. Setzen Sie dann Ihr Gesicht unter einem großen Handtuch, unter dem der Dampf nicht entweichen kann, dem Dampf aus. Führen Sie das Dampfbad anfangs fünf Minuten lang durch, und steigern Sie die Zeit auf bis zu zehn Minuten. Tragen Sie anschließend an das Dampfbad auf die noch feuchte Haut eine Gesichtsmaske, die Ihrem Hauttyp entspricht, oder die unten beschriebene Packung auf und lassen diese in Ruhe einwirken. Wer auf die Maske oder die Packung verzichten möchte, spült sein Gesicht nur kalt ab und trocknet es sorgfältig.

Die Augenpartie

Die Pflege der zarten Haut rund um die Augen trägt in erster Linie zur Erhaltung der Spannkraft und Elastizität bei. Denn ähnlich wie bei den Lippen liegen hier unter der Hautoberfläche nur wenige Talgdrüsen, die die Haut selbsttätig mit genügend Fett und Feuchtigkeit versorgen können. Zur Augenpflege benötigen Sie wahlweise Rizinusöl, Kakaobutter, Sesamöl oder Kokosöl, wenn Sie möchten einen ayurvedischen Kajal und für die Wimpern- bzw. Brauenpflege eine Wimpern- bzw. Brauenbürste.

● Tragen Sie nach der morgendlichen Reinigung und der Anwendung von Gesichtswasser pflegende Öle oder Fette hauchdünn auf die oberen und unteren Augenlider auf, und klopfen Sie sie sanft ein. Dabei beginnen Sie stets am inneren Augenwinkel. Ideal hierzu sind Rizinusöl oder Kakaobutter. Sollten Ihre Augen besonders empfindlich sein und zum Tränen neigen, achten Sie darauf, dass kein Öl in Ihre Augen gerät.

● Rizinusöl pflegt nicht nur die Augenpartie, glättet und harmonisiert die Hautfunktionen, es ist auch ideal zur Verschönerung und Stärkung der Wimpern. Tauchen Sie ein Wimpernbürstchen in das Öl ein und tragen es damit auf die Wimpern auf. Passen Sie auch hier auf, dass das Öl nicht mit Ihren Augen in Berührung kommt. Das Rizinusöl macht Ihre Wimpern seidenweich und glänzend.

● Nicht nur dekorativen Charakter hat ein ayurvedischer Kajal, der die »Fenster zur Seele«, wie unsere Augen im Volksmund auch genannt werden, beeindruckend umrahmt. In Indien benutzen ihn nicht

Tragen Sie Masken oder Packungen stets von der Kinnmitte aus auf Gesicht, Hals und Dekolleté auf, und sparen Sie dabei die Augen großzügig aus, damit diese nicht gereizt werden. Den Hals streichen Sie immer von unten nach oben ein – damit fördern Sie den Fluss der Lymphflüssigkeit unter der Haut und straffen das Gewebe an Hals und Kinn.

nur Frauen, sondern auch Männer und Kinder. Er pflegt die Augenpartie oberhalb des Wimpernrandes, schützt vor Staub, Pollen und lindert übermäßige Lichteinwirkung. Durch die Inhaltsstoffe des Kajals aus Ghee, Honig, Mandelöl und anderen natürlichen Zutaten wird die Lidhaut genährt und gepflegt. Die schwarze Farbe des Kajals kommt durch Ruß zu Stande, dessen Kohlenstoff wesentlich zur reinigenden Wirkung des Schminkstifts beiträgt.

● Auch Ihre Augenbrauen, die den Gesamtausdruck Ihres Gesichts mitbestimmen, wollen gepflegt sein. Wenn Sie sich einmal mehr Zeit für Ihre Gesichtspflege gönnen, massieren Sie warmes Sesamöl in die Brauenhärchen ein. Das Öl nährt und pflegt.

Pflegetips für gerötete Augen und Augenringe

Gereizte und gerötete Augen lassen sich auch mit Augentrostkompressen behandeln. Überbrühen Sie einen Teelöffel Augentrost mit einer Tasse Wasser, ein bis zwei Minuten ziehen lassen, dann abseihen. Tränken Sie zwei Wattebäusche mit dem etwas abgekühlten Tee, und legen Sie sie auf die geschlossenen Lider.

● Bei Veränderungen der Augenumgebung wie geröteten Lidrändern oder angeschwollenen Ober- und Unterlidern sowie bei stärkerer Fältchenbildung sei zunächst einmal viel Ruhe und Entspannung empfohlen. Denn diese Zeichen treten meist in Folge von Überanstrengung und Übermüdung auf. Auch Pitta-Menschen, die leichter von Bindehautentzündungen betroffen sind, neigen zu geröteten Augen. Legen Sie abends vor dem Einschlafen für fünf bis zehn Minuten Kompressen aus schwarzem Tee, den Sie auf zwei kleinere Baumwoll- oder Leinentücher verteilen, zu kleinen Beuteln drehen und anfeuchten, auf Ihre geschlossenen Augenlider. Morgens verwendet, wirken die Kompressen erfrischend und schmerzlindernd bei Augenbrennen oder Übernächtigung.

● Wer einige Tage in geschlossenen Räumen zugebracht hat, neigt zu dunklen Augenringen, die aufgrund des Sauerstoffmangels im empfindlichen Gewebe entstehen. Gehen Sie an die frische Luft, und führen Sie dann ein Pranayama durch, das Ihr Blut mit einem Sauerstoffschub versorgt und so Schlacken aus dem Bindegewebe ausschwemmt. Wirkungsvoll bei dunklen Augenringen sind auch frische Rosenblätter. Weichen Sie diese für zehn Minuten in einer Schüssel mit kaltem Wasser ein, und legen Sie sie dann auf die Partie unterhalb Ihrer Augen.

Glatte Haut …

Körperbehaarung gilt im Orient generell als unrein. Für Priester und Angehörige höherer Kasten – durch die Zugehörigkeit zu einer Kaste wird in Indien der gesellschaftliche Rang einer Person festgelegt – ist die regelmäßige Enthaarung daher ein selbstverständliches Körperpflegeritual.

Hierzulande ist man diesbezüglich eher geteilter Meinung, und manch einer liebt seinen Wildwuchs als naturgegeben. Wer hingegen glatte Haut bevorzugt, kann dies auch ohne Rasur und chemische Mittelchen erreichen.

… mit Bienenwachs

- Eines Damenbarts entledigen Sie sich mit Hilfe von geschmolzenem Bienenwachs, das man auf die behaarten Stellen über der Lippe oder am Kinn aufträgt.
- Anschließend zwirbeln Sie einen Zwirn fest auf, spannen ihn und ziehen ihn entgegen der Haarwuchsrichtung durch das Wachs.
- Wachsreste tupfen Sie mit einem in Sesam- oder Kokosnussöl getränkten Kosmetik- oder sauberen Baumwolltuch ab.

Einige Übung und etwas Geduld und guten Willen erfordert diese Enthaarungsmethode allerdings schon, doch dafür bleibt Ihre Gesichtshaut wochenlang glatt.

… oder mit Halawa

Ebenfalls für das Gesicht, aber auch für die Enthaarung des Körpers geeignet ist eine Mischung aus Zucker, Zitronensaft und Sesam- oder Kokosnussöl.

- Stellen Sie aus den Zutaten eine cremige Paste her, insgesamt etwa 30 Gramm. Ist Ihnen die Masse zu weich geraten, lassen Sie sie im Eisfach abkühlen. Ist sie zu fest, so erwärmen Sie sie über dem Wasserdampf. Pudern Sie dann die zu enthaarenden Stellen mit etwas Weizenmehl ein, so greift die Paste besser, die sie darüber auftragen.
- Auf der Haut erwärmt sich die Masse und wird dann an der Luft etwas fester. Spannen Sie dann die Haut unter der Paste und ziehen diese entgegen der Wuchsrichtung ab.

Anfangs können Sie dazu auch Stoffstreifen verwenden. Empfindliche Hautpartien sollten Sie nach und nach enthaaren.

Unsere westliche Kultur steht der Körperbehaarung ganz anders gegenüber als beispielsweise die orientalische. Allerdings empfinden auch hier zu Lande viele Frauen gerade den sogenannten Damenbart als sehr störend, ja oft geradezu als entstellend. Hier erfahren Sie einige sanfte, schonende Enthaarungsmethoden.

Über Masken und Packungen

Legen Sie sich vor dem Auftragen alles zurecht, was Sie brauchen: ein Haarband oder ein Handtuch, um die Haare aus dem Gesicht zu binden, einen dicken Naturhaarpinsel zum Auftragen der Maske oder Packung, Wattepads sowie zwei weitere Handtücher für danach.

Bei den meisten der zusätzlichen Pflegeempfehlungen handelt es sich um Masken oder Packungen. Dabei wird unterschieden zwischen Anwendungen, die Sie morgens oder abends vornehmen und solchen, die Sie gelegentlich anwenden, wenn Sie mehr Zeit haben. Generell gilt: Während eine Maske die Haut luftundurchlässig verschließen soll, lässt die Packung Luft an die Haut. Auch in ihrer Wirkung unterscheiden sich diese beiden Pflegeanwendungen: die Packung belebt, erfrischt und erweitert die Hautporen, die Maske beruhigt, strafft, nährt und regt die Durchblutung der Haut an.

Bevor Sie eine Maske oder Packung auftragen, sollten Sie Ihr Gesicht mit Hals und Dekolleté stets gründlich gereinigt haben. Besonders aufnahmefähig ist die Haut, wenn Sie vor der Anwendung eine warme Kompresse auflegen. Dazu tränken Sie ein kleines Handtuch oder ein Leinentuch mit warmem Wasser, winden es aus und pressen es für etwa eine Minute sanft auf Gesicht, Hals und Dekolleté. Dadurch öffnen sich die Poren und die pflegenden Wirkstoffe der Maske oder Packung können ungehindert in die Haut eindringen und dort ihre regenerierende Wirkung entfalten.

Die normale Haut – Kapha

Die Kapha-Natur steht im Ayurveda allgemein für eine gute Gesundheit, für eine ausgeglichene Gesamtverfassung, für Stabilität, Energie und Schönheit. So ist auch die Haut, die hauptsächlich von Kapha-Dosha beeinflusst wird, vollkommen gesund und stellt gewissermaßen den »Idealzustand« eines Hautbildes dar.

Charakteristisch für die Kapha-Haut ist ihr makelloses, beinahe leuchtendes Aussehen. Die Talg- und Schweißdrüsen arbeiten ausgeglichen und deshalb werden Menschen mit diesem Hauttyp auch selten Grund zur Klage über Mitesser und andere Hautunreinheiten haben. Die Poren der Haut sind klein und fast unsichtbar, ihr Feuchtigkeitsgehalt und ihre Spannkraft ausgewogen. Kapha-Haut zeigt weder trockene noch fette Tendenzen, ist rosig und gut durchblutet und fühlt sich glatt und straff an. Dieses Dosha sorgt für die Feuchtigkeit im Körper und stärkt und festigt das Gewebe.

Ideale Pflegemittel für die Kapha-Haut

- Senföl
- Olivenöl
- Gerstenmehl
- Rosenwasser
- Süßes Mandelöl
- Avocadoöl
- Honig
- Jojobaöl

Pflege für den Tag

Sofern sie gesund und ausgeglichen sind, besitzen Kapha-Typen in der Regel eine normale und gesunde Haut. Entsprechend selten ist Kapha-Dosha auch bei der Entstehung von Hautkrankheiten involviert. Auch bei normaler Haut empfiehlt sich die morgendliche Reinigung, da auch dieser Hauttyp während der Nacht Schlackenstoffe und abgestorbene Hautschüppchen (Hornzellen) absondert, die entfernt werden sollten. So kann die Haut besser atmen und ist widerstandsfähiger gegenüber Umweltreizen.

Tip: Wenn Sie sich tagsüber eher stärker schminken, sollten Sie vor dieser Anwendung erst Augen-Make-up und Lippenstift entfernen. Wie bereits erwähnt, benötigen Sie bei der Pflege Ihrer Gesichtshaut mit ayurvedischen Schönheitsanwendungen keine Tagescreme. Verwenden Sie stattdessen ein Öl, das mit Ihrer Konstitution harmoniert.

Die für die einzelnen Anwendungen angegebenen Zutaten, insbesondere die unterschiedlichen Öle, erhalten Sie in der Apotheke bzw. in gut sortierten Reformhäusern und Naturkostläden.

Senföl-Muskat-Reinigung

Falls Ihre Gesichtshaut durch eine Überfunktion von Pitta im Augenblick entzündet und auch leicht unrein ist, sollten Sie diese Rezeptur nicht anwenden, denn Muskat reizt die Haut zu sehr.

Zutaten *1 EL Senföl • 1 TL Muskat*

Anwendung Verrühren Sie beides zu einer breiigen Masse, tragen Sie diese auf das gesamte Gesicht auf, und massieren Sie sie sanft in die Haut ein. Vergessen Sie dabei auch Hals und Dekolleté nicht. Anschließend entfernen Sie die Senföl-Muskat-Mischung mit in warmes Wasser getauchten Wattepads oder einfach nur mit klarem, warmem Wasser. Danach empfiehlt sich ein mildes Gesichtswasser (siehe Seite 101), das Sie mit einem Wattepad leicht über Gesicht, Hals und Dekolleté verteilen.

Amla-Maske

Diese Maske ist besonders gut dafür geeignet, um Ihre Gesichtshaut auf den Tag einzustimmen, denn sie regeneriert die Haut und nährt sie zugleich.

Zutaten *2 EL Amlapulver • 1 TL reiner Bienenhonig etwas Rosenwasser*

Anwendung Verrühren Sie alle Zutaten zu einer geschmeidigen Paste. Tragen Sie diese auf Gesicht, Hals und Dekolleté auf und klopfen sie mit den Fingerspitzen ein. Zehn Minuten einwirken lassen und mit einem in warmes Wasser getauchten Wattepad abnehmen.

Pflege für die Nacht

Die Kichererbse, auch Kicherling genannt, gehört zu den Schmetterlingsblütlern. Sie hat gefiederte Blätter, violettweiße Blüten und eiförmige Hülsen mit eckigen Samen. Die Kichererbse ist ein wichtiges Volksnahrungsmittel in Asien und im Mittelmeerraum.

Auch zur Reinigung am Abend empfiehlt Ayurveda eine Mischung aus Senföl und Muskat. Zutaten und Anwendung sind die gleichen wie bei der Pflege am Morgen. Vergessen Sie nach der Reinigung nicht das Gesichtswasser, das Ihren Teint klärt und den Säureschutzmantel wieder aufzubauen hilft.

Reinigungsmaske mit Kichererbsenmehl

Diese spezielle Maske reinigt die Haut gründlich, aber sanft von Ruß, Staub und anderen Spuren, die der vergangene Tag auf ihr hinterlassen hat.

Zutaten *2 EL Kichererbsenmehl • 1 EL Milch • Wasser*

Anwendung Mischen Sie Milch und Kichererbsenmehl, und geben Sie soviel Wasser dazu, bis ein dickflüssiger Brei entsteht, den Sie auf Gesicht, Hals und Dekolleté auftragen. Lassen Sie die Maske etwa zehn Minuten einwirken, und waschen Sie sie dann mit warmem Wasser ab – dabei sollten Sie den Brei mit kreisenden Bewegungen vorsichtig einmassieren, damit auch die letzten, hartnäckigen Schmutz- und Staubpartikelchen von der Haut entfernt werden.

Reinigende Ölmischung

Außer Senföl eignen sich auch noch andere Öle zur Reinigung der Haut. Die folgende Mischung können Sie auch gut im Wechsel mit der Senföl-Muskat-Reinigung oder der Reinigungsmaske anwenden.

Zutaten *30 ml Sojaöl • 20 ml Mandelöl • 10 ml Rizinusöl 10 ml Jojobaöl*

Anwendung Geben Sie alle Zutaten in eine Schüssel, verrühren Sie sie, und füllen Sie die Ölmischung in eine Flasche. Bei trockener und kühler Lagerung ist sie bis zu acht Monaten haltbar. Massieren Sie die Ölmischung in Gesicht, Hals und Dekolleté, und entfernen Sie sie anschließend mit reichlich warmem Wasser.

Spezielle Pflege

Die nachfolgenden Pflegeanwendungen sollen Ihnen Anregungen dafür geben, was Sie Ihrer Haut über das tägliche Grundpflege-programm hinaus Gutes tun und wie Sie sie zusätzlich verwöhnen können. Sie sind alle ein wenig zeitaufwendiger, bringen jedoch einen starken zusätzlichen Pflegeeffekt, den Sie sich ein- bis zweimal wöchentlich in den frühen Abendstunden gönnen sollten.

Tonerdepackung für die Nacht

Nachdem Sie Ihre Haut von Schmutz und Staub befreit haben, sollten Sie ihr diese Packung gönnen, denn nun ist die Haut besonders aufnahmefähig.

Zutaten *3 EL Tonerde • etwas Rosenwasser*

Anwendung Setzen Sie die Tonerde mit etwas Rosenwasser an, und stellen Sie sie in den Kühlschrank. Nach der vollständigen Gesichtsreinigung tragen Sie die Tonerdemasse auf Gesicht, Hals und Dekolleté auf, und klopfen Sie sie mit den Fingerspitzen sanft ein. Etwa zehn Minuten einwirken lassen und dann mit warmem Wasser abwaschen. Anschließend tragen Sie ein Gesichtsöl auf, das Ihre Haut, während Sie schlafen, mit kostbaren Pflegestoffen versorgt.

Tip: Da diese Pflegemischung gekühlt angewendet wird, bereiten Sie sie am besten schon tagsüber zu. Stellen Sie sie in der Zwischenzeit in den Kühlschrank.

Arjunarindenmaske

Der Arjunabaum wächst in den Bergurwäldern Mittel- und Südindiens. Praktische Verwendung findet die Rinde des Baumes, die eine porenzusammenziehende Wirkung hat.

Zutaten *2 EL Arjunarinde (Terminalia arjuna) • Rosenwasser*

Anwendung Zerkleinern Sie die Rinde in einem Mörser und geben Sie so viel Rosenwasser hinzu, bis eine geschmeidige Paste entsteht. Diese tragen Sie auf Gesicht, Hals und Dekolleté auf und lassen sie 15 bis 20 Minuten einwirken. Dann waschen Sie die Maske mit lauwarmen Wasser ab und legen eine feuchtwarme Kompresse auf das Gesicht, damit sich die Haut entspannt. Dazu verwenden Sie ein Handtuch, das Sie mit warmem Wasser tränken und anschließend gut auswringen.

Öl-Kurpackung

Tip: Falls etwas von der Öl-Kurpackung übrig bleibt, füllen Sie dies in einer Flasche ab und bewahren sie kühl auf. Die Zubereitung ist ein Jahr haltbar.

Sie macht die Haut zart und weich und ist besonders zur Pflege der normalen Haut geeignet. Die Packung sollten Sie im Wechsel mit anderen Masken einmal wöchentlich anwenden.

Zutaten *3 EL Sojaöl • 2 EL Mandelöl • je 1 EL Jojoba-, Rizinusöl*

Anwendung Alle Öle in eine Schüssel füllen, verrühren und auf Hals, Gesicht und Dekolleté auftragen. Gut ist auch, wenn Sie die Öle sanft mit den Fingerspitzen in die Haut einklopfen, das regt zusätzlich ihre Durchblutung an.

Masken und Packungen aus Heilerde (Tonerde) sind besonders gut für den Abend geeignet, da sich die Wirkung ihrer heilenden Substanzen in der Nacht so richtig entfalten kann. Am nächsten Morgen werden Sie den Erfolg bestaunen können.

Die fette, unreine Haut – Pitta

Fette, ölige und schlecht durchblutete Haut, die aufgrund ihrer übermäßigen Fettabsonderung zu erweiterten Poren und zur Bildung von Mitessern und Pickeln neigt, findet sich häufig bei Pitta-Menschen. Dieser Konstitutionstyp zeichnet sich durch ein im Grunde sehr starkes Agni aus. Doch oft überschätzen die Vertreter von Pitta-Dosha die Kraft ihrer Verdauung und essen mehr als ihnen gut tut und oft auch Nahrungsmittel, die ihnen nicht zuträglich sind. Das führt zur Ansammlung von Ama im Blut und damit zu den typischen Unreinheiten der Pitta-Haut. Da dieses Dosha seinen Sitz auch in der Haut hat und ihre Funktionen reguliert, sind die Folgen einer Pitta-Störung leider meist hier als erstes sichtbar. Entsprechend häufig ist Pitta-Dosha bei der Entstehung von Hautbeschwerden beteiligt.

Öle für fettige Haut

Bei der Pitta-Haut sind die Stirnpartie, Nase, Wangen und Kinn ölig. Typisch für diesen Hauttyp ist auch seine Großporigkeit und die starke Unterpolsterung mit Fettgewebe, wodurch die Haut nach außen hin straff und eher grob strukturiert, an der empfindlichen Augenpartie jedoch zart und durchsichtig wirkt. Im Allgemeinen ist die Pitta-Haut sehr empfindlich und benötigt daher viel Pflege. Ayurveda empfiehlt bei fetter wie auch bei unreiner Haut ölhaltige Schönheitsmittel oder reines Mandelöl, die den hauteigenen Talg sanft ablaufen lassen, ohne die Poren zu verstopfen und das Hautbild so auf natürliche Weise harmonisieren. Entfettende Mittel wie etwa Alkohol regen die Talgdrüsen dagegen meist zu noch stärkerer Tätigkeit an. Denn je mehr man die Haut auszutrocknen versucht, desto intensiver ist ihre Gegenreaktion. Die ayurvedischen Pflegeanwendungen durchbrechen diesen Regelkreis auf sanfte Weise.

Die übermäßige Fettproduktion kann angeboren, aber auch durch psychische Probleme, vitaminarme Ernährung, Blutarmut oder eine schlechte Verdauung bedingt sein. Deshalb sollten Sie bei Ihrem Hauttyp verstärkt auf Ihre Ernährung achten und den Empfehlungen zur Stärkung von Agni (siehe Seite 73) besondere Beachtung schenken. Im Sommer und bei heißer Witterung nimmt die Talgproduktion zu, im Winter dagegen ab.

Ideale Pflegemittel für die Pitta-Haut

- Ghee
- Milch
- Mandelöl
- Grünes Sojamehl
- Rosenwasser
- Gurkensaft

Pflege für den Tag

Durch eine gesunde und ausgewogene Ernährung im Sinne des Ayurveda können Sie sehr dazu beitragen, dass sich Ihr Hautbild wieder normalisiert und reiner wird, denn Schönheit kommt bekanntlich auch von innen … Meiden Sie alles Süße und Lebensmittel mit weißem Zucker, auch fettreiche Nahrungsmittel sollten möglichst selten auf Ihrem Speiseplan stehen.

Fette Haut sollte jeden Morgen gereinigt werden, um den über Nacht produzierten Talg und die im Schlaf entstandenen Schlackenstoffe zu entfernen. Tragen Sie nach jeder Reinigung Gesichtswasser auf. Rosenwasser wirkt besonders porenverkleinernd.

Reinigungsmaske

Diese Maske trägt das überschüssige Hautfett schonend ab und reinigt vor allem die Hautporen tiefgehend. Zugleich wird die Haut gepflegt und genährt und so optimal auf den Tag vorbereitet.

Zutaten 2 EL grünes Sojamehl • 1 EL Süßholzpulver
1 EL Rosenwasser

Anwendung Verrühren Sie alle Zutaten zu einer breiigen Masse, und tragen Sie diese auf Gesicht, Hals und Dekolleté auf. Lassen Sie die Maske zehn Minuten einwirken, und waschen Sie sie dann mit warmem Wasser ab. Danach gönnen Sie Ihrer Haut noch eine feuchtwarme Kompresse, die Sie für zehn Sekunden leicht auf Ihr Gesicht pressen. Durch die Wärme des Wassers entspannt sich die Haut, und die Durchblutung wird angeregt.

Pflegende Amla-Maske

Gesichtsmasken helfen, die übermäßige Fettproduktion der Haut zu reduzieren. So auch die Amla-Maske, die Sie zwei- bis dreimal wöchentlich bereits morgens nach der Reinigung anwenden sollten.

Zutaten 2 EL Amla-Pulver • 1 EL Honig • 1–2 EL Rosenwasser

Anwendung Verrühren Sie das Amla-Pulver mit dem Honig und dem Rosenwasser, bis eine dickflüssige Paste entstanden ist. Diese tragen Sie auf Gesicht, Hals und Dekolleté auf, lassen sie zehn Minuten einziehen und nehmen sie mit warmem Wasser ab.

Pflege für die Nacht

Staub und Schmutzpartikelchen setzen sich in Verbindung mit dem hauteigenen Talg auf der Haut fest und können Hautunreinheiten wie Mitesser und Pickel verursachen. Um sein Hautbild nachhaltig zu verbessern, sollte gerade der Pitta-Typ auf die morgendliche und abendliche Reinigung seines Gesichts achten. Beachtet man daneben auch die übrigen Empfehlungen zu einer bewussten und gesunden Lebensführung für das Pitta-Dosha (siehe Seite 29), wird die Haut bald besser durchblutet und feinporiger erscheinen.

Tip: Wenn Sie sich eher stärker schminken, sollten Sie vor den Reinigungsanwendungen erst Augen-Make-up und Lippenstift entfernen. Dazu verrühren Sie etwas Seva-Reinigungspulver oder grünes Sojamehl mit Wasser zu einer dünnen Paste, tränken einen Wattepad darin und gleiten damit sanft von der Augenbraue nach unten über das Augenlid. Ihre Lippen reinigen Sie mit einem in Wasser getauchten Wattepad.

Reinigungsmaske

Durch diese Maske wird Ihre Haut sorgfältig gereinigt, denn sie trägt überschüssigen Talg schonend ab, ohne sie auszutrocknen.

Zutaten 2 EL Gerstenmehl • 1 EL Süßholzpulver • 1–2 EL Wasser

Anwendung Verrühren Sie Gerstenmehl und Süßholzpulver, und geben Sie soviel Wasser hinzu, bis eine geschmeidige Masse entstanden ist. Diese tragen Sie auf Gesicht, Hals und Dekolleté auf und lassen sie zehn Minuten einwirken. Danach mit warmem Wasser abwaschen und eine feuchtwarme Kompresse auflegen. Dazu tränken Sie einen Waschlappen mit warmem Wasser, dem Sie etwas Obstessig zugeben und pressen ihn für zehn Sekunden leicht auf Ihr Gesicht. Anschließend tragen Sie mit einem Wattepad Gesichtswasser auf.

Tip: Falls Sie tagsüber Gesichtspuder benutzen, sollten Sie diesen nur hauchdünn auftragen, denn obwohl Puder die Haut leicht entfettet, kann er auch die Poren verstopfen.

Reinigendes Mandelöl

Das Mandelöl ist eine Alternative zur Reinigungsmaske.

Zutaten 2 EL Mandelöl

Anwendung Geben Sie das Mandelöl mit einem Wattepad oder mit Ihren Fingern direkt auf Gesicht und Hals, und massieren Sie es sanft ein. Waschen Sie es mit warmem Wasser wieder ab, und tragen Sie dann mit einem Wattepad etwas Gesichtswasser auf.

Spezielle Pflege

Lesen Sie dazu bitte auch Seite 109.

Arjunarindenmaske

Die Wirkung der Arjunarinde pflegt auch die fette Haut.

Zutaten *2 EL Arjunarinde (Terminalia arjuna)*
1–2 EL Bienenhonig

Anwendung Zerkleinern Sie die Rinde in einem Mörser, und geben Sie soviel Honig hinzu, bis ein geschmeidiger Brei entsteht. Diesen tragen Sie auf Gesicht, Hals und Dekolleté auf und lassen ihn 15 bis 20 Minuten einwirken. Dann waschen Sie die Maske mit lauwarmem Wasser ab und legen im Anschluss noch eine feuchtwarme Kompresse auf das Gesicht, damit sich die Haut entspannt.

Gewürzmaske

Wenn sich Mitesser oder Pickelchen entzündet haben, was bei fetter Haut leicht passieren kann, da die Hautporen durch den überschüssigen Talg verstopfen, hilft Hamameliswasser. Tragen Sie es mit einem Wattepad vorsichtig auf die betroffenen Hautstellen auf.

Die enthaltenen Gewürze wirken auf die Poren, nehmen das überschüssige Fett von der Haut und beruhigen die Talgdrüsen.

Zutaten *1 TL Sandelholz • 1 TL Süßholz • 1 TL Sarsaparilla*
1 TL Zitronengras • 1–2 EL Mandelöl

Anwendung Mischen Sie die pulverisierten Gewürze in einer Schüssel, und geben Sie soviel Mandelöl hinzu, bis Sie einen streichfähigen Brei erhalten. Diesen tragen Sie großzügig auf Gesicht, Hals und Dekolleté auf. Achten Sie hier besonders sorgfältig darauf, dass Sie nichts von der Gewürzmaske in die Augen bekommen, denn das könnte Reizungen und Rötungen der empfindlichen Schleimhäute hervorrufen. Lassen Sie die Maske etwa 15 Minuten einwirken, waschen Sie sie dann mit lauwarmem Wasser ab.

Gurkenpackung

Gurken setzen die übermäßige Fettabsonderung herab und nehmen überschüssigen Talg von der Haut, regen die Durchblutung an, halten die Poren rein und erfrischen die fahle, fette Haut.

Zutaten *200 g geraffelte Gurke • 1 EL Kichererbsenmehl*
1/4 TL Kurkumapulver

Anwendung Mischen Sie alle Zutaten in einer Schüssel, und tragen Sie die Packung auf Gesicht, Hals und Dekolleté auf. Etwa 15 Minuten einziehen lassen und dann mit warmem Wasser abwaschen.

Die trockene Haut – Vata

Dieser Hauttyp verkörpert die typischen Eigenschaften von Vata-Dosha (siehe Seite 30): vor allem trocken und rau. Kaum ein anderer Hauttyp reagiert so rasch und ist so leicht aus dem natürlichen Gleichgewicht zu bringen wie die Vata-Haut. Nicht umsonst ist bei der Entstehung von Hautstörungen meist Vata im Spiel.

Bei jungen Menschen ist die trockene Haut kaum von der normalen zu unterscheiden, denn sie ist in der Regel ebenso rein, feinporig und gut durchblutet. Etwa im Alter von 20 Jahren wandelt sich jedoch das Hautbild: Die Haut wird dünner, empfindlicher gegen Witterungseinflüsse, neigt zur Bildung von Falten und erhält bisweilen ein leicht pergamentartiges Aussehen. Sie reagiert schnell irritiert mit Rötungen, Schüppchenbildung, Entzündungen oder geplatzten Äderchen auf den Wangen. Diese Erscheinungen werden durch Klimaanlagen, Neonröhren, Fußbodenheizung und häufige Bildschirmarbeit zusätzlich gefördert.

Hautbild positiv beeinflussen

Wenn auch der Ayurveda kein Allheilmittel parat hat, das die träge Produktion der Talgdrüsen beim Vata-Typen aktiviert, so können Sie doch durch eine ausgewogene ayurvedische Ernährung, die Vata reduziert, sowie durch eine naturgemäße Lebensweise Ihr Hautbild positiv beeinflussen. Lassen Sie viel frische und vor allem feuchte Luft an Ihre Haut. Machen Sie Spaziergänge bei Regenwetter und Nebel, denn sie sind wirkungsvolle und einfache Schönheits- und Pflegemittel bei trockener Haut.

Auch Lebertran und Weizenkeimöl wirken mitunter schon fast Wunder bei diesem Hauttyp.

Tip: Falls Sie viel am Computer arbeiten, sollten Sie Ihr Gesicht mehrmals täglich einölen – am besten mit Mandel- oder Weizenkeimöl. Zu Vorbeugung eines Jetlags und den sichtbaren Trockenheitsfolgen auf der Haut, unter denen vor allem Vielflieger leiden, sei auch die ausgiebige Behandlung mit Vata-Körperölen empfohlen. Massieren Sie vor dem Abflug ein pflanzliches Öl, das Vata harmonisert, in die Haut ein.

Ideale Pflegemittel für die Vata-Haut

- Sesamöl
- Weizenkeimöl
- Avocadoöl
- Schlagrahm
- Kichererbsenmehl
- Mandelöl
- Aprikosenöl
- Saure Sahne und Joghurt

Pflege für den Tag

Bei Ihrem Hauttyp ist morgens keine regelmäßige Reinigung erforderlich, da die Talgdrüsen über Nacht nicht so viel Hautfett produziert haben, das nun entfernt werden müsste. Nehmen Sie also nur alle zwei bis drei Tage eine morgendliche Reinigung vor, und verwenden Sie dazu die Rezepturen und das Gesichtswasser für die normale Haut (siehe Seite 101). Massieren Sie anschließend Sesamoder ein anderes Öl, das sich für Ihre trockene Haut eignet, sanft auf Gesicht, Hals und Dekolleté.

An den sonstigen Tagen genügt zur Reinigung warmes Wasser; probieren Sie vielleicht auch einmal eine feuchtwarme Kompresse, sie ist bei trockener Haut besonders empfehlenswert, regt die Hautdurchblutung an und macht Sie zudem wach. Oder Sie massieren gleich nach dem Aufstehen Ihre Haut leicht mit etwas Öl (am besten Sesam- oder Mandelöl), tränken ein kleines Handtuch mit lauwarmem Wasser, winden es aus und pressen es für eine Minute sanft auf Gesicht und Hals. Danach waschen Sie die Haut mit lauwarmem Wasser ab und tragen dann Gesichtswasser auf.

Je härter das Wasser an Ihrem Wohnort ist, desto weniger ist es zur Reinigung der trockenen Haut geeignet. Ein Schuss Obstessig, destilliertes Wasser oder fettarme Milch ins Waschwasser enthärtet und macht es verträglicher für Ihre Haut. Wenn Sie Ihre Haut vor dem Waschen einölen, ist der Effekt des kalkhaltigen Wassers auch aufgehoben und beeinträchtigt Ihre Haut nicht.

Morgendliche Kräuterpackung

Salbei beruhigt, Rosmarin regt die Hautdurchblutung an, Basilikum klärt und Ghee wirkt pflegend und nährend.

Zutaten   *1 El pulverisierter Salbei • 1 EL Rosmarin*
1 TL Basilikum • 2 EL Ghee

Anwendung   Zerreiben Sie die Kräuter, und geben Sie das Ghee dazu. Den Brei tragen Sie auf Gesicht, Hals und Dekolleté auf, zehn Minuten einziehen lassen; mit warmem Wasser abnehmen. Dann die Haut mit einem in Gesichtswasser getränkten Wattepad betupfen.

Extrapflege für die Augen

Da die Augenpartie bei trockener Haut zur Faltenbildung tendiert, sollten Sie täglich morgens und abends Mandelöl auf den Augenlidern und unterhalb der Augen einklopfen. Verwenden Sie nicht zu viel, und nehmen Sie überschüssiges Öl nach einer Einwirkzeit von zehn Minuten wieder ab. Mandelöl ist schonend und schützt die Augenpartie vor Austrocknung und Bildung von Fältchen.

Pflege für die Nacht

Für die abendliche Reinigung der Vata-Haut bedarf es keiner großen Vor- bzw. Zubereitungen: Geben Sie einfach etwas Seva-Babyöl oder Sesamöl auf einen Wattepad oder auch direkt auf die Haut, und massieren Sie damit sanft Gesicht, Hals und Dekolleté. Dann waschen Sie das Öl mit warmem Wasser ab. Da das Öl tonisierend wirkt und den Säureschutzmantel nicht angreift, benötigen Sie bei dieser Art der Reinigung auch kein Gesichtswasser.

Avocadoreinigung

Avocado- und Weizenkeimöl enthalten wertvolle Wirkstoffe, die besonders bei trockener Haut zu empfehlen sind. Auf diese Weise reinigen und pflegen Sie Ihre Haut und unterstützen den Regenerationsprozess während der Nachtstunden. Die Avocadoreinigung können Sie alternativ oder im Wechsel mit der Ölreinigung anwenden.

Zutaten *30 ml Mandelöl • 20 ml Avocadoöl • 10 ml Weizenkeimöl 5 ml Jojobaöl • 3 Tropfen Geraniumöl*

Anwendung Füllen Sie alle Öle bis auf das Geraniumöl in eine Schüssel, und verrühren Sie sie gut. Dann geben Sie das Geraniumöl dazu und füllen das Ganze in einer Flasche ab. Abends tragen Sie etwas von der Ölmixtur entweder mit einem Wattepad oder auch pur auf Gesicht, Hals und Dekolleté auf – vorher sollten Sie die Flasche gut schütteln, denn so vermischen sich alle Öle wieder miteinander. Nach der Reinigung betupfen Sie die Haut mit einem mit Gesichtswasser getränkten Wattepad.

Eigelbreinigungsmaske

Eine gute Alternative zur Ölreinigung ist diese Maske. Sie reinigt und erfrischt die Haut und führt ihr kostbare Pflegestoffe zu.

Zutaten *1 Eigelb • 1 TL Mandelöl • einige Tropfen Zitronensaft*

Anwendung Verrühren Sie das Eigelb mit dem Mandelöl und dem Zitronensaft zu einer geschmeidigen Paste. Damit bestreichen Sie Gesicht und Hals und lassen die Maske für zehn Minuten einziehen. Im Anschluss nehmen Sie sie mit warmem Wasser wieder ab und tragen Gesichtswasser auf.

Tip: Wenn Sie sich eher stärker schminken, sollten Sie vor dieser Anwendung erst Augen-Make-up und Lippenstift entfernen. Dazu tränken Sie einen Wattepad mit Sesam- oder Mandelöl und gleiten damit sanft von der Augenbraue nach unten über das Augenlid. Ihre Lippen reinigen Sie mit einem in Wasser getauchten Wattepad.

Spezielle Pflege

Lesen Sie dazu bitte auch Seite 109.

Öl-Kurpackung

Jojoba enthält ebenso wie Avocadoöl viele pflegende Wirkstoffe, die Sie Ihrer Haut einmal pro Woche mit dieser Kurpackung zuführen sollten. Danach müssen Sie kein Gesichtswasser oder ein zusätzliches Pflegemittel auftragen – diese Anwendung versorgt Ihre Haut mit allem, was sie braucht.

Zutaten 10 ml Sojaöl • 10 ml Jojobaöl • 15 ml Avocadoöl

Wenn Ihre Haut tagsüber besonders stark Umweltreizen wie Autoabgasen oder Zigarren- bzw. Zigarettenrauch ausgesetzt war, gönnen Sie ihr diese Spezialreinigung. Bei kühler und trockener Lagerung ist diese Reinigungsmischung acht Monate haltbar.

Anwendung Füllen Sie alle Öle in eine Schüssel, verrühren Sie diese gut, und tragen Sie die Kurpackung dann sanft auf Gesicht, Hals und Dekolleté auf. Die Augenpartie sparen Sie dabei großzügig aus, um zu verhindern, dass die Öle in die Augen geraten und diese unter Umständen reizen. Etwa 20 Minuten einwirken lassen und dann mit warmem Wasser abwaschen.

Falls etwas übrig bleibt oder Sie gleich ein wenig mehr herstellen möchten, können Sie die Öl-Kurpackung in eine Flasche füllen und kühl und trocken aufbewahren. Auf diese Weise ist sie ein Jahr lang haltbar.

Quark-Honig-Packung

Sauermilchprodukte, wie auch Quark, tun trockener und spröder Haut besonders gut. Milcheiweiß, Lezithin und Kalzium sowie viele wertvolle Mineralstoffe sind ein wahrer Jungbrunnen für diesen Hauttyp. Die Kombination mit Honig, ebenfalls ein Hautpflegemittel par excellence, macht diese Packung zur Vitaminbombe für Ihre besonders pflegebedürftige Haut.

Zutaten 2 EL Quark • 1 EL Bienenhonig • 1 TL Mandelöl

Anwendung Erwärmen Sie den Bienenhonig leicht (nicht über 40 °C), und verrühren Sie ihn mit dem Quark. Falls Sie sehr trockene Haut haben, geben Sie noch Mandelöl hinzu. Tragen Sie die Packung auf Gesicht, Hals und Dekolleté auf, wobei die Augenpartie frei bleibt, und lassen Sie sie für etwa 30 Minuten einwirken. Danach waschen Sie die Packung mit lauwarmem Wasser wieder ab.

Die Mischhaut – Kapha, Pitta und Vata

Wenn Sie den Hauttest durchgeführt und danach festgestellt haben, dass Ihre Stirnpartie, die Gegend um die Augen und das Kinn im Gegensatz zu den übrigen Teilen des Gesichts entweder besonders trocken oder besonders fett ist, gehören Sie zum sogenannten Mischhauttypus. An Stirn, Nase und Kinn zeigt sich häufig eine stärkere Fettabsonderung, wohingegen die empfindliche Haut um die Augen eher trocken ist und zur Faltenbildung neigt. Hier spielen alle drei Doshas eine Rolle bzw. sind aus dem Gleichgewicht geraten. Denn die Stirn wird mit Kapha verbunden, die Augenpartie mit Pitta und die Gegend unterhalb der Nase mit Vata.

Begleiterscheinungen auf den fetteren Hautpartien sind auch oft verstopfte Poren, Pickel und Mitesser. Die Ursachen liegen in einem mangelhaft arbeitenden Agni. Die Verdauung ist in diesem Fall durch eine Ernährung gestört, die Ihren inneren Bedürfnissen nicht entspricht. Gerade Unreinheiten, Pickel und Pusteln in der unteren Mundpartie können ein Anzeichen dafür sein, dass in Ihrem Verdauungstrakt etwas nicht in Ordnung ist. Störend auf Agni wirken auch Stress, Medikamente oder der unkontrollierte Genuss von Alkoholika oder Nikotin. Auch bei Umstellungen der Lebensweise oder klimatischen Veränderungen kann die Haut aus dem Gleichgewicht geraten. Zum Ausgleichen der Haut ist eine sanfte Umstellung auf frische Nahrungsmittel empfehlenswert. Leben im Rhythmus der ayurvedischen Uhr, Entspannung und der maßvolle Umgang mit Genussmitteln sollten Ihnen dabei helfen, Ihre Doshas zu harmonisieren.

Äußerlich sollten Sie vor allem auf die Reinigung Ihrer Haut achten und nur Schönheitsmittel verwenden, die entzündungshemmende Eigenschaften besitzen. Achten Sie darauf, dass die trockenen Partien Ihrer Haut besonders pflegebedürftig sind.

Zweierlei Pflegemittel

Sie werden auch eine gewisse Zeit lang, so lange bis sich Ihr Hautbild wieder harmonisiert hat, immer zweierlei Sorten von Pflegemitteln zur Hand haben, die Sie partiell im Gesicht einsetzen. Stirn, Nase und Kinn werden gemäß den Empfehlungen für die fette Haut (siehe Seite 111 ff.) gepflegt, Augen und Wangen gemäß denen für die trockene Haut (siehe Seite 115 ff.). Zur Pflege sollten auch Dampfbäder gehören und – etwas Geduld. Denn die Neigung zu unreiner Haut kommt von innen, und es dauert, bis sich die Verdauung umgestellt hat und die Doshas im Gleichgewicht sind.

Ideale Pflegemittel für die Mischhaut

- Kamille
- Honig
- Sesamöl
- Milch

- Milchprodukte
- Hefe
- Hamameliswasser
- Mandelöl

Pflege für den Tag

Pickel oder Mitesser seitlich am Kinn entlang können durch vermehrtes Handaufstützen entstehen, denn die Bakterien Ihrer Hand verursachen zusammen mit den Hautabsonderungen in Ihrem Gesicht Entzündungen.

Gründliche Reinigung wird bei der Mischhaut großgeschrieben, jedoch unter Vorbehalt, da die trockenen Hautpartien dabei besonders berücksichtigt werden sollen. Auf Peelings und kräftigere Gesichtsmassagen sollte man daher verzichten. Um diese Haut besonders sanft auf die nachfolgende Pflege vorzubereiten, empfehlen sich Waschungen ohne Wasser.

Waschung für die Mischhaut

Zutaten *Wahlweise Milch, süße Sahne oder frisch gebrühter und abgekühlter Kamillentee*

Anwendung Eine Reinigung der Haut mit Kamillentee mit Hilfe von Kompressen behandelt die trockene Haut schonend und wirkt gleichzeitig entzündungshemmend auf die Hautunreinheiten. Eine Waschung mit Milch oder Sahne reinigt ebenso schonend und nährt die trockenen Hautpartien, ohne den Säureschutzmantel anzugreifen. Anschließend benötigen Sie kein Gesichtswasser.

Gesichtsöl

Nach der Reinigung massieren Sie Gesicht, Hals und Dekolleté sanft mit Sesam- oder Mandelöl. Auch wenn Ihnen die Behandlung mit Öl, gerade was die fetteren Hautpartien anbelangt, zunächst widersinnig erscheint: Das Öl hat die Fähigkeit, Ihre Hautfunktionen langfristig zu harmonisieren.

Entfettende Pflegemittel haben nämlich allenfalls den Effekt, die Talgdrüsen noch mehr zur Produktion von Hautfett anzuregen. Zudem wirken Sesam- oder Mandelöl gleichzeitig desinfizierend und nährend.

Pflege für die Nacht

Gesichtsdampfbad

Zur Entfernung von Mitessern und um den Abheilungsprozess von Pickeln zu beschleunigen, ist ein vorbereitendes und die Haut aufweichendes Gesichtsdampfbad ideal. Da morgens die Zeit oft zu kurz ist, führen Sie das Dampfbad zweimal pro Woche in den Abendstunden durch. Lesen Sie hierzu die genaue Anwendung auf Seite 102 nach. Verwenden Sie bei Mischhaut als Zusatz das entzündungshemmende Hamamelis. Nachdem Sie Ihr Gesicht sorgfältig abgetrocknet haben, betupfen Sie Ihre Pickel mit etwas Schwefelpuder. Er hat eine stark austrocknende Wirkung. Mit Hilfe eines Kosmetiktuchs drücken Sie dann kleinere Mitesser aus. Drücken Sie dabei vorsichtig und gründlich den Talgpropfen nach außen aus.

Vorsicht, denn bei »Gewaltanwendung« und wenn die Haut nicht weich genug ist, weicht der Propfen nach innen zurück und kann hier Entzündungen verursachen.

Dann tupfen Sie Ihr Gesicht mit einem in Hamameliswasser getauchten Wattepad ab und massieren Sesamöl auf Gesicht, Hals und Dekolleté.

Wenn Sie als Frau häufig von Mitessern geplagt sind, die sich selbst bei intensiven Gegenmaßnahmen hartnäckig zeigen, empfiehlt sich ein Gang zum Gynäkologen. Es könnte nämlich sein, dass hinter Ihren Hautunreinheiten eine Eierstockentzündung oder eine Pilzinfektion steckt.

Abendliche Reinigung und Pflege

Fällt das Dampfbad aus, können Sie Ihr Gesicht entweder mit einer Waschung mit Milch oder Sahne reinigen, oder Sie greifen zu demselben Reinigungsmittel wie für die Vata-Haut. In diesem Fall reinigen Sie Ihr Gesicht mit etwas Seva-Babyöl oder Sesamöl, das Sie mit einem Wattepad über Gesicht und Hals verteilen und sanft einmassieren. Danach benötigen Sie kein Gesichtswasser mehr.

Spezielle Pflege

Die speziellen Pflegeempfehlungen für die Mischhaut setzen sich zusammen aus Anwendungen für die fette und für die trockene Haut. Daher können Sie die Rezepturen in den entsprechenden Kapiteln verwenden. Generell gilt: Rezepturen für die fette Haut sollten auch nur dort aufgetragen werden, wo die Haut fett ist. Die nährenden Pflegemischungen für die trockene Haut können Sie hingegen im ganzen Gesicht verwenden.

Die verschiedenen Linsensorten sind nicht nur Zutaten für köstliche Gerichte: Gemahlen dienen sie auch als hervorragendes Pflegemittel für die fettige Haut.

Linsenmehl-Ghee-Maske

Das Linsenmehl wirkt auch den bei fetter Haut reichlich sprießenden Hautunreinheiten entgegen, denn es reinigt gründlich die Poren. Tragen Sie die Maske nur auf die betroffenen Stellen auf und vermeiden Sie den Kontakt zu den trockeneren Hautpartien.

Zutaten 2 EL Linsenmehl • 1 EL Ghee • 1/2 EL Milch

Anwendung Verrühren Sie alle Zutaten zu einer zähen Paste, die Sie auf Gesicht, Hals und Dekolleté auftragen und für 10 bis 15 Minuten einwirken lassen. Anschließend waschen Sie die Maske wieder ab und tragen mit einem Wattepad etwas Hamameliswasser auf. Eine Massage mit Sesamöl rundet das Pflegeprogramm ab und sorgt für genügend Feuchtigkeit auf der trockenen Haut.

Verrühren Sie die Zutaten der Hefekur in einem Mischungsverhältnis, dass ein streichfähiger Brei entsteht, und tragen Sie diesen auf Gesicht und Hals auf. Ist die Masse hart geworden, waschen Sie sie mit warmem Wasser ab. Danach tragen Sie Sesam- oder Mandelöl auf.

Hefekur

Hefe wirkt besonders harmonisierend bei einer Haut, die verstärkt zu Unreinheiten neigt. Schlucken Sie täglich zweimal, am besten mittags und abends, ein etwa haselnussgroßes Stück Backhefe.
Äußerlich reinigend und glättend wirkt die Hefegesichtspackung.

Zutaten Backhefe • warme Milch

Die empfindliche Haut – Vata und Pitta

Dieser Hauttyp ist bei Menschen jeden Alters anzutreffen. Während der Hauttest dieselben Merkmale wie die der trockenen Haut signalisiert, also keine fettigen oder unreinen Stellen im Gesicht, neigt die empfindliche Haut bei näherer Betrachtung häufig zu erweiterten Äderchen in der Region der Wangenknochen. Die Versorgung mit Hautfett ist mangelhaft, die Haut selbst dünn und fast durchscheinend, und bei den geringsten Irritationen von außen oder durch besondere nervliche Anspannung reagiert die Haut mit Rötungen, Schwellungen oder auch mit Jucken.

Sensible Zeitgenossen

Vata- und Pitta-Dosha, die aus dem Gleichgewicht geraten sind, äußern sich häufig in diesen sichtbaren Anzeichen der Haut. Probleme in Partnerschaft, Familie oder Beruf zeigen sich oft sofort in Hautirritationen. Auch anregende Genussmittel wie Alkohol, Kaffee oder Tee wirken sich auf den Hautzustand aus, ebenso wie zu heiße oder scharf gewürzte Nahrungsmittel. Menschen mit empfindlicher Haut sollten zunächst die Funktionen ihres Agni harmonisieren, vata- und pittareduzierende Nahrung zu sich nehmen und nervliche Belastungen abbauen. Während der heißen Sommermonate ist der Schutz vor den Sonnenstrahlen wichtig. Ölen Sie außerdem die Hautpartien, die Sie der frischen Luft aussetzen, mit Jojobaöl ein, das (leicht) gegen UV-Strahlung schützt.

Kaum ein anderer Hauttyp entspricht dem geflügelten Wort von der Haut als Spiegel der Seele mehr.

Geist und Seele zur Ruhe bringen

Überlegen Sie in Ruhe, welche Faktoren in ihrem Leben Sie nervös machen und Ihnen Stress bereiten. Nehmen Sie sich bewusst Auszeiten von Ihrem Partner, Ihrer Familie oder auch vom Beruf und reservieren Sie ein bis zwei Stunden pro Tag nur für sich. Nutzen Sie diese Zeiten zur Innenschau, und besänftigen Sie Ihre aufgeregte Seele und den Geist. Ruhe, Meditation und Aufenthalte in der Natur helfen Ihnen dabei, Ihr Gleichgewicht wiederzuerlangen. Neben der Pflege Ihres Seelenlebens sollten Sie sich um Ihre Haut kümmern. Achten Sie darauf, dass sich Ihre Haut ausreichend regenerieren kann, um besser gegen Belastungen gewappnet zu sein.

Ideale Pflegemittel für die empfindliche Haut

- Hafermehl
- Mandelöl
- Avocadoöl
- Kamillenöl
- Sesamöl
- Aloe-vera-Öl
- Johanniskrautöl
- Milch und Schlagrahm

Pflege für den Tag

Ebenso wie beim trockenen Hauttyp produzieren Ihre Talgdrüsen im Gesicht über Nacht nur wenig Fett. Ist Ihre Haut momentan sehr gereizt, verzichten Sie auf die Reinigung und verwenden gleich das Öl. Empfehlenswert ist morgens auch die Kräuterpackung für die trockene Haut (siehe Seite 116).

Eine tägliche Reinigung ist bei diesem Hauttyp nicht erforderlich. Doch sollten Sie wenigstens alle zwei bis drei Tage die Schlackenstoffe, die nachts im Gesicht ausgeschieden werden, morgens entfernen. Zu diesem Zweck können Sie bei einem etwas stabileren Hautbild, das in der letzten Zeit nur wenig gereizt reagiert hat, die Rezepturen und das Gesichtswasser für die normale Haut (siehe Seite 101ff.) verwenden. Streichen Sie anschließend Sesam-, Mandel- oder Aloe-vera-Öl in kreisenden Bewegungen sanft auf Gesicht, Hals und Dekolleté. Testen Sie die Öle, bevor Sie sie verwenden, indem Sie ein paar Tropfen davon in Ihre Armbeuge massieren. Nimmt die Haut das Öl problemlos auf, können Sie es auch problemlos im Gesicht verwenden.

Milchwaschung

Tränken Sie eine Wattekompresse mit Milch oder flüssigem Schlagrahm. Beides wirkt reinigend und nährend. Waschen Sie die Milchoder Sahnereste mit etwas warmem Wasser ab, und tupfen Sie dann ein Gesichtswasser auf. Danach tragen Sie ein passendes Öl auf.

Gesichtswasser für die empfindliche Haut

Zutaten 100 g Hamameliswasser • 1 EL Zitronensaft • 1 TL Honig
1 dl destilliertes Wasser

Anwendung Vermischen Sie die Zutaten, und füllen Sie sie in ein kleines abschließbares Gläschen um. Da dieses Gesichtswasser nur einige Tage lang haltbar ist, stellen Sie öfter eine kleinere Menge her. Tränken Sie einen Wattepad mit dem Gesichtswasser, und tragen Sie es großzügig auf Gesicht, Hals und Dekolleté auf.

Pflege für die Nacht

Am Abend sollte die pflegende und nährende Behandlung der Haut mit Masken oder Packungen im Vordergrund stehen. Wenn Sie einmal keine Lust haben, sich eine Packung zuzubereiten, massieren Sie Ihr Gesicht nach der Reinigung mit einem Gesichtsöl.

Reinigung am Abend für empfindliche Haut

Diese Reinigung ist auf die Bedürfnisse der empfindlichen Pitta-Haut zugeschnitten und wirkt besonders hautbesänftigend.

Zutaten *Gerstenmehl • Süßholzpulver (zu gleichen Teilen)* *Rosenwasser*

Anwendung Rühren Sie aus den Zutaten eine streichfähige Paste an, und verteilen Sie diese über Gesicht, Hals und Dekolleté. Massieren Sie sie leicht ein. So werden die abgestoßenen Hornschichten Ihrer Haut abgetragen; Ihre Haut kann besser atmen und wird besser durchblutet. Dann tragen Sie ein Gesichtswasser für die normale Haut (siehe Seite 101) oder eines für die empfindliche Haut (siehe Seite 124) sowie Ihr Gesichtsöl auf.

Gesichtsdampfbad

Bei empfindlicher Haut, die zur Couperose (siehe Seite 178) neigt, ist ein Gesichtsdampfbad angenehm und wirkungsvoll. Richten Sie sich hierbei nach den Empfehlungen auf Seite 102, und verwenden Sie Hamamelis als Zusatz. Setzen Sie Ihr Gesicht höchstens drei Minuten den Dämpfen aus. Tupfen Sie es danach mit Gesichtswasser ab und tragen pflegendes Öl, eine Packung oder eine Maske auf.

Sahnepackung

Diese Packung kann ohne Reinigung aufgetragen werden. Denn Sie klärt das Hautbild, belebt und glättet die empfindliche Haut.

Zutaten *Süße Sahne • Quark (zu gleichen Teilen) • 1/2 Eidotter*

Anwendung Vermischen Sie die Zutaten zu einer streichfähigen Paste und verteilen Sie diese auf Gesicht, Hals und Dekolleté. Lassen Sie die Packung 15 Minuten lang einwirken, und nehmen Sie sie dann mit in warmem Wasser getränkten Wattepads ab.

Zu den wichtigsten Stunden des Tages für die empfindliche Haut gehören die der Nacht, also die Zeit, in der wir schlafen. Jetzt kann sie sich von den Strapazen des Tages erholen und Kräfte sammeln. Alle zwei oder drei Tage sollten Sie eine Packung auftragen, denn sie hilft enorm dabei, Ihr Hautbild zu harmonisieren.

Spezielle Pflege

Lesen Sie hierzu auch Seite 109.

Hafermehlmaske

Diese Maske wirkt reinigend und hautbesänftigend. Das enthaltene Hamameliswasser wirkt entzündungshemmend und desinfizierend.

Zutaten *1 EL Hafermehl • 1 EL Hamameliswasser*

Anwendung Verrühren Sie die Zutaten in einem Topf zu einem streichfähigen Brei. Streichen Sie diesen auf Gesicht und Hals, und lassen Sie ihn hier etwa 20 Minuten einwirken. Tränken Sie Wattepads in warmes Wasser, und nehmen Sie die Maske damit ab.

Gesichtspackung für empfindliche Haut

Die Avocado ist nicht nur eine ideale Frucht für die Hautpflege. Sie schmeckt außerdem besonders gut und ist reich an Vitamin E, das von innen auf das Bindegewebe und damit glättend auf Ihre Haut wirkt.

Gerade wenn Ihre Haut spannt und vermehrt zu Trockenheit neigt, wirkt diese Mischung Wunder, denn sie kühlt und erfrischt Ihre Haut auf angenehme Weise. Und die durch die Maske zugeführte Feuchtigkeit hält auch einige Zeit vor.

Zutaten *3–4 EL Fruchtfleisch einer reifen Avocado*
1 EL Rosenwasser

Anwendung Verrühren Sie die Avocado mit dem Rosenwasser zu einer dickflüssigen Paste, und tragen Sie sie auf Gesicht, Hals und Dekolleté auf. Lassen Sie sie eine Viertelstunde lang einwirken, und nehmen Sie sie mit in warmem Wasser getränkten Wattepads ab.

Harmonisierende Maske

Entspannend und gleichzeitig beruhigend durch das Sandelholz wirkt diese Maske, die Sie auch jeden Abend anwenden können.

Zutaten *1 TL Sandelholz • 1 TL Süßholz • 1 TL Mandelöl*
1 TL Sarsaparilla und Zitronengras (jeweils pulverisiert und zu gleichen Teilen)

Anwendung Vermischen Sie die Zutaten zu einem Brei, und verteilen Sie diesen auf Gesicht, Hals und Dekolleté. Lassen Sie die Maske 20 Minuten lang einwirken, und wischen Sie sie anschließend mit trockenen oder leicht angefeuchteten Kosmetiktüchern ab.

Die reifere Haut – Vata

Gelassen sollte man die Folgen des Alterns hinnehmen, lautet der Rat der Weisen, und seine Fältchen und Falten als Tribut an das eigene Leben und die Erfahrungen, die man damit gemacht hat, sehen. Das Altern des Körpers ist schließlich ein ganz natürlicher und vor allem stetiger Prozess. Je souveräner man diesen annimmt, desto entspannter tritt man auch in die sogenannte dritte Lebensphase ein und kann diese auch mit Gewinn genießen. Unser Verhältnis zur Natur spielt hierbei eine große Rolle: Je näher wir an der Natur sind, desto unauffälliger wird für uns der Prozess des Alterns vonstatten gehen. Denn in diesem Fall erlebt der Mensch jedes Jahr bewusst das Aufblühen eines Jahres im Frühjahr und sein Absterben im Winter, das zugleich wieder die Vorstufe zu neuem Leben ist. Er erlebt das Knospen der Blumen, Büsche und Bäume, sieht ihrem Reife- und Wachstumsprozess zu, erntet die Früchte der Natur und verzehrt sie oder erlebt, wie sie vergehen.

Stehen Sie zu Ihrem Alter – auch das läßt Ihre Schönheit strahlen. Gegen allzu starke Faltenbildung und ein zu rasches Welken der Haut hat die Ayurveda-Lehre eine Reihe von sehr effektiven Pflegetips parat.

Ein fortgeschrittenes Lebensalter bedeutet nicht, dass man zum alten und hässlichen Eisen gehört. Ganz im Gegenteil: Intensive Pflege und vor allem eine Portion Lebensfreude lassen die Vorzüge des reiferen Alters hervortreten.

Leben im natürlichen Kreislauf

Sie haben selbst in der Hand, wie lange Ihre Haut frisch und jugendlich aussieht. Mit regelmäßiger Entspannung – beispielsweise Yoga- und Meditationsübungen –, einer gesunden, Ihrem Typ entsprechenden Ernährung und einem auf Ihre Haut abgestimmten Pflegeprogramm können Sie Ihrem Aussehen Gutes tun.

Haben wir uns im Laufe unseres Lebens der Natur jedoch entfremdet und sind aus dem Rhythmus von Werden und Vergehen geraten, so sollten wir den Alterungsprozess als Chance begreifen, zu unseren natürlichen Wurzeln zurückzufinden. Vata-Dosha tritt bestimmend in unsere letzte Lebensphase ein und zieht gemäß des Prinzips der Beweglichkeit eine Reihe von Veränderungen nach sich. Zur ayurvedischen Lebensweisheit und damit auch zur Altersweisheit gehören zu einem großen Teil die Pflege unseres Geistes, dessen Aktivitäten auch stark vatabeeinflusst sind, und unserer Seele. Mit Hilfe der ayurvedischen Entspannungsübungen, Meditationen und einer Ernährungsweise, die den zunehmenden Einfluss von Vata harmonisiert, können wir uns auf die Veränderungen, die auf uns einstürmen, besser einstimmen. Berücksichtigen Sie hierzu die Ernährungsempfehlungen für das Vata-Dosha und zu den Yoga-Asanas sowie den Meditationsübungen.

Vata harmonisieren

Selbstverständlich helfen auch äußere Anwendungen dabei, die Folgen von Vata-Dosha zu harmonisieren. Ab einem Lebensalter von etwa 40 Jahren verliert die Haut bei den meisten Menschen deutlich sichtbar an Elastizität. Auch das Fettgewebe in der unteren Hautschicht geht zurück und die Oberhaut wird dünner. Erkennbar wird dies in einem trockenen Hautbild mit Fältchen und Falten; in manchen Fällen auch mit den sogenannten Altersflecken und stärkerer Pigmentierung. Was Sie dagegen tun können, ist Ihre Haut in ihren Funktionen vermehrt zu unterstützen, sie mit ausreichend Feuchtigkeit zu versorgen, ihre Durchblutung und damit den träger werdenden Hautstoffwechsel anzuregen. So erhalten Sie sich ein belebtes und waches Aussehen, das Sie zusätzlich verschönt.

Ideale Pflegemittel für die ältere Haut

- Sesamöl
- Mandelöl
- Milch
- Milchprodukte
- Weizenkeimöl
- Avocadoöl

Pflege für den Tag

Grundsätzlich sind zur Pflege der reiferen Haut dieselben Anwendungen empfohlen wie für die trockene Haut. Nach der Reinigung sollten Sie jedoch morgens wie abends regelmäßig eine Gesichtsmassage durchführen. So können Sie die Faltenbildung im Gesicht ausgleichen oder sogar abschwächen. Denn je weicher Sie die Haut um ihre Fältchen halten, desto weniger leicht verhärten sie und graben sich als feste Furchen ins Gesicht ein.

Für die Reinigungsprozedur vor der Massage verwenden Sie bitte die Rezepturen und das Gesichtswasser für die normale Haut (siehe Seite 101) oder eines, das besonders die Durchblutung anregt, beispielsweise mit Rosmarin.

Gesichtsmassage für morgens und abends

Diese Gesichtsmassage glättet nicht nur Ihre Haut, sie regt auch die Durchblutung an, so dass die Haut ihre wichtigen Nährstoffe erhält.

● Nehmen Sie etwas Mandelöl zwischen Ihre Handflächen und verteilen es. Anschließend streichen Sie das Öl immer wieder quer über Ihre Stirn und enden in sanft kreisenden Bewegungen an der zarten Haut über den Schläfen und Wangenknochen.

● Da das Mandelöl auch um die Augenpartie herum gut verträglich ist, können Sie es auch hier verwenden. Klopfen Sie das Öl leicht auf Unter- und Oberlid ein und vermeiden Sie zu starkes Reiben. So können kleine Fältchen entstehen. Lassen Sie das Öl einige Minuten lang einwirken, und tupfen Sie den Rest mit einem Kosmetiktuch ab. Auch tagsüber, wenn Sie das Gefühl haben, Ihre Augenpartie spannt etwas, können Sie mit Öl nachhelfen.

● Streichen Sie dann mehrmals etwas Öl quer über die Kinnpartie. Danach massieren Sie das restliche Öl mit den Mittelfingern seitlich entlang der Nase auf und ab. Hier können Sie das Öl mit sanftem Druck einkneten.

● Bei den Hautpartien, wo die Gesichtshaut straffer über den Knochen gespannt ist, sollten Sie nur leichte streichende oder kreisende Bewegungen durchführen.

● Zum Schluss sind das Dekolleté und der Hals an der Reihe: Streichen Sie das Öl dabei mehrmals sanft vom Brustansatz den Hals entlang bis hoch zur Kinnspitze.

Die Gesundheit Ihrer Haut sollte Ihnen schon einige Minuten pro Tag wert sein. Sie werden sich sicherlich rasch an den Ablauf des Pflegeprogramms sowie der Massage gewöhnt haben, und das Ganze wird für Sie sehr schnell zur angenehmen Routine.

Kräuterkompressen

Kompressen, die in belebende Kräuterextrakte getaucht werden und anschließend auf Gesicht, Hals und Dekolleté gelegt werden, fördern die Durchblutung Ihrer Haut. Nehmen Sie sich entweder schon morgens vor der Gesichtsmassage die Zeit, die Kompressen ein paar Minuten lang einwirken zu lassen, oder verwenden Sie sie untertags, wenn Ihre Haut stark austrocknenden Umweltreizen, wie etwa Heizungsluft oder zu viel Sonnenlicht, ausgesetzt ist. Durchblutungsfördernd sind Pfefferminz- oder Rosmarinextrakte. Die Öle erhalten Sie in der Drogerie und der Apotheke.

Sanfte Augenpflege

Sollten Sie ihre Kräuter selber ernten, so trocknen Sie sie am besten, indem Sie sie auf einen Kachelofen legen oder zu einem Sträußchen binden und an einem dunklen Ort aufhängen.

Alternativ zur Pflege mit Mandelöl gibt es die folgende Zubereitung, deren Kräuter alle hierzulande und bisweilen sogar im eigenen Garten gedeihen. Bis auf den Augentrost aus der Apotheke erhalten Sie die übrigen Kräuter alle am Gewürzstand.

Zutaten *1/4 l destilliertes Wasser • 1/2 TL Augentrost (getrocknet)*
1/2 TL Salbei (getrocknet) • 1/2 TL Rosmarin (getrocknet)
1/2 TL Fenchelsamen • 1 Prise schwarzer Tee

Anwendung Mischen Sie das Wasser mit allen angegebenen Zutaten und erwärmen Sie es auf kleiner Flamme, bis es kurz zum Aufkochen kommt. Nehmen Sie den Topf vom Herd, und lassen Sie die Mischung zehn Minuten lang ziehen. Filtern Sie diese durch ein feines Sieb, und füllen Sie sie in kleine Fläschchen ab. Im Kühlschrank ist die Lotion problemlos 10 bis 14 Tage haltbar. Zum Gebrauch der Lotion tränken Sie zwei Wattebäuschchen mit einigen Tropfen und legen diese etwa fünf Minuten lang auf die geschlossenen Augen.

Pflege für die Nacht

Während des Schlafs regeneriert sich, wie wir wissen, unsere Haut. Zu dieser Zeit wirken auch pflegende und nährende Produkte intensiv auf unserer Haut. Die müde und reife Haut bedarf besonders vieler Nährstoffe von außen, da sie diese aus eigener Kraft nicht mehr herstellen kann. Bevor Sie die Nachtpflege auftragen, reinigen Sie gründlich Gesicht, Hals und Dekolleté. Verwenden Sie dazu die Rezepturen für die normale Haut (siehe Seite 106).

Kleiepeeling

Alle zwei Wochen können Sie ein Peeling durchführen, das tiefenreinigend und durchblutungsfördernd wirkt. Dazu benötigen Sie wahlweise Weizenkleie oder Mandelkleie. Geben Sie zwei Teelöffel der Kleie in die hohle Hand, fügen Sie etwas Wasser dazu, und verrühren Sie alles mit dem Finger der anderen Hand. Anschließend tragen Sie den festen Brei großflächig über das Gesicht auf. Die Augen sparen Sie dabei aus. Den Kleiebrei verteilen Sie mit kreisenden Bewegungen auf der Haut. Peelen Sie Ihre Haut nur so lange, bis Sie das Gefühl haben, Ihr Gesicht ist rein. Anschließend tupfen Sie Ihr Gesicht mit Gesichtswasser (siehe Seite 101) ab, und ölen es mit Ihrem Lieblingsöl sanft ein oder tragen Khshirabala 101 x auf.

Spezielle Pflege

Lesen Sie hierzu bitte auch Seite 109.

Faltenmildernde Maske

Für langanhaltende Frische sorgt die feuchtigkeitsspendende Maske mit Manjishta. Wenden Sie sie zweimal pro Woche an, um den wohltuenden, nährenden Effekt zu erhalten. Achten Sie darauf, dass die Rosenblätter nicht mit Pestiziden behandelt wurden.

Zutaten *Haut von frischem Joghurt oder saurer Sahne gemahlene Rosenblätter • Sandelholz • Vetiver Manjishta (Rubia cordifolia)*

Anwendung Vermengen Sie die Haut des Joghurt oder wahlweise der Sahne mit den anderen Zutaten so, dass es eine dickflüssige Creme ergibt. Diese verteilen Sie über Gesicht, Hals und Dekolleté. Lassen Sie die Maske etwa eine Viertelstunde lang einwirken. Nehmen Sie dann die überschüssige Paste mit einem Wattepad ab, und waschen Sie Ihre Gesicht mit warmem Wasser.

Karottenpackung

Sehr nährend bei trockener älterer und müder Haut wirkt diese schnell hergestellte Packung.

Zutaten *1 Eigelb • 1 TL Olivenöl • 1 TL frischer Karottensaft*

Nahezu Wunder bei der reiferen, aber auch bei der müden und abgespannten Haut wirkt das stark nährende und pflegende Khshirabala 101x. Hierbei handelt es sich um ein 101-mal potenziertes Öl, das mit Auszügen von Sida cordifolia (Bala) und Kuhmilchextrakten (Khshira) versetzt ist. Man riecht zwar eine Nacht lang sehr nach Kuh, der Erfolg zeigt sich jedoch am nächsten Morgen im Spiegel und macht die Geruchsbelästigung sicherlich mehr als 101-mal wett …

Anstelle der abendlichen Massage können Sie Ihren Hals nach der Reinigung auch mit Weizenkeimöl oder Avocadoöl einreiben. Legen Sie sich dann ein angewärmtes Baumwolltuch um den Hals und darüber ein Handtuch. Lassen Sie das Öl über Nacht wirken.

Anwendung Vermischen Sie Eigelb, Olivenöl und Karottensaft zu einer dickflüssigen Paste, und tragen Sie diese großflächig über Gesicht und Hals auf. Die Augen sparen Sie dabei aus. Wenn Sie möchten, können Sie sich Augenkompressen auflegen. Lassen Sie die Packung eine halbe Stunde lang einwirken, und waschen Sie sie anschließend mit reichlich lauwarmem Wasser ab.

Kartoffelmaske gegen Pigmentflecken

Bei Pigmentflecken leistet die folgende Rezeptur gute Dienste. Sie ist besonders sanft und deshalb gut zur Anwendung bei trockener Haut geeignet, die ja, wie Sie wissen, sehr empfindlich auf Einflüsse von außen reagiert.

Zutat 1 rohe Kartoffel

Anwendung Schälen Sie die Kartoffel, und raffeln Sie sie mit einem Hobel klein. Die Kartoffelstückchen zerdrücken Sie mit einer Gabel zu einer breiigen Masse. Tragen Sie sie großflächig auf Ihrem Gesicht auf. Lassen Sie sie etwa eine Viertelstunde lang einziehen, und nehmen Sie sie dann sehr sorgfältig mit warmen Wasser ab. Es sollten keine Reste auf der Haut zurückbleiben, da sie die Haut irritieren und reizen könnten.

Die Avocado ist ein ursprünglich aus Mittelamerika stammendes, gesundes und natürliches Schönheitspflegemittel. Sie wird oft fälschlicherweise zum Gemüse gerechnet, doch sie ist eigentlich ein Obst.

Schönes Haar

Zierde oder immer wieder Anlass zu Frustrationen ist unser Haar, natürlicher Kopfschmuck und Rahmen unserer Gesichtszüge. Dabei entsprechen der Wuchs und häufig auch die Haarfarbe unserem Konstitutionstyp. Der Zustand des Haars, ob gesund und kräftig, zu Trockenheit, Haarausfall oder zum Nachfetten neigend, spiegelt die Funktion unserer Doshas wider. Auch der Ayurveda kennt keine Wundermittel, um aus einer natürlichen Veranlagung wie etwa zu feinem und glattem Haar plötzlich eine kräftige, naturgewellte Haarpracht oder aus spärlichem Haar einen Wildwuchs zu zaubern. Daher sollten wir unseren natürlichen Haartyp zunächst einmal als gegeben annehmen und dann versuchen, das Beste und Schönste daraus zu machen. Wie bei der Haut helfen die Schönheitsrezepte des Ayurveda auch beim Haar dabei, dieses gesund und schön zu erhalten. Mit den ayurvedischen Anwendungen harmonisieren Sie aus dem Lot geratene Doshas und machen so das Beste aus Ihrem Typ.

Auch Ihr Haar strahlt das Gleichgewicht oder Ungleichgewicht Ihrer Doshas aus. Haben Sie Probleme mit Ihren Haaren, sollten Sie versuchen, die Doshas mit den im Folgenden gegebenen Empfehlungen wieder zu harmonisieren.

Die verschiedenen Haartypen

Unsere individuelle Konstitution gemäß der Doshas wirkt sich nach der ayurvedischen Lehre auch im Haartyp aus. Ist Kapha-Dosha bei einem Menschen dominant, wird er zu kräftigem Haarwuchs, bei einem Ungleichgewicht jedoch auch zu fettigem Haar oder zu verstärkter Schuppenbildung neigen. Sein Haar wird dunkler oder sehr hell und gewellt sein. Der Pitta-Typ hingegen hat eher blondes oder rötliches Haar, das weich anzufassen ist, am Haaransatz leicht nachfetten und vorzeitig ergrauen kann. Bei Mischtypen prägen sich die Doshas entsprechend aus. Herrscht in der Konstitution eines Menschen das Vata-Dosha vor, so prägt sich dies in dunkelbraunem bis schwarzem, eventuell lockigem, gekräuseltem Haar aus, das zu Trockenheit und auch zu Spliss neigen kann.

Befinden sich die Doshas eines Menschen jedoch im Gleichgewicht, leidet er weder unter zu trockenem noch unter zu fettigem Haar. Auch Schuppen und Haarausfall gehören für ihn der Vergangenheit an oder treten gar nicht erst auf. Bei Haarproblemen sollten Sie allerdings auch die Empfehlungen zur Harmonisierung der Doshas durch Ernährung und Entspannung berücksichtigen.

Gesunde Ernährung – gesundes Haar

Die Haarpflege des Ayurveda besteht wie auch die Pflege der Haut aus den Komponenten frische, vollwertige Ernährung sowie Reinigung und Pflege. Die Ernährung ist deshalb so wichtig, weil sie unser Haar über das Blut von innen heraus mit Vitaminen und Mineralien und wichtigen Nährstoffen versorgt und Störungen wie vermehrtem Haarausfall vorbeugen kann. Doch auch frische Luft und Licht sind wichtig für die Haare. Denn auch die Kopfhaut muss atmen, und sie genießt das Sonnenlicht, das optimal auf ihre Stoffwechselfunktionen wirkt und den Haarwuchs stimuliert. Zu starkes Sonnenlicht bewirkt allerdings ebenso wie bei der Haut das Gegenteil: Das Haar wird trocken, glanzlos und brüchig.

Reinigen und pflegen

Nehmen Sie sich Zeit für Ihr Haar: Gerade mattes, sprödes und von Spliss geplagtes Haar bedarf der besonderen Pflege und sanften Regenerierung.

Äußere Anwendungen tragen zu mehr Leuchtkraft und zur besseren Kämmbarkeit bei sowie zum Schutz des Haars vor Spliss. Selbstverständlich kennt die indische Lehre auch Pflegespezialitäten wie Kuren und Packungen. Alle sind recht einfach vorzubereiten, schützen die Kopfhaut und fördern deren Stoffwechselvorgänge, was zu einem gesunden Haarwuchs beiträgt.

Ebenso wie bei der Haut gehört jedoch zu einer gesunden Haarpflege die regelmäßige Reinigung, die die Funktionen der Kopfhaut anregt. Mit Hilfe der ayurvedischen Reinigungsmittel baut sich der natürliche Säureschutzmantel, der in vielen Fällen durch die Anwendung zu aggressiver Shampoos und chemischer Substanzen aus dem Gleichgewicht geraten ist, schon nach kurzer Zeit selbstständig wieder auf. Der Haarboden wird gekräftigt und das Haar geschützt. Aufgrund einer sanften Reinigung kann sich die Kopfhaut mit der Zeit auch selbsttätig wieder regenerieren.

Sichtbares Ergebnis sind der natürliche Glanz Ihrer Haarpracht sowie die gute Kämmbarkeit, was vor allem bei längerem Haar von Bedeutung ist.

Wichtig zur Haarpflege sind die ayurvedischen Haaröle auf Sesamoder Kokosölbasis. Dieses wird vor der Haarwäsche aufgetragen und sorgt so für den Erhalt von schönem und kräftigem Haar. Ideal wirkt das Öl auch bei Schuppen oder Pickeln auf der Kopfhaut, die auf ein gestörtes Kapha- oder Pitta-Dosha hindeuten.

Haarpflegeaccessoires aus Naturstoffen

Zur Haarpflege gehören auch die richtigen Accessoires. Das Sortiment an Kämmen und Bürsten, das in Drogerien und Kaufhäusern ausliegt, ist breitgefächert. Vieles wird allerdings industriell und aus Kunststoffen hergestellt. Sicher sind sie deutlich günstiger als eine Holzbürste mit Wildschweinborsten oder ein Hornkamm. Man sollte jedoch bedenken, dass sich der Gebrauch von Naturstoffen auf Dauer bezahlt macht. Wer seine Naturbürsten und Kämme gut pflegt, hat ein Leben lang Freude an ihnen, hübsche Accessoires für den Schminktisch oder das Badezimmer und tut seinen Haaren nur Gutes. Denn gründliches Durchkämmen gehört nach jeder Haarwäsche und -pflege zur Routine, gerade bei längerem Haar.

Hochwertige Accessoires für die Haar- und Nagelpflege erhalten Sie in allen gut sortierten Drogerien und teilweise auch in Apotheken. Auch bei guter Qualität kann sich ein Preisvergleich lohnen.

Auf das Material kommt es an

Ein Hornkamm beispielsweise ist dem Haar vom Material her verwandt und besitzt die Fähigkeit, menschliches Haarfett anzunehmen. So vermindert man während des Kämmens – vorausgesetzt man tut dies regelmäßig – auch die Haarfettabgabe durch seine Talgdrüsen. Zudem glätten die handgearbeiteten Hornkämme das Haar, ohne es zu zerreißen oder zu überdehnen und schonen die Schicht aus Hornplättchen, die jedes Haar umgibt. Dies wiederum beugt Spliss in den Haarspitzen vor.

Für feines, empfindliches und auch kurzes Haar empfehlen sich Kämme mit grober und mit feiner Zahnung. Für kräftiges, langes Haar hingegen nur grobgezahnte Kämme. Anstatt auf Horn sei auch auf Zelluloid als Kammmaterial verwiesen. Seine Rohstoffe sind ebenfalls organischen Urprungs. Erkundigen Sie sich in Ihrer Drogerie oder im Fachhandel danach.

So pflegen Sie einen Hornkamm richtig

Waschen Sie Ihren Hornkamm regelmäßig in Seifenlauge oder einer Mischung aus Wasser und Reinigungspulver. So entfernen Sie Haartalg und Schmutzpartikel, die sich zwischen den Zinken festsetzen. Anschließend fetten Sie Ihren Hornkamm wieder durch den täglichen Gebrauch ein, ansonsten wird er spröde und die Zinken können abbrechen. Bei der Neigung zu trockenem Haaransatz sollten Sie den Hornkamm für 24 Stunden in ein Bad mit Haaröl legen.

Gerade Träger und Trägerinnen von langem Haar sollten Ihr Haar täglich bürsten. Schütteln Sie es dabei über den Kopf, und bürsten Sie mit kräftigen Strichen von den Haarwurzeln bis zu den Spitzen hinunter. So massieren Sie Ihre Kopfhaut und regen die Durchblutung an, entfernen Staub- und Schmutz- partikelchen, wodurch Ihr Haar schön glänzend wird.

Eine gute Bürste besteht aus einem hölzernen Bürstenrücken, der mit Tierhaaren oder -borsten oder pflanzlichen Materialien, wie etwa ab- gerundeten Holzstiften, besteckt ist. Eine Bürste mit Wildschwein- borsten sorgt beispielsweise dafür, dass der Haartalg im Haaransatz aufgenommen und bis in die meist trockeneren Spitzen befördert wird. Sie wirkt antistatisch und verhindert, dass das Haar schnell nachfettet. Bürsten mit Holzstiften wirken zwar weniger reinigend und pflegend als jene mit Naturborsten, bringen das Haar aber auf sanfte und schonende Art in Form. Sie sind ideal für längeres Haar. Auch Bürsten sollten regelmäßig mit etwas Seifenlauge oder Reini- gungspulver gereinigt werden.

Ein Wort zum Shampoo

Shampoos im eigentlichen Sinne, die beim Haarewaschen schön viel Schaum machen, gibt es bei der ayurvedischen Haarreinigung nicht. Das hat für unsere Haargesundheit allerdings verschiedene Vorteile: Der pH-Wert der Haut wird beeinflusst durch Absonderungen der Hautdrüsen. Ist er im Gleichgewicht, so liegt er zwischen 5,5 und 6,5 im sauren Bereich und bietet einen natürlichen Schutz gegen Bakte- rien. Durch Shampoos auf Seifenbasis, die zu alkalisch sind, kann der Säureschutzmantel zerstört werden.

Allerdings herrscht bei vielen Menschen noch das Vorurteil, je mehr Schaum auf dem feuchten Kopf, desto sauberer ist das Haar hinterher. Aus diesem Grunde wird in den Industrieländern Shampoos immer noch der Vorzug vor naturbelassenen Pflegemischungen gegeben. Zwar bekommt man heutzutage auch pH-neutrale Shampoos in Kaufhäusern und Drogeriemärkten, doch frei von synthetischen Zu- sätzen ist keines davon, auch wenn sie den Säureschutzmantel der Haut laut Beipackzettel vordergründig nicht so stark beeinträchtigen. Wer sein Haar jedoch so natürlich wie möglich und garantiert frei von Tensiden (sogenannten waschaktiven Substanzen), Emulgatoren (z.B. Seife), Duft-, Farb- und Konservierungsstoffen reinigen und pflegen möchte, ist mit einem selbstgemachten ayurvedischen Reini- gungsmittel gut beraten und schont zudem die Umwelt. Die in den Reinigungspulvern enthaltenen Mineralien binden Schmutz- und Fettpartikel, ohne den natürlichen Hautschutz anzugreifen, stark zu entfetten oder auszutrocknen.

Sich Zeit nehmen

Sie werden feststellen, dass Sie für die Haarpflege nach ayurvedischen Gepflogenheiten unter Umständen mehr Zeit benötigen, als es die bisherige Haarbehandlung mit fertigen Shampoos oder Spülungen erfordert. Denn vor allem das Auswaschen der ayurvedischen Reinigungsmischungen braucht, besonders bei längeren Haaren, seine Zeit. Gönnen Sie sich und Ihrem Haar diesen Luxus, sich einmal nur mit sich zu beschäftigen. Sie harmonisieren durch die Pflege Ihres natürlichen Schmucks nicht nur den Zustand Ihres Haars, sondern in den meisten Fällen auch ihre Stimmung.

Bei jeder Wäsche werden die Hornplättchen, die jedes Haar umgeben, aufgeraut. Wird gerade trockenem und sprödem Haar anschließend nicht genügend Fett und Öl zugefügt, schadet die Wäsche der Haarstruktur mehr, als sie hilft. Daher wird ins Haar in den meisten Fällen vor der Wäsche Öl einmassiert. Lassen Sie es eine gewisse Zeit lang einziehen und waschen es anschließend heraus. Danach trocknen Sie Ihre Haare mit einem Handtuch sanft ab. Vermeiden Sie bei langem Haar das Trockenrubbeln. Durch das Reiben der feuchten Haare brechen diese schneller, werden spröde, und es kann zu Spliss kommen. Wickeln Sie sich einen Handtuchturban um Ihr Haar, und lassen Sie die Feuchtigkeit in den Stoff einziehen. Anschließend lassen Sie Ihre Haare an der Luft trocknen.

Haarreinigung und -pflege für jeden Typ

Zutaten *Seva-Haaröl • 3–5 EL Shiyakai-Pulver*
1 EL Bockshornkleesamen (wahlweise Seva-Reinigungspulver)

Anwendung Ölen Sie Ihr trockenes Haar mit Haaröl ein, und verteilen Sie es mit einem grobzinkigen Kamm bis in die Spitzen. Vermischen Sie dann das Shiyakai-Pulver mit dem im Mörser pulverisierten Bockshornkleesamen und etwas Wasser zu einer cremigen Paste. Lassen Sie sie eine Stunde ziehen, bis das Haaröl auf Ihrem Kopf eingezogen ist. Verteilen Sie die Reinigungsmischung anschließend sparsam über Ihr nasses Haar, lassen Sie sie kurz einwirken, und spülen Sie sie mit warmem Wasser aus. Das macht das Haar nicht nur kämmbarer, sondern enthärtet auch das Wasser, das bei Ihnen aus der Leitung kommt.

Sollte es einmal schnell gehen, reduzieren Sie einfach die Einwirkzeit des Öls. Im Zweifelsfall können Sie natürlich auch zu einem Fön greifen. Stellen Sie ihn nicht zu heiß ein. Denn so und auch bei häufigerer Anwendung wirkt die Fönluft stark austrocknend auf die Kofhaut und die Haarstruktur. Behalten Sie sich diese Kurzzeithaarwäschen also wirklich nur für den »Notfall« vor.

137

Haarconditioner für jeden Haartyp (Pflegespülung und Haarfestiger)

Verschiedene Faktoren beeinflussen zudem den Erfolg Ihrer Haarwäsche. Dazu gehören die Länge der Haare, der Härtegrad des Wassers und die individuellen Eigenschaften Ihrer Haut. Außerdem müssen Sie mit einer Umstellzeit rechnen, bis Ihr Haar die gewünschten Reaktionen auf die veränderten, sanfteren Pflegemaßnahmen zeigt.

Wenn Sie sich und Ihre Haare einmal besonders verwöhnen wollen oder ihnen regelmäßig – am besten einmal die Woche – Gutes tun möchten, sei die ayurvedische Conditionermischung empfohlen. Sie verleiht dem Haar besonders viel Fülle und Glanz. Gerade bei feinem Haar ist diese Spülung besonders wirkungsvoll. Wer möchte, kann auch farbiges Hennapulver verwenden.

Zutaten 3 EL farbloses Hennapulver (bei großem Haarvolumen mehr) • 1 EL Teekräuter • 1 EL gemahlener Kaffee • 2 EL Kokosöl 1 EL Joghurt • Wasser

Anwendung Mischen Sie alle Zutaten zu einer breiigen Paste und verteilen diese auf Ihr Haar. Lassen Sie sie unter einem Handtuch eine halbe Stunde lang einwirken, und waschen Sie sie anschließend mit einer Mischung aus Haarreinigungspulver gründlich aus.

Spezielle Pflege

Eine größere Tiefenwirkung als Haaröl haben Haarpackungen oder Haarmasken. Durch ihre nährenden und pflegenden Substanzen stärken sie die Haarwurzeln und legen einen Schutzfilm um das Haar. So erhält das Haar einen natürlich seidigen Glanz.
Die ayurvedischen Packungen sind alle fettarm und ölfrei. Auch feines Haar kann damit behandelt werden, ohne danach strähnig und stumpf zu wirken.

Packung für fettes Haar (Pitta/Kapha)

Zutaten 9 EL Lehmpulver • Aufguss aus schwarzem Tee einige Tropfen Zitronensaft • 1/2 Tasse Joghurt

Anwendung Vermischen Sie alle Zutaten zu einem Brei, und tragen Sie ihn auf das feuchte Haar auf. Lassen Sie ihn dann eine halbe Stunde lang einwirken – am besten unter einem Handtuch, da sich die Wirkstoffe durch die Wärme noch besser entfalten können –, und spülen Sie die Packung anschließend mit klarem warmem Wasser oder mit Reinigungspulver aus. Bei hellem Haar lassen Sie den Tee weg, denn er tönt die Haare etwas dunkler.

Packung für trockenes Haar (Vata)

Zutaten *1 EL Bockshornkleesamen • 1 EL farbloses Hennapulver*
1 Tasse Joghurt

Anwendung Pulverisieren Sie die Bockshornkleesamen und mischen Sie sie mit den anderen Zutaten zu einem Brei. Tragen Sie ihn auf Ihr feuchtes Haar auf, lassen Sie ihn einwirken und spülen ihn dann mit klarem warmem Wasser oder etwas Reinigungspulver aus.

Diese Packung für trockenes Haar kann man auch ab und zu für normales Haar anwenden.

Packung für trockenes oder schuppendes Haar (Vata)

Zutaten *Bockshornkleesamen • grüne Sojabohnen • Kichererbsen*
8 EL Lehmpulver • 1/2 Tasse Joghurt • 12 Pfefferminzblätter

Anwendung Pulverisieren Sie die Bockshornkleesamen, die Sojabohnen und die Kicherbsen jeweils zu gleichen Teilen im Mörser. Vermischen Sie dann acht Esslöffel dieses Pulvers mit der gleichen Menge Lehmpulver, dem Joghurt und den zu einer Paste zerquetschten Pfefferminzblättern mit etwas Wasser zu einem Brei. Tragen Sie ihn auf Ihr feuchtes Haar auf, und lassen Sie ihn unter einem Handtuch 30 Minuten lang einwirken. Waschen Sie die Packung danach mit klarem Wasser oder Reinigungspulver aus.

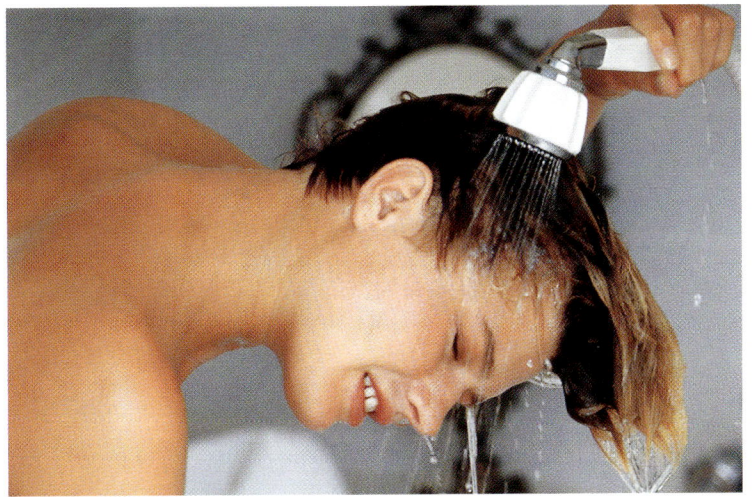

Spülen Sie die ayurvedischen Pflege- bzw. Reinigungsmittel immer sehr lange und gründlich aus. Vermeiden Sie anschließend das so beliebte Trockenrubbeln – es schadet Ihrem Haar nur.

139

Zahn- und Mundpflege

Auch die Psychoanalyse hat sich lang und ausführlich mit dem Thema »Zähne« auseinandergesetzt. In der »Traumdeutung« von Sigmund Freud werden die sogenannten Zahnreizträume, die meist von Zahnverlust bzw. Zahnziehen handeln, als klare Botschaften des Unterbewusstseins gedeutet.

Zu einem schönen Gesicht gehören auch gesunde Zähne, umrahmt von einer gut gepflegten Mundpartie. Bei jedem Gespräch und mit jedem Lächeln zeigt man seinem Gegenüber »die Zähne«. Starke, weiße Zähne symbolisieren Kraft und Jugendlichkeit, Stabilität und Vertrauen, wohingegen schadhafte und belegte Zähne oft unsympathisch und kränklich wirken.

Mit den Zähnen und unserem Mund werden im allgemeinen Sprachgebrauch die verschiedensten Charaktereigenschaften assoziiert. Ein Mensch, der z. B. auf dem Zahnfleisch geht, ist völlig erledigt und kraftlos. Einem jungen selbstbewussten und anziehenden Menschen dagegen sagt man gerne nach, er habe Biss. Das bedeutet nichts anderes, als dass dieser stark und durchsetzungsfähig ist. Auch ein älterer Mensch, der ohne Zahnersatz auskommt, wirkt jugendlicher und gesünder als ein Prothesenträger. Ihm wird nicht nur bessere körperliche Gesundheit zugesprochen, sondern auch höhere geistige Regsamkeit. Gesunde Zähne stehen somit für eine gute körperliche und geistige Gesamtverfassung.

Unsere Zähne und die Psyche

Doch zurück zum seelisch-geistigen Symbolgehalt unsere Zähne, die ja nicht nur praktisches körperliches Werkzeug zur Nahrungszerkleinerung sind und sich uns höchstens dann in Erinnerung bringen, wenn mal wieder ein leidiger Zahnarztbesuch ansteht. Und dieser gehört nun einmal bei Jung und Alt zu den ungeliebtesten Arztbesuchen überhaupt. Denn die Angst vor Zahnschmerz oder gar dem Verlust von Zähnen sitzt bei uns tief: Auf seelischer Ebene symbolisieren Zähne unsere materiellen und sexuellen Bedürfnisse und sind auf diese Weise mit unseren Grundtrieben verbunden. Zähne gehören zu Symbolen aus dem Unterbewusstsein, die uns unsere Träume schicken, und fast jeder hat schon einmal einen Traum gehabt, in dem seine Zähne eine Rolle gespielt haben. So verheißen gesunde Zähne in der Traumdeutung dem Träumenden berufliche Erfolge und materielle Gewinne. Verliert man hingegen seine Zähne oder werden sie gezogen, deutet das unter Umständen auf finanzielle Schwierigkeiten oder enttäuschte Erwartungen hin.

Alles ist mit allem verbunden

Doch auch ein wichtiger körperlicher Aspekt ist bei der Erhaltung unserer Zahngesundheit zu berücksichtigen. Unsere Zähne stehen also in Beziehung zu unseren Organen, den Körpergeweben, den Gelenken und den Nerven. Aus diesem Grund bemühen sich die naturheilkundlich orientierten Ärzte heute auch mehr um den Zahnerhalt. Denn jedesmal, wenn ein Zahnarzt einen Zahn entfernt, reagiert das damit verbundene Organ mit starker Irritation.

Aber auch ein kranker unbehandelter Zahn kann eine sehr ungünstige Wechselwirkung in Gang setzen. Im Gegenzug hat natürlich auch ein erkranktes Organ Einfluss auf die Gesundheit unserer Zähne. Sind beispielsweise die Funktionen von Dick- oder Dünndarm gestört und die Verdauung ist nachhaltig beeinträchtigt, so kann es zur weiteren Zahnschädigung kommen. Ein Grund mehr, sich sorgfältig um die Gesundheit und Stabilität jedes einzelnen Zahnes zu kümmern.

Viele organische und bisweilen sogar chronische Krankheiten gehen auf den Zustand von bestimmten Zähnen zurück, da unser Körper ein ganzheitliches System ist, das durch das Fließgleichgewicht der Doshas beeinflusst und am Leben gehalten wird.

Die Zähne und ihre Beziehung zu den inneren Organen

- Die Schneidezähne im Ober- und Unterkiefer stehen in Verbindung mit der Blase, den Nieren und dem gesamten Urogenitaltrakt des Menschen.
- Die oberen und unteren Eckzähne sind mit der Leber und der Gallenblase verbunden.
- Die oberen Eckzähne können vor allem auch auf die Netzhaut der Augen abstrahlen.
- Die Prämolaren (4er- und 5er-Zähne) im Oberkiefer und die Molaren (6er- und 7er-Zähne) im Unterkiefer stehen in Beziehung zum Dickdarm und der Lunge.
- Die Molaren (die 6er und 7er-Zähne) im Oberkiefer und die Prämolaren (die 4er- und 5er-Zähne) im Unterkiefer können ebenso den Magen, die Bauchspeicheldrüse sowie die Milz beeinträchtigen.
- Die Weisheitszähne beeinflussen den Dünndarm, das Herz und das limbische System im Gehirn und sind zudem verantwortlich für das Gefühlsleben eines Menschen.

141

Die ersten Verdauungsschritte im Mund

Alle Gewebe im Mund, besonders die Mundschleimhaut und das Zahnfleisch, gehören zu den Geweben die extrem rasch ab- und wieder aufgebaut werden. Aus diesem Grunde ist eine ausreichende Versorgung mit wichtigen Nährstoffen von großer Bedeutung. Achten Sie daher auf eine gesunde Mischkost.

Ab dem fünften Lebensjahr verlieren Kinder nach und nach ihre Milchzähne, und das bleibende Gebiss wächst nach. Umgeben ist jeder Zahn vom Zahnschmelz, gefestigt wird er durch das ihn umgebende Zahnfleisch. Auch wenn der Zahnschmelz die härteste Substanz in unserem ganzen Körper ist, so reagiert er doch empfindlich auf Säuren und Zucker.

Mit Hilfe unsere Zähne zerbeißen und zerkauen wir unsere Nahrung, der Speichel in der Mundhöhle verflüssigt den Nahrungsbrei und vollzieht damit den ersten Schritt zur Verdauung. Darüber hinaus sorgt ein gesunder Speichel aber auch dafür, dass die Wirkung von Säuren auf die Zähne gemildert, Krankheitserreger bekämpft und Entkalkungsdefekte an den Zähnen repariert werden. Und der Speichel hat dann die ideale Zusammensetzung für die Zahngesundheit, wenn die Doshas durch eine gesunde Ernährung und eine ausgewogene Lebensweise ausgeglichen sind.

Die Zunge – Indikator unseres Wohlbefindens

Weiteres unentbehrliches körperliches Hilfsmittel bei der Vorverdauung ist unsere Zunge, die die Nahrung im Mund festhält oder bewegt und am Schluckvorgang beteiligt ist. Auf der Zunge befinden sich die Papillen, kleine Wärzchen, mit deren Hilfe wir schmecken können, was uns auf der Zunge liegt. Der Geschmack entscheidet schließlich darüber, ob wir etwas als genießbar und für uns zuträglich empfinden. Gerade bei der Ernährung gemäß unserer Doshas ist ein gesundes Geschmacksempfinden (siehe Seite 79) von großer Bedeutung. Anhand der Beschaffenheit unserer Zunge, ob sie geschwollen oder eingeschrumpft wirkt, ob sie belegt ist und wie der Belag aussieht, kann ein Ayurveda-Arzt außerdem Ursachenforschung für Krankheiten betreiben.

Ist eine Zunge mit vielen Schlacken belegt, die aus abgestorbenen Zellen, Speiseresten und Bakterien bestehen, kann der ayurvedisch orientierte Arzt Rückschlüsse auf bestimmte erkrankte Organe wie etwa Magen und Darm ziehen. Oft entsteht ein Zungenbelag durch schlechtes Kauen des Nahrungsbreis. Ist die Oberfläche der Zunge hingegen rissig, so kann dies beispielsweise auf Nieren- oder Magenprobleme hinweisen.

Ayurvedische Empfehlungen zur Zahnpflege

• Karies und Zahnfleischerkrankungen sind die Folgen von Plaque, Zahnbelägen. Diese bestehen aus Zellen der Mundschleimhaut, Speiseresten, Speichel, Bakterien und Pilzen. Eine ausgewogene Ernährung, die die Doshas Ihres Konstitutionstyps harmonisiert und auf frischen Nahrungsmitteln basiert (siehe Seite 79), kann Plaque verhindern.

• Zwei- oder dreimaliges Zähneputzen pro Tag sollte zur Routine gehören. Am besten, man putzt sich die Zähne nach jeder Mahlzeit, die man zu sich genommen hat, also auch nach den Zwischenmahlzeiten. So werden Ihre Zähne am effektivsten vor Plaquebefall geschützt, denn ein sauberer Zahn wird nicht so leicht krank.

• Bei der Pflege mit der Zahnbürste achten Sie auf das richtige Gerät. Am Besten ist ein etwa 1,5 Zentimeter langer Borstenhals mit drei Reihen Borsten, die jeweils gleich hoch sind. Putzen Sie Ihre Zähne drei bis fünf Minuten pro Putzvorgang, und lassen Sie die Zahnbürste dabei leicht kreisen. Zahnpasta ist entgegen aller Werbebotschaften, die uns erreichen, nicht zwingend notwendig. Entscheidend ist die Gründlichkeit des Bürstens und Massierens von Zähnen und Zahnfleisch. Anschließend spülen Sie Ihren Mund mit klarem Wasser. Prüfen Sie mit der Zungenspitze, ob sich Ihre Zähne glatt anfühlen, denn dann sind sie ganz sauber.

• Verwenden Sie Ihre Zahnbürste nicht länger als zwei Monate, es setzen sich sonst zu viele Bakterien daran ab.

• Eine andere Art und Weise, seine Zähne auf ayurvedische Art zu reinigen, geschieht ohne Zuhilfenahme einer Bürste. Man verwendet zu jedem Putzvorgang seine Finger und eine Mischung aus einem Teil fein gemahlener Nussbaumrinde und drei Teilen Meersalz. Wenn Sie zusätzlich eine Bürste benutzen, beschädigen Sie unter Umständen Ihren Zahnschmelz. Außerdem können Sie mit den Fingern eingehender Ihr Zahnfleisch massieren.

• Sollten Sie einmal einige Zeit in Indien verbringen, verwenden Sie eines der ursprünglichen Zahnpflegemittel, das nur dort heimisch ist. Es handelt sich um die Zweige des Niembaums, die man gut kaut. Zusammen mit dcm Speichel entfalten sie im Mundraum ihre entzündungshemmende Wirkung. Aus dem Öl der Niembaumblätter wird in Indien auch Zahnpasta und Seife hergestellt.

Die ayurvedische Alternative zur Zahnseide ist die Gandusha (siehe Seite 150). Diese können Sie nach dem morgendlichen und abendlichen Zähneputzen durchführen. Die Gandusha kräftigt das Zahnfleisch und schützt es gegen schädliche Erreger. Alternativ zum Sesamöl kann auch das antiseptisch wirkende Niemöl (siehe Seite 212) aus den Samen des Niembaumes verwendet werden.

Ayurvedische Empfehlungen zur Mundhygiene

Achten Sie darauf, dass Sie Ihr ganzes Gebiss, Zahn für Zahn, von der Innen- und Außenseite her sorgfältig reinigen.

Ayurvedische Mundspülungen sind die ideale Grundlage für eine ausgewogene Mundhygiene, da sie im Gegensatz zu desinfizierenden und scharfen Mundwassern die natürliche Mundflora erhalten und die Zusammensetzung des Speichels nicht verändern. Die Mundspülung ist hilfreich bei Zahnfleischbluten, Zahnfleischschwund und Karies.

Mundspülung

Zutaten *250 g Nussbaumrinde • 0,125 l Sesamöl*

Zubereitung Die Nussbaumrinde in zwei Litern Wasser kochen und bis auf einen halben Liter verdampfen lassen. Den Sud durch einen Kaffee- oder Teefilter abseihen. Danach kochen Sie diesen Absud in der angegebenen Menge Sesamöl so lange, bis alles Wasser verdampft ist. Vor der Anwendung erhitzen Sie das Öl auf 40°.

Anwendung Massieren Sie das erwärmte Öl zunächst sanft auf Ihren Wangen ein. Füllen Sie dann Ihren Mund ganz mit Öl, und behalten Sie es, ohne es zu bewegen, so lange im Mund, bis die Nase zu laufen beginnt oder die Augen tränen. Spucken Sie das Öl aus, und spülen Sie nicht nach. Bei Bedarf können Sie die Spülung noch einmal wiederholen.

Zungen- und Lippenpflege

• Zur morgendlichen Mundhygiene sollte auch die Säuberung der Zunge von möglichen Belägen gehören. Verwenden Sie dazu entweder einen flachen Holzspatel (aus der Apotheke) oder eine Zahnbürste, die Sie nur zu diesem Zweck verwenden und mit deren Hilfe Sie den Belag abschaben.

• Unsere Lippenhaut ist besonders zart und bedarf daher auch besonderer Pflege. Da sie keine Talgdrüsen besitzt, empfiehlt sich regelmäßiges Eincremen mit Jojobaöl oder Kakaobutter. Sie können mit den öl- und fetthaltigen Substanzen auch die Mundpartie ober- und unterhalb Ihrer Lippen einmassieren. So schützen Sie diese vor Falten und Ihre Lippen vor Sprödigkeit und Rissen. Gerade bei Kälte oder zu starker Einwirkung von Sonne und Salzwasser, etwa im Urlaub, sollten Sie auf genügend Feuchtigkeit für Ihre Lippen achten.

Die Körperpflege im Ayurveda

Die Pflege des Körpers gilt im Ayurveda als ein unentbehrliches Ritual im Tagesablauf, der wie wir wissen, für die Erhaltung unseres Wohlbefindens und damit verbunden auch für unsere Schönheit und Ausstrahlung eine tragende Rolle spielt. Die verschiedenen Anwendungen zur Körperpflege sollten ebenso wie das Aufstehen und Schlafengehen sowie die Mahlzeiten täglich zu festen Zeiten durchgeführt werden. Dazu gehören Maßnahmen wie etwa das Abhyanga (siehe Seite 148), Garshan (siehe Seite 152) oder die Gandusha. Natürlich gibt es auch einige Extras wie z.B. das Snehavaghaha (siehe Seite 153) oder der Jambira Pinda Sweda (siehe Seite 151), die zeitintensiver sind und für die Sie das Wochenende einplanen können. Fast alle Anwendungen, die wir Ihnen anschließend vorstellen, sind Bestandteil des Pancha Karma.

Die ayurvedische Körperpflege ist etwas aufwendig und verlängert die morgendliche Badzeit schon um einiges. Andererseits bringt sie auch sehr viel, nämlich mehr Wohlbefinden, Ausgeglichenheit und Schönheit. Diese Veränderungen, die Sie nach einiger Zeit bei sich feststellen werden, sind so offensichtlich, dass Sie Ihre ayurvedische Morgentoilette wahrscheinlich nicht mehr missen wollen.

Körperpeeling ohne Seife

Die Körperwäsche ohne Seife empfiehlt Ayurveda besonders für die empfindliche und sehr trockene Haut, denn Seifen und Waschlotionen entziehen der Haut wieder jenes mühsam produzierte Fett, das sie zu ihrem Schutz so dringend braucht. Viele dieser Mittel enthalten, vor allem wenn sie synthetischer Natur sind, waschaktive Stoffe, die bei längerer Anwendung den natürlichen Säureschutzmantel der Haut zerstören.

Zutaten *Seva-Reinigungspulver oder alternativ grünes Sojamehl • etwas Wasser*

Anwendung Verrühren Sie Reinigungspulver oder Sojamehl mit Wasser zu einer dünnflüssigen Paste, die Sie für etwa zehn Minuten stehen lassen. In der Zwischenzeit ölen Sie Ihren Körper mit Sesam- oder einem anderen für Ihren Haut- und Konstitutionstyp passenden Öl ein. Lassen Sie das Öl etwas einziehen, und reiben Sie sich dann von den Schultern bis zu den Füßen mit der Paste ein. Anschließend waschen oder duschen Sie sich mit warmem Wasser ab.

Pancha Karma – Heilende Reinigung

Pancha Karma, die ayurvedischen Reinigungsbehandlungen, sind das, was die meisten Menschen hauptsächlich mit dem Begriff »Ayurveda« verbinden – Ölmassagen, Ölbäder, Ölgüsse etc. Sicherlich nicht ganz zu Unrecht, denn die Anwendungen mit Ölen sind ein wichtiger Bestandteil dieser Behandlungszyklen. Doch Pancha Karma ist wesentlich mehr. Ihm liegt ein jahrtausendealtes bewährtes System mit genauen Empfehlungen zugrunde, die seine Behandlungen erst zu dem machen, was sie sind: ein Jungbrunnen für Körper und Seele, die unser geistig-seelisches wie auch körperliches Wohlbefinden deutlich verbessern und Haut und Haar nachhaltig verschönern. Denn die pflegende und regenerierende Wirkung der Öle zeigt sich schon nach den ersten Anwendungen.

Durch Pancha Karma werden die körpereigenen Selbstheilungskräfte angeregt und gestärkt, Nerven- und Hormonsystem harmonisiert.

Pancha Karma heißt übersetzt fünf Handlungen und stellt ein fein aufeinander abgestimmtes System reinigender Behandlungen dar. Wie der Name schon sagt, besteht dieses System auch aus fünf verschiedenen Anwendungszyklen.

Die fünf Zyklen des Pancha Karma

- **Vamana:** Brechtherapie
- **Virecana:** Sanierung des Verdauungstraktes und medizinische Ausleitungen durch Abführen
- **Vasti:** Einläufe
- **Nasya:** Vitalisierende ausleitende Kopfbehandlungen
- **Raktamokshana:** Aderlass

Die Anwendungen des Pancha Karma dienen der intensiven Entschlackung und der Ausleitung schädlicher Rückstände und Schlacken, den Amas (siehe Seite 72), aus Organen und Dhatus (siehe Seite 71), den Körpergeweben, sowie Srotas (siehe Seite 220), den Körperkanälen. Dies bewirkt auch eine Ausleitung gestörter Doshas und eine Reinigung des Geistes.

Das Gleichgewicht der Doshas, die die individuelle Konstitution bestimmen, und damit auch das körperliche und seelische Wohlbefinden eines Menschen werden wieder hergestellt. Da sich bei allen gesundheitlichen Störungen Schlacken als Produkte der gestörten Doshas im Körper angesammelt haben, spielen die Anwendungen des Pancha Karma eine große Rolle bei der Behandlung vieler Beschwerden. Sie sind aber auch bei ihrer Vorbeugung von Bedeutung, denn durch Pancha-Karma-Kuren kann der Ausbruch einer Krankheit in vielen Fällen schon im Vorfeld verhindert werden.

Gesundheit und Schönheit durch Reinigung

Doch die Anwendungen des Pancha Karma dienen auch der Erhaltung und Pflege unserer Schönheit, sowohl der inneren als auch der äußeren. Denn die beruhigende, harmonisierende Wirkung der Massagen und Ölbäder erhöht zum einen die seelische Stabilität, macht zufriedener und ausgeglichener, kurzum: schön von innen heraus. Ein Blick in den Spiegel nach einem Abhyanga oder einem Nasya wird Ihnen dies bestätigen. Zum anderen verschönern die im Pancha Karma verwendeten Öle das Aussehen von Haut und Haar und erhalten sie gesund – eine im Ayurveda seit Jahrtausenden hochgeschätzte und bekannte Wirkung, die ganz gezielt zur Schönheitspflege von außen eingesetzt wird. Zum Teil sind diese pflegenden und hautregenerierenden Effekte auch durch wissenschaftliche Untersuchungen der modernen Medizin anerkannt und bestätigt.

Ziel des Ayurveda ist es, den Menschen rundum gesund zu erhalten, daher ist auch die Vorbeugung von Krankheiten ein wichtiges Thema in dieser Lehre. Pancha Karma ist dabei sehr bedeutend.

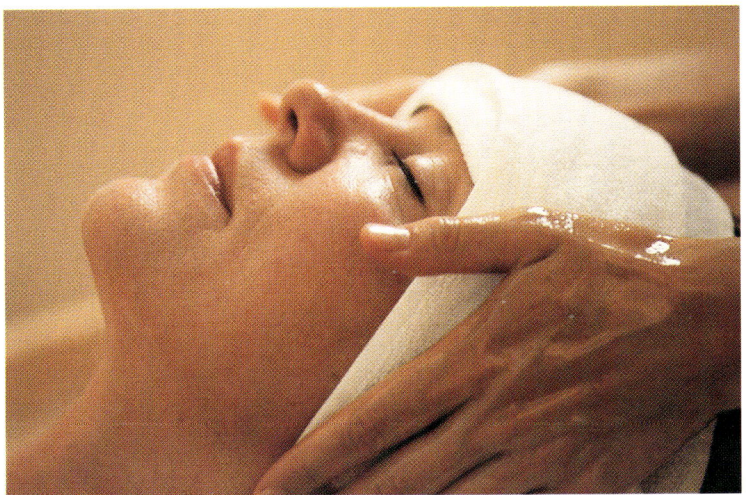

Die Anwendungen im Ayurveda mit verschiedenen Ölen wirken harmonisierend auf Ihre Doshas und führen gleichzeitig zu mehr Ruhe und seelischer Ausgeglichenheit.

147

Ayurvedische Anwendungen für zu Hause

Streng genommen müssen alle Anwendungen des Pancha Karma stationär oder ambulant von erfahrenen Ayurveda-Therapeuten durchgeführt werden. Es gibt jedoch einige, die Sie durchaus selbst bei sich anwenden können und die wir Ihnen im Anschluss vorstellen möchten. Sie sind zum Teil etwas vereinfacht und auf unsere westlichen Möglichkeiten zugeschnitten. Die positive Wirkung dieser Anwendungen erfährt dadurch jedoch keinerlei Einbußen.

Abhyanga – Massage mit Sesamöl

Vor dem Abhyanga sollten Sie eine kleine Tasse Ingwertee oder Yogi-Tee trinken, um Agni zu stimulieren. Denn ein aktives Verdauungsfeuer ist die Voraussetzung dafür, dass die durch die Massage gelösten Schlacken, die nun im Körper zirkulieren, ausgeschieden werden können.

Im Mittelpunkt der ayurvedischen Anwendungen steht das Abhyanga, die Massage des ganzen Körpers mit erwärmten pflanzlichen Ölen. Regelmäßig durchgeführt regt es Kreislauf und Stoffwechsel an, stärkt Agni und Muskulatur, beruhigt das Nervensystem und kräftigt über die Reflexzonen in unserer Haut die inneren Organe; und es ist eines der besten und wirksamsten Schönheitsmittel, die Ayurveda für uns bereithält. Denn das Massieren mit Öl regt die Hormonproduktion der Haut stark an, was letztlich die verjüngende und regenerierende Wirkung erklärt, die der Ayurveda dem Abhyanga zuschreibt. Zudem unterstützen die pflanzlichen Öle die Haut bei der Abwehr von Krankheitserregern und fördern die Erhaltung ihres Säureschutzmantels; wichtige Voraussetzungen, damit unsere Haut, gesund, geschmeidig, glatt und vor allem widerstandsfähig gegen die vielen schädlichen Einflüsse, denen sie tagtäglich ausgesetzt ist, bleibt oder wieder wird. Die wohltuende Wirkung der Öle beruhen u.a. auch auf ihren vatareduzierenden Eigenschaften. Das ist leicht nachzuvollziehen, wenn Sie sich noch einmal einige Merkmale von Vata vor Augen führen: trocken, rau, kühl, leicht und beweglich. Die typischen Charakteristika von Ölen sind das genaue Gegenteil davon. Außerdem werden die Öle für das Abhyanga häufig mit Heilkräutermischungen und anderen ayurvedischen Präparaten versetzt, welche die vataregulierenden Eigenschaften des Sesamöls zusätzlich verstärken. Sesamöl enthält eine große Zahl von Antioxidanzien. Das sind Substanzen, die freie Radikale, die an einer Vielzahl von Krankheitsprozessen ursächlich beteiligt sind, binden und so für den Körper unschädlich machen.

Ayurvedische Massageöle

Die im Ayurveda verwendeten Öle vitalisieren und stärken das Hautgewebe und wirken so belebend auf den ganzen Körper. Sesam- und Kokosöl eignen sich prinzipiell für alle Konstitutionen. Während das Sesamöl eher bei fetter Haut und bei einem Körperbau, der zum Übergewicht neigt (Pitta- und Kapha-Typen), zu empfehlen ist, ist Kokosnussöl das passende Pendant für den schlanker gebauten Typen oder bei Neigung zur trockenen Haut (Vata-Typen). Sesamöl wirkt erwärmend auf unseren Organismus, Kokosnussöl hingegen mild und kühlend. Zusätzlich empfiehlt Ayurveda noch einige andere Öle, je nach Konstitution:

- Olivenöl für Kapha-Typen
- Kokosöl für Pitta-Typen
- Mandel- und Aprikosenöl für Vata-Typen

Ganzkörper- und Teilmassagen

Die beste Zeit für das Abhyanga ist morgens noch vor der Morgentoilette und dem Frühstück. Wenn Sie es jedoch morgens ohnehin schon eilig haben und sich nicht entspannt genug für eine solche Anwendung fühlen, können Sie die Massage auch abends durchführen. Abends sollten Sie sich allerdings vor dem Essen massieren. Eine andere Möglichkeit sind Teilmassagen von Gesicht, Ohren, Händen und Füßen, die ebenfalls eine gute Wirkung haben und weniger Zeit in Anspruch nehmen. Verwenden Sie dazu ein Öl, das Ihrer Konstitution und auch Ihrem Geschmack entspricht. Lassen Sie es einige Minuten einwirken, während denen Sie sich vielleicht Ihrer Zahn- und Mundpflege (siehe Seite 140) widmen. Spülen Sie überschüssiges Öl anschließend beim Duschen ab. Ideal sind Ölmassagen übrigens auch während der Schwangerschaft zur Vorbeugung gegen Schwangerschaftsstreifen. Alles, was Sie für das Abhyanga benötigen, ist gereiftes Sesamöl oder Kokosöl, das Sie im Wasserbad auf etwa 39 °C, also Körpertemperatur erwärmen, zwei Handtücher und zehn Minuten Zeit. Achten Sie darauf, dass Sie bei den ayurvedischen Ölmassagen entspannt und locker sind.

Erwärmen Sie einen größeren Vorrat an Sesamöl bei geringer bis mittlerer Hitze in einem Topf auf dem Herd. Wenn 110 °C erreicht sind, beginnt das Öl zu brutzeln. Nehmen Sie dann sofort den Topf vom Herd, lassen Sie das Öl abkühlen, und füllen Sie es in eine Vorratsflasche um.

- Setzen Sie sich in Ihrem Badezimmer, in dem es angenehm warm sein sollte, bequem auf einen Stuhl oder einen Hocker.
- Nehmen Sie dann ein wenig Öl in Ihre beiden Hände – verwenden Sie jedoch nur so viel, dass es nur einen dünnen Film auf der Haut bildet und nicht tropft.
- Beginnen Sie das Abhyanga auf der Kopfhaut, an den Ohren und im Gesicht, welche Sie mit kreisenden Bewegungen massieren. Dabei sollte der Druck Ihrer Finger nicht zu fest sein.
- Weiter geht es mit Hals, Nacken, Brustbein und Bauch, die Sie sanfter – und den Bauch mit den Handflächen im Uhrzeigersinn kreisend – massieren sollten.
- Anschließend sind Arme, Hände, Beine und Füße an der Reihe, an denen Sie mit festem Druck auf- und abstreichen.
- Massieren Sie etwa zehn Minuten täglich. Das Öl zieht nach einigen Minuten in die Haut ein.
- Nach der Massage nehmen Sie ein warmes Bad oder eine warme Dusche. Das Öl bleibt trotzdem über den ganzen Tag wie ein feiner Film auf Ihrer Haut und hüllt Sie schützend ein.

Vor der Gandusha geben Sie etwas Öl auf die Handflächen. Reiben Sie es sanft auf Wangen, Nacken und Hals ein. Danach tränken Sie ein Handtuch mit warmem Wasser und nehmen damit das Öl von der Haut ab.

Wenn Sie eine stark ausgeprägte Kapha-Konstitution haben oder dieses Dosha bei Ihnen übermäßig aktiv ist, was sich in fetter Haut, Übergewicht oder einem schwachen Stoffwechsel zeigt, sollten Sie keine Massage mit Sesamöl durchführen, sondern besser auf eine Garshan-Massage (siehe Seite 152) zurückgreifen.

Gandusha – Mundspülung mit Sesamöl oder Ghee

Für diese ayurvedische Mundspülung nimmt man einen Mund voll mit warmem Sesamöl und behält es für eine gewisse Zeit im Mund. Sobald die Augen zu tränen anfangen und die Nase zu laufen beginnt, kann die Gandusha abgebrochen werden, denn dies ist das Zeichen dafür, das sie ihre Wirkung entfaltet hat. Die Gandusha ist einerseits zur Pflege des Mund-Rachen-Raums und der Zähne geeignet, denn sie erhöht die Widerstandsfähigkeit gegen Krankheitserreger in diesem Bereich und kräftigt das Zahnfleisch. Zum anderen übt die Mundspülung auch eine positive Wirkung auf das Hautbild aus, die Sie schon nach wenigen Anwendungen feststellen werden: Ihre Haut wird straffer, glatter und sieht jünger und frischer aus.

Nasya – Nasenspülung

Mit Nasya bezeichnet man die Applikation medizinierter Öle oder Puder durch die Nase, um Schlacken und Giftstoffe aus dem Kopfraum, vor allem aus der Nase, den Ohren, dem Rachen und dem Mund zu entfernen. Nicht umsonst heißt diese Anwendung auch Shirovirecana, das Abführen aus dem Kopf bedeutet.

Bei dieser recht umfangreichen Anwendung werden im Anschluss an speziell aufeinander abgestimmte Ölmassagen von Kopf, Nacken und Schultern medizinierte Kräuteröle in den Nasen-Rachen-Raum eingebracht sowie Rachen- und Mundspülungen mit Ölen durchgeführt. Das dient u. a. der Reinigung, Beruhigung und Ernährung der Dhatus, unserer Körpergewebe sowie der drei Doshas.

Insgesamt gibt es fünf verschiedene Arten von Nasya, die jedoch bis auf eine alle von erfahrenen Ayurveda-Therapeuten durchgeführt werden sollten. Die einfache Variante zum Selbermachen ist das Pratimarsha Nasya, das Sie jederzeit selbst anwenden können:

- Tauchen Sie Ihren Zeigefinger in Öl, und Sie bringen ein bis zwei Tropfen davon in Ihre Nasenlöcher ein.
- Ziehen Sie das Öl durch leichtes Einatmen in die Nase hoch.
- Bei der Wahl des Öls orientieren Sie sich bitte an den Angaben, die bei der jeweiligen Behandlung stehen.

Pratimarsha Nasya ist besonders zu empfehlen bei unreiner Gesichtshaut, Pigmentstörungen und bei Augenbeschwerden wie Gerstenkorn und Bindehautentzündung.

Zur Vorbereitung auf das Nasya reiben Sie ebenso wie vor der Gandusha Wangen, Nacken und Hals sanft mit etwas Öl ein und nehmen es anschließend mit einem Handtuch, das Sie zuvor mit warmem Wasser tränken und dann auswinden, wieder von der Haut ab.

Jambira Pinda Sweda – heiße Packung mit Zitronen

Mit Pinda Sweda werden im Ayurveda Wärmeanwendungen, lokal oder am ganzen Körper, bezeichnet, bei denen bestimmte medizinische Kräuter- oder Breizubereitungen erhitzt und in Tücher verpackt aufgelegt werden. Eine bestimmte Form des Pinda Sweda, das Sastika Pinda Sweda, wird mit einer speziellen Reisart durchgeführt. Wir wollen Ihnen hier den Jambira Pinda Sweda vorstellen, eine lokale Anwendung mit erhitzten Zitronenschnitzen. Er hilft überschüssiges Fett abzubauen und glättet die Haut. Deshalb eignet sich diese Behandlung auch sehr gut bei Zellulite. Wer also ein paar Pfunde verlieren oder Problempölsterchen loswerden möchte, sollte Jambira Pinda Sweda regelmäßig durchführen.

- Schneiden Sie drei bis vier Pfund Zitronen in daumengroße Stücke, und bräunen Sie sie in der Bratpfanne mit Senföl leicht an.
- Anschließend braten Sie 200 Gramm Kokosraspeln in dem Senföl leicht braun und geben die Zitronenschnitze dazu. Alles noch einmal leicht anbraten, vom Herd nehmen und diese Masse in vier verschiedene Gazetücher füllen und diese zubinden.
- Dann reinigen Sie die Bratpfanne, geben wieder etwas Senföl hinein und legen die gefüllten Gazetücher in die Pfanne, die auf diese Weise warmgehalten werden.
- Bevor Sie die Wickel auflegen (für jeweils etwa 30 Minuten), sollten Sie eine Ganzkörperölmassage, ein Abhyanga (siehe Seite 148), durchführen. Nehmen Sie dann jeweils zwei der mit Zitrone und Kokos gefüllten, warmen Gazetuchpackungen, und massieren Sie damit leicht die zu behandelnden Stellen, jeweils von zwei Seiten gleichzeitig und immer vom Herzen weg abwärts.
- Sobald die ersten beiden Packungen erkaltet sind, wiederholen Sie die Anwendung mit den nächsten beiden, noch warmen.
- Nach der Anwendung waschen Sie die behandelten Hautstellen mit etwas warmem Wasser ab.

Gharshan – Reibemassage

Auch vor dem Garshan sollten Sie wie beim Abhyanga eine kleine Tasse Ingwertee oder Yogi-Tee trinken, um Agni zu stimulieren und damit die Ausscheidung von Schlacken und Ama zu gewährleisten.

Gharshan ist eine Ganzkörpermassage mit Handschuhen aus Rohseide. Diese Anwendung wirkt stoffwechsel- und kreislaufanregend und stimuliert die Bindegewebe auf sanfte Weise. Der Ayurveda empfiehlt sie daher auch, wenn der Stoffwechsel träge und die Stoffzirkulation im Körper eingeschränkt ist. Gharshan leitet Giftstoffe aus dem Körper. Darüber hinaus eignen sich diese Massagen ideal, um ein paar überschüssige Pfunde zu verlieren und um der Zellulite zu Leibe zu rücken. Denn sie stimulieren über den Stoffwechsel und den Kreislauf auch das Fettgewebe und fördern so die Gewichtsabnahme. Gharshan sollten Sie gleich morgens nach dem Aufstehen durchführen; Sie benötigen dafür etwa drei bis vier Minuten.

- Generell gilt: An Oberschenkeln, Unterschenkeln und Armen machen Sie lange Bürstenstriche, von oben nach unten und wieder zurück. An den Gelenken massieren Sie in kreisenden Bewegungen.
- Beginnen Sie Gharshan am Nacken und bürsten Sie von dort über die Schultern nach unten.

- Über den Schulter-, Ellbogen-, Hand- und Fingergelenken massieren Sie in kreisenden Bewegungen, an den Ober- und Unterarmen sowie an den Handrücken dagegen in langen, kräftigeren Strichen.
- Nach der Massage des oberen Rückens und der Arme fahren Sie an der Brust fort.
- Sparen Sie dabei den Herzbereich und die Brüste aus. Massieren Sie nur oberhalb der Brüste in langen, horizontalen Strichen mehrmals von oben nach unten und wieder zurück.
- Den Bauch behandeln Sie ebenso mit langen Bürstenstrichen, zweimal horizontal und dann zweimal diagonal.
- Dann massieren Sie die Hüften mit kreisförmigen Bewegungen.
- Mit langen Strichen über die Ober-, Unterschenkel und Füße und kreisenden Bewegungen über den Kniegelenken und Knöcheln schließen Sie die Massage ab.

Snehavaghaha – Ölbad

Eine sehr angenehme Anwendung ist das Sitzen in einer mit Öl gefüllten Badewanne. Da dies hierzulande den Inhalt des Geldbeutels in arge Mitleidenschaft ziehen kann, denn Öle sind nicht ganz billig, weichen Sie alternativ auf eine Mischung aus warmem Wasser und Öl aus, und lassen Sie sich von Indienbesuchern einen Vorrat mitbringen. Das Snehavaghaha entspannt den gesamten Organismus, erhöht die körperliche und geistige Vitalität und beruhigt die Doshas und ist deshalb besonders nach einem anstrengenden Arbeitstag eine wunderbare Anwendung zur Regeneration von Seele und Haut.

- Lassen Sie Wasser in die Badewanne einlaufen, und geben Sie so viel Öl dazu, bis das Verhältnis Wasser zu Öl von zehn zu eins erreicht ist. Wenn Ihre Badewanne beispielsweise 30 Liter Fassungsvermögen hat, geben Sie drei Liter Öl dazu.
- An Ölen eignen sich Sesamöl, Jojobaöl sowie die Seva-Öle (siehe Seite 216) für Ihren jeweiligen Konstitutionstyp.
- Bleiben Sie nicht länger als 15 Minuten in der Wanne (auch wenn es noch so angenehm ist), trocknen Sie sich dann gut ab, und ruhen Sie sich anschließend noch ein wenig aus.
- Bei einer ausgeprägten Kapha-Konstitution oder derzeitigen Kapha-Störungen (Erkältungskrankheiten, Nasennebenhöhlenentzündungen etc.), sollten Sie kein Snehavaghaha durchführen.

Das ayurvedische Ölbad ist wirklich ein richtiger Luxus. Gönnen Sie es sich daher ab und zu zur Belohnung, beispielsweise nach einer besonders anstrengenden Woche. Sie werden von seiner Wirkung sicher begeistert sein.

Avaghaha Sweda – Heißwasserbad

Ebenfalls sehr wohltuend ist das Heißwasserbad, vor dem Sie ein Abhyanga durchführen können, um Ihre Hautporen zu öffnen.

● Füllen Sie Ihre Badewanne mit heißem Wasser (nicht über 40 °C) und geben Seva-Vata-Öl (siehe Seite 216) oder aber warmes Sesamöl hinzu – jeweils einige Esslöffel.

● Dann setzen Sie sich in die Wanne, das Wasser sollte Ihnen dabei bis zur Brust reichen. Achten Sie auch darauf, dass die Wassertemperatur möglichst konstant bleibt.

● Wenn Sie beginnen, im Gesicht zu schwitzen, ist das ein Anzeichen dafür, dass das Avaghaha Sweda erfolgreich wirkt.

● Bleiben Sie insgesamt für 10 bis 15 Minuten in der Wanne, trocknen Sie sich dann gut ab, und ruhen Sie sich noch ein wenig aus.

Ayurvedische Badefreuden

Die ayurvedischen Ölbäder haben den Vorteil, dass sie den Säureschutzmantel der Haut nicht angreifen und das Einölen nach dem Baden ersparen. Im Ayurveda schätzt man aber auch Bäder mit Zutaten aus Kühlschrank oder Speisekammer. Im Anschluss hierzu ein paar Anregungen, aus denen Sie je nach Ihrem Hauttyp und Ihrem momentanen Gemütszustand auswählen können.

Honig-Milch-Bad (für den Vata-Typ)

Tip: Sie können Ihren Körper auch vor dem Baden mit Olivenöl einreiben. Das ist besonders gut bei sehr trockener Haut.

Milchbäder sind bei trockener Vata-Haut zu empfehlen. Sie reinigen auf schonende Weise und fördern die Durchblutung der Haut.

Zutaten *1 l Vollmilch • 1 Tasse Honig • 1–2 Tassen Salz*

Anwendung Geben Sie alle Zutaten in die Badewanne, schäumen diese mit dem Duschstrahl auf. Lassen Sie dann die Wanne voll Wasser laufen (Wassertemperatur 38 °C). Bleiben Sie nicht länger als 15 Minuten in der Wanne, und trocknen Sie sich danach nur leicht ab. Für ein einfaches Milchbad geben Sie zwei bis drei Liter Vollmilch in die Wanne, ehe Sie das Wasser einlaufen lassen.

Buttermilchbad (kapha- und vataharmonisierend)

Dieses Bad eignet sich für die normale Kapha-Haut ebenso wie für die trockene und empfindliche Vata-Haut.

Zutat *3 l frische Buttermilch*

Anwendung Geben Sie die Buttermilch in die mit heißem Wasser gefüllte Wanne. Bleiben Sie höchstens 15 Minuten in dem Bad, trocknen Sie sich sorgfältig ab, und ruhen Sie sich danach aus.

Weizenkleiebad (für den Pitta-Typ)

Im Ayurveda empfohlen als sehr wirksames Mittel bei fetter und unreiner, also von Pitta dominierter Haut.

Zutat *2 Handvoll Weizenkleie*

Anwendung Füllen Sie die Weizenkleie in einen Mullbeutel, den Sie unter den Wasserhahn hängen, so dass das heiße Wasser darüber laufen kann. Den Beutel anschließend gut im Badewasser ausdrücken. Die Badedauer sollte 10 bis 15 Minuten nicht überschreiten. Anschließend duschen und trocknen Sie sich nicht ab, sondern warten im warmen Badezimmer, bis Ihre Haut trocken ist.

Virecana – Abführen

Virecana reinigt die inneren Organe, leitet überschüssige Doshas, Giftstoffe und Schlacken aus dem Körper und hilft, die eigenen Selbstheilungskräfte wieder zu aktivieren. Diese Darmbehandlung ist auch ein hervorragendes Mittel zur Pflege der Haut, denn die Gesundheit unserer Verdauung spielt eine wesentliche Rolle bei der Erhaltung eines reinen und schönen Hautbildes. Ayurvedische Abführmittel sind sehr mild und ausgewogen in ihrer Zusammensetzung. Bei ihrer Auswahl wird immer die Verdauungskraft des Patienten mitberücksichtigt. Für Menschen mit einer schwachen Verdauung empfiehlt sich ein mildes Abführmittel, bei jenen Zeitgenossen mit starkem Agni kann dagegen eine kräftigere Rezeptur zum Einsatz kommen. Hierzulande bekannt und im Ayurveda ebenfalls hochgeschätzt ist Rizinusöl, das Sie mit etwas Wasser und Milch vermischt, einnehmen. Sie können sich von Ihrem Ayurveda-Arzt auch ein Präparat individuell verordnen lassen.

Virecana ist eine der zentralen ayurvedischen Heilmethoden und wird auch im Zuge jeder Pancha-Karma-Kur durchgeführt.

- Abführmittel sollten zur Pitta-Zeit, also zwischen 10 bis 14 Uhr oder von 22 bis 2 Uhr (siehe Seite 42) eingenommen werden. Dann ist Ihr Verdauungssystem am aktivsten, und die Mittel sind entsprechend am wirksamsten.
- Es versteht sich eigentlich von selbst, aber achten Sie darauf, dass sich eine Toilette in Ihrer Nähe befindet. Denn oft zeigt ein Abführmittel seine Wirkung schneller als gedacht …
- Bis zur Entleerung des Darms darf nicht gegessen werden. In der Regel könnten Sie also nach maximal zwölf Stunden wieder etwas zu sich nehmen.
- Sollte sich der »Erfolg« nicht einstellen, essen Sie eine leichte und kleine Mahlzeit und wiederholen das Ganze am nächsten Tag.
- Zur Einnahme und Anwendung orientieren Sie sich bitte auch an den Empfehlungen auf der Packung des Präparats.

Das Abführen ist besonders zur Behandlung von Störungen empfehlenswert, die mit Pitta im Zusammenhang stehen. Auch Kapha-Pitta-Beschwerden können gut damit therapiert werden.

Virecana ist nur dann geeignet, wenn Sie sich stark und kräftig genug dafür fühlen. Nach längeren Krankheiten, grippalen und fieberhaften Infekten, bei Hämorrhoiden, Durchfall, Verstopfung oder anderen Erkrankungen im Darmbereich, aber auch nach Phasen großer geistiger und körperlicher Beanspruchung sollten Sie diese Anwendung nicht durchführen. Ebenso sollten Kinder, ältere Menschen und Personen mit einem sehr niedrigen Blutdruck kein Virecana anwenden.

Sehr wichtig ist, dass Sie vor dem Virecana ungefähr eine halbe Tasse Ghee trinken. Denn der Darm muss für diese Anwendung weich, geschmeidig und vor allem »geölt« sein, um nicht auszutrocknen und dadurch übermäßig gereizt zu werden.

Vasti – Einlauf

Der Vasti ist eine auch in der westlichen Medizin häufig angewandte und sehr bewahrte Methode der ausleitenden Darmbehandlung. Vasti bedeutet übersetzt eigentlich Büffelblase, die man früher auch tatsächlich für den Einlauf verwendete. Er ist mit die wichtigste Anwendung des Pancha Karma – in der klassischen ayurvedischen Literatur wird ihr große Bedeutung beigemessen, denn der Vasti leitet überschüssige Doshas als Giftstoffe aus.

Viele Arten von Einläufen wendet man im Ayurveda an, der neben der bei uns gebräuchlichen rektalen Form auch Einläufe in die Vagina oder die Harnröhre kennt. Generell unterscheidet man zwei Varianten: den Niruha Vasti, das ist ein Einlauf mit Abkochungen von Heilkräutern, und den Anuvasana Vasti, ein Einlauf mit Ölen oder mit Öl versetzten Flüssigkeiten. In der Regel werden beide Arten des Vasti miteinander in Kombination eingesetzt.

Die Klistiere für diese therapeutischen Einläufe werden meist nach sehr komplizierten traditionellen Rezepten hergestellt und von geschulten Therapeuten verabreicht. Alle Vastis sind sehr ausgewogen zusammengestellt und werden sanft eingeführt, um den Darm zu schützen. Zuvor erhält der Patient eine ausgiebige Ölmassage oder wird einer Schwitzkur unterzogen. Für Ihren Hausgebrauch verwenden Sie die Öle, die bei den Behandlungen ab Seite 149 angegeben sind. Das Einlaufgerät erhalten Sie in der Apotheke, in der Regel liegen der Packung auch genaue Hinweise zum richtigen Gebrauch bei.

Generell ist beim Vasti zu beachten, dass ein Einlauf nur dann durchgeführt werden soll, wenn Sie sich kräftig genug dazu fühlen und weder hungrig noch durstig sind. Kinder, ältere Menschen, Schwangere und Personen, die sich gerade in der Rekonvaleszenz nach einer Erkrankung befinden, sollten keinen Einlauf durchführen. Auch bei Hämorrhoiden, Analfissuren und anderen Erkrankungen des Magen-Darm-Trakts sollten Sie darauf verzichten.

Weitere Anwendungen des Pancha Karma

Die nachfolgenden Anwendungen sollen und können nur von geschulten und erfahrenen Ayurveda-Ärzten und -Therapeuten durchgeführt werden. Hier ein vollständiger Überblick über das große Repertoire der ayurvedischen Anwendungen zur Pflege von Schönheit und Gesundheit:

● Picu – Kopfwickel: Wird bei krankhaftem Haarausfall und Augenerkrankungen wie Bindehautentzündung angewendet.

● Udvarthana – Massage mit Pflanzenpulvern: Regt den Stoffwechsel und den Kreislauf an, reinigt die Körpergewebe und entgiftet.

● Samvahana – Synchronmassage: Wirkt beruhigend auf das Nervensystem und entspannt Körper, Geist und Seele.

● Shirodhara – Stirnguss mit Öl oder mit Milch: Wird bei neurologischen Erkrankungen und Erschöpfungszuständen angewendet.

● Swedana – Schwitzkasten: Dient der Durchblutung und lindert Erkältungskrankheiten.

● Shirovasti – »Kopfeinlauf« mit Öl: Wird zur Behandlung von nervös bedingten Störungen eingesetzt.

● Pizhikil – Ganzkörperölguss: Regt den Stoffwechsel an und gilt als Königsguss für Körper, Geist und Seele.

Ayurvedische Busenpflege

Da die weiblichen Brüste keine »innere Stütze« wie etwa Muskeln oder Knochen besitzen, sind sie wie kaum ein anderer Körperteil vielen Einflüssen ausgesetzt, die sie in ihrer Form und Festigkeit beeinträchtigen können.

Ayurveda kennt einige hilfreiche Anwendungen, die bewirken, dass das Brustgewebe gesund und gut durchblutet, die Haut fest und elastisch und die Brustmuskulatur unterhalb des Busens kräftig bleibt. Ein beliebtes Hausmittel indischer Frauen ist beispielsweise das Einreiben der Brüste mit Kokosmilch.

Granatapfelpackung (für Kapha-Frauen)

Diese Rezeptur aus Granatapfelschalen und Senföl dient zur Straffung des Brustgewebes und regt den Stoffwechsel und die Durchblutung der Busenhaut an.

Zutaten *250 g getrocknete Granatapfelschalen • 2 l Wasser 1/8 l Senföl*

Anwendung Kochen Sie die Granatapfelschalen so lange in dem Wasser, bis sich die Anfangsmenge auf einen halben Liter reduziert hat. Filtern Sie diese Abkochung durch ein Sieb, und kochen Sie sie wiederum in dem Senföl auf – so lange, bis alles Wasser verdampft ist. Damit reiben Sie jeden Abend vor dem Schlafengehen Ihre Brüste ein. Die Packung zieht über Nacht in die Haut ein, Sie müssen sie daher nicht wieder abwaschen.

Shatavari-Packung (für Vata- und Pitta-Frauen)

Shatavari und Ghee enthalten viele wertvolle Wirkstoffe, weshalb diese Anwendung eher zum Nähren und Pflegen des Brustgewebes gedacht ist. Sie empfiehlt sich vor allem für Vata- und Pitta-Frauen, deren Haut eher trocken und empfindlich ist.

Zutaten *250 g Shatavari • 2 l Wasser • 1/8 l Ghee*

Anwendung Kochen Sie das Shatavari-Pulver so lange, bis sich die Menge des Wassers auf einen halben Liter reduziert hat. Filtern Sie diese Abkochung durch ein Sieb, und kochen Sie sie solange in Ghee, bis alles Wasser verdampft ist. Damit reiben Sie jeden Abend vor dem Schlafengehen Ihre Brüste ein. Die Packung zieht über Nacht von selbst in die Haut ein, Sie müssen sie daher nicht abwaschen oder entfernen.

Durchblutungsfördernde Einreibung

Zutaten *1 Tasse Meersalz • 1–2 EL Milch*

Anwendung Verrühren Sie Meersalz und Milch zu einer Paste. Tragen Sie sie sanft auf, und massieren Sie Ihre Brüste von außen nach innen, zur Burstwarze hin.

Führen Sie alle vier Wochen diese Einreibung durch. Sie festigt das Brustgewebe und regt die Durchblutung der Haut an.

Die Pflege von Händen und Füßen

Als Visitenkarte ihres Trägers oder ihrer Trägerin werden die Hände in unserem westlichen Kulturkreis angesehen. Gepflegte, zarte Haut und wohlgeformte Fingernägel gelten als kultiviert und entsprechend als vornehm. Schwielige, trockene oder fleckige Haut an den Händen in Kombination mit rissiger Nagelhaut deuten auf einen arbeitsamen Alltag der Hände und ihrer Trägers hin, aber auch auf die mangelnde Sorge um diese wichtigen Werkzeuge. Unsere Hände haben viel zu tun: sie werden zum Gruß, zur Versöhnung und zum Bund fürs Leben gereicht; sie berühren und streicheln; sie können sprechen, indem sie Ablehnung oder Zuneigung ausdrücken; sie schützen, halten fest und sind bei jeder handwerklichen Tätigkeit unabdinglich.

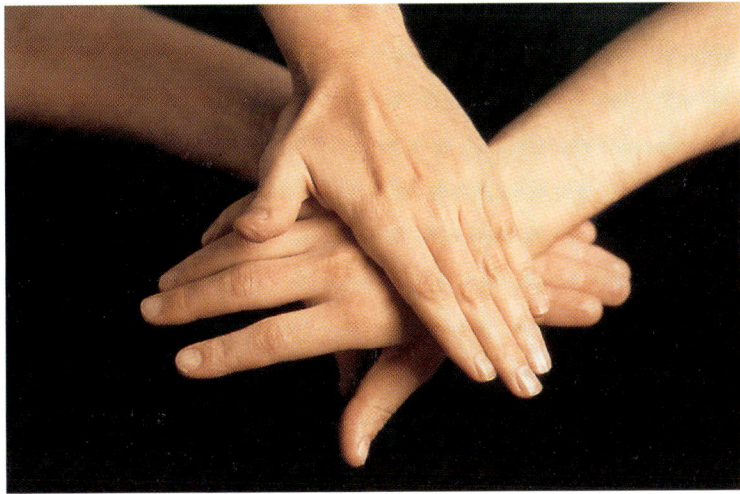

Schöne, gepflegte Hände gelten auch als Spiegel des Wesens. Verwenden Sie daher ruhig etwas mehr Zeit für Massagen und pflegende Anwendungen.

Füße reagieren auf mangelnde Pflege und unbequemes Schuhwerk. Blasen, Schwielen, Hühneraugen und Krampfadern sind die sicht- und fühlbaren Folgen des Fußmissbrauchs.

Mit unseren Füßen, den Extremitäten am unteren Ende unseres Körpers, verhält es sich im Grunde ähnlich. Die Füße tragen uns, wohin wir wollen, verleihen uns Beweglichkeit und ertragen dabei häufig die engsten Schuhmoden und immer jedes Gewicht. Hände und Füße machen unseren Körper zur Ganzheit und drücken dies auch als geflügelte Redewendung aus: Ein Ding oder eine Sache ist komplett und brauchbar, wenn sie Hand und Fuß hat.

Viel strapazierte Werkzeuge

Trotz ihrer extremen Beanspruchung im Laufe eines Lebens bleibt die Oberhaut an Händen und Füßen von Geburt an dünn und ist mit nur wenig Talgdrüsen ausgestattet. So werden die Hautschichten von Händen und Füßen nur spärlich mit körpereigenem Fett und Feuchtigkeit versorgt und an den Innenflächen, an denen sich gar keine Talgdrüsen befinden, überhaupt nicht. Doch gerade unsere Hände müssen viel aushalten: Kälte, Sonneneinstrahlung, Wasser, Seife und Chemikalien setzen der Haut zu und lassen sie unter Umständen schnell altern. So erkennt man an den Händen oder Füßen auch häufig das tatsächliche Alter eines Menschen wesentlich deutlicher als an seinem Gesicht.

Entspannende Fußreflexzonenmassage

Sehr entspannend und durchblutungsfördernd für Ihren ganzen Organismus wirkt die Massage Ihrer Füße mit Hilfe eines Tennisballs.

- Stellen Sie sich hin, und konzentrieren Sie sich auf Ihre Fußsohlen.
- Wenn Sie sicher und gut stehen, stellen Sie den rechten Fuß auf den Tennisball. Das Körpergewicht ruht dabei auf dem linken Fuß.
- Kreisen Sie nun sanft mit dem rechten Fuß auf dem Ball und massieren so den gesamten Fußsohlenbereich.
- Wechseln Sie nach drei Minuten auf die linke Seite, und massieren Sie auf die gleiche Weise und genauso lange den anderen Fuß.

160

Massage mit Breitenwirkung

Auch die hochgradige Empfindsamkeit unserer Hand- und Fußinnenflächen sollten wir bei der Schönheitspflege berücksichtigen. Schließlich enden in unseren Extremitäten jeweils um die 70000 Nerven. Sie verbinden Hände und Füße mit allen Organen im Körper. Massiert man nun bestimmte Zonen an den Hand- oder Fußinnenflächen, so werden die dadurch angesprochenen Körperteile und Organe besser durchblutet und mit Energie versorgt. Die sogenannte Reflexzonenmassage, die hier angewandt wird, kann Schmerzen lindern und tiefe Entspannung bringen. Während ersteres sie als angenehme Technik zur Gesunderhaltung und Heilung qualifiziert, macht sie Letzteres zum ganz besonderen Schönheitsmittel. Diese Massagetechnik funktioniert auf der Grundlage, dass Hände wie Füße ein verkleinertes Spiegelbild des Körpers darstellen. So liegen beispielsweise auf der rechten Fuß- bzw. Handseite die Punkte, über die die Organe auf der rechten Körperseite angeregt werden.

Die verschiedenen Nageltypen

Der Ayurveda zeigt uns unseren Körper als Gesamtheit und eingebettet in ein ganzheitliches System mit Geist und Seele. Deshalb wird auch auf die Pflege von Händen und Füßen ein besonderes Augenmerk gelegt. Schließlich werden im Ayurveda die Füße, das Gehen und das Laufen mit dem richtungweisenden Sehsinn und damit mit dem Element Feuer zusammengebracht, während die Hände mit dem Tastsinn und damit dem Element Luft verbunden sind.

Auch der Zustand der Finger- und Zehennägel wird im Ayurveda ganz besonders in Betracht gezogen. So besitzen Kapha-Menschen meist sehr starke Finger- und Fußnägel, die selten brechen oder einreißen und keine Rillen aufweisen. Pitta-Typen hingegen haben eher rosige, leicht durchscheinende Nägel von weicher Konsistenz. Die Finger- und Fußnägel des Vata-Typs sind leicht brüchig und weisen oft weiße Flecken auf.

Der sichtbare Teil unserer Nägel besteht aus Horn (Keratin), das man mit Cremes, Ölen und Lacken pflegen kann. Will man das Erscheinungsbild seiner Nägel jedoch nachhaltig verbessern, so sollte man sich auch hier an die Ernährungsempfehlungen für die einzelnen Doshas halten, denn wahre Schönheit kommt auch hier von innen.

Ein Vaidya erkennt den Gesundheitszustand eines Menschen sowie dessen Veranlagungen gemäß des Konstitutionstyps am Zustand der Finger- und Zehennägel.

Gepflegt zu Fuß in fünf Schritten

Ein harmonisierendes Mittel bei der Neigung zu Fußschweiß ist ein Fußbad in Ziegenmilch. Dazu benötigen Sie 300 Milliliter Ziegenmilch, die Sie mit heißem Wasser in eine Fußbadewanne geben. Baden Sie Ihre Füße darin etwa zehn Minuten lang. Vergessen Sie hinterher das Einölen nicht, da die Ziegenmilch leicht auslaugend wirkt.

Barfuß laufen sollte die tagtägliche Devise lauten. Da dies in unseren bisweilen recht unterkühlten Breiten ohne eine Bärenkonstitution schlecht möglich ist, sei zumindest auf bequemes Schuhwerk hingewiesen, in denen der längste Zeh noch einen Daumennagel breit Spielraum hat. So hat man die Chance, seine Fußballen, die immerhin 90 Prozent des Körpergewichts abfangen müssen, wenigstens etwas zu entlasten und in höherem Alter nicht Dauergast beim Orthopäden zu sein. Verzichten Sie zumindest zu Hause auf beengendes oder unbequemes Schuhwerk, und laufen Sie, sofern es die Raumtemperatur oder die Fußbodenheizung erlauben, in Socken oder im Sommer auch mit bloßen Füßen herum. So massieren Sie während des Gehens die Nerven an der Unterseite der Füße und sorgen dafür, dass diese gut durchblutet bleiben und damit zu ihrem allgemeinen Wohlbefinden beitragen.

● Sollten Sie durch langes Stehen, Sitzen oder zu enge Schuhe an schweren Beinen leiden – die Venen in Ihren Beinen haben sich durch die Belastung erweitert und Gewebeflüssigkeit sackt in Beine und Füße, wo sie sich staut –, legen Sie Ihre Füße für ein paar Minuten auf einen Hocker oder einen Stuhl.

● Trinken Sie tagsüber mehrmals etwas heißes Wasser. So kommt Ihre Körperflüssigkeit wieder in Gang und staut sich nicht so leicht. Vermeiden Sie Alkohol, denn er erweitert Ihre Blutgefäße und hemmt damit den Abfluss.

● Machen Sie zwischendurch Fußgymnastik: Spreizen Sie die Zehen, und entspannen Sie sie wieder. Wiederholen Sie diese Bewegung. Führen Sie diese Übung eine Minute lang durch.

Regelmäßige Fußpflege

Mit zunehmendem Alter und dem vermehrten Einfluss von Vata wird unsere Haut dünner und trockener, das gilt auch für die Haut an unseren Beinen und Füßen.

Auch die Zehennägel, die sich ohnehin nicht selbstständig mit Fett versorgen können, verlieren an Feuchtigkeit. Umso wichtiger ist die rechtzeitige Vorbeugung und Gewöhnung an eine regelmäßige Fußpflege, die nicht nur unseren »Gehwerkzeugen«, sondern auch unserer Seele wohl tut.

Ihre Fußpflegeutensilien

- Ätherische Öle oder Salz
- Harter Luffaschwamm oder Bimsstein
- Nagelschere oder Nagelzange
- Sandfeile
- Rosenholzstäbchen
- Nagelöl

Schritt 1: Bereiten Sie sich ein warmes Fußbad mit ätherischen Ölen wie etwa Ringelblume, schweißsenkendem Lavendel, Minze oder belebendem Rosmarin vor. Setzen Sie sich auf einen Stuhl, und lassen Sie ihre Füße zehn Minuten lang in dem Bad ruhen.

Schritt 2: Trocknen Sie nun Ihre Füße gut ab, und rubbeln Sie mit dem Bimsstein oder dem Luffaschwämmchen die Hornhaut an Ferse und Ballen ab. Den Bimsstein feuchten Sie vor der Anwendung etwas an. Duschen Sie Ihre Füße ab, und kneten Sie sie durch.

Schritt 3: Die aufgeweichte Nagelhaut schieben Sie nun sanft mit dem Rosenholzstäbchen zurück. Überstehende Hautreste entfernen Sie vorsichtig mit der Schere. Wie bei den Händen gilt auch hier: Schneiden Sie niemals die Nagelhaut ab, denn Sie schützt Ihr Nagelbett vor Krankheitserregern und damit auch vor Entzündungen.

Schritt 4: Wenden Sie sich jetzt Ihren Zehennägeln zu. Kürzen Sie sie – wo nötig – mit Schere oder Zange. Schneiden Sie dabei immer ganz gerade ab, und feilen Sie die Ecken an den Rändern leicht rund. So vermeiden Sie ein Einwachsen der Nägel. Ist der Nagel dennoch nach innen gekrümmt, polieren Sie den Nagel mit der Feile oberhalb der Nagelhaut glatt. So wird der Nagel beim weiteren Wachsen wieder flacher und sticht nicht mehr in die Haut.

Schritt 5: Setzen Sie sich auf den Teppich oder ein Kissen und ölen Sie Ihre Füße mit Sesam- oder einem anderen Körperöl ein. Streichen Sie dabei über den Fußrücken, und massieren Sie Ihre Fußsohle. Massieren Sie auch die Zehen und die Zehenzwischenräume, und streichen Sie über Ihre Füße. Sie können das Öl auch etwas dicker auftragen und Ihre Zehen mit Alufolie einwickeln; Socken darüber ziehen, die Füße hochlegen und das Öl 20 Minuten einwirken lassen.

Gönnen Sie sich doch einmal pro Woche, beispielsweise am Sonntagmorgen, eine ausgiebige Mani- bzw. Pediküre nach ayurvedischen Gesichtspunkten.

Schöne Hände in fünf Schritten

Ein gesundes Training für Ihre Finger ist auch mit einem alten Tennisball möglich. Strecken Sie dazu einen Arm waagrecht aus, und kneten Sie in dieser Stellung den Tennisball mit allen fünf Fingern eine Minute lang kräftig durch. Danach die Übung mit der anderen Hand wiederholen.

Achten Sie auch im Alltag mehr auf Ihre Hände und verwenden Sie sie nicht nur zum Arbeitseinsatz wie Tippen, Putzen oder Werkeln. Nun hat nicht jeder ein Klavier im Wohnzimmer stehen, um darauf gymnastische Fingerübungen zu machen. Sie können aber auch ohne Hilfsmittel Ihren Händen einmal etwas andere Bewegung als tägliche Routineabläufe zukommen lassen. Sie kräftigt Ihre Handmuskulatur rundum auch an Stellen, die sonst weniger beansprucht werden.

- Nehmen Sie als Klavier beispielweise Ihren Ess- oder Schreibtisch und spielen darauf Klavier.
- Oder strecken Sie Ihre Arme weit von sich, bilden eine Faust und öffnen anschließend die gespannte Hand. Führen Sie diese Übung etwa eine Minute lang durch.
- Und nicht zuletzt: Verwöhnen Sie sich, Ihren Partner oder Ihre Familie mit Ölmassagen. Nicht nur Ihre so belohnten Lieben werden es Ihnen danken, sondern auch Ihre Hände, die gleichzeitig eingefettet, genährt und beweglich gehalten werden.

Für die gezielte äußere Pflege Ihrer Hände sollten Sie sich einmal in der Woche etwas Zeit nehmen. Neben der Haut Ihrer Hände sollten Sie sich auch auf Ihre Fingernägel konzentrieren. Denn sie geben Feuchtigkeit zehnmal schneller ab als die Haut, weil sie nicht selber Fett produzieren. Um fest und glatt zu bleiben, benötigen sie daher auch Feuchtigkeit von außen. Wenn Sie Ihre Nägel dann in Form bringen, sollten Sie nur feilen; außer es ist Ihnen einmal ein Nagel eingerissen – hier benötigen Sie natürlich eine kleine Schere.

Ihre Utensilien zur Hand- und Nagelpflege

- Sesam- bzw. Sojaöl
- Hautschere
- Nagelschere
- Nagelhautschieber aus Rosenholz
- Stahlnagel- oder Diamantfeile (bei festen Nägeln)
- Saphirfeile (bei stabilen, aber nicht ganz harten Nägeln)
- Sandpapierfeile (bei dünnen Nägeln)
- Ein Nagelöl nach Wahl

Schritt 1: Eine pflegende und nährende Behandlung mit Öl wirkt Wunder bei sehr trockenen Händen oder im Sommer als glättendes und beruhigendes Pflegemittel der strapazierten Haut. Streichen Sie etwas Sesam- oder Sojaöl großzügig über Ihre Handinnen- und außenflächen. Umwickeln Sie diese anschließend mit Alufolie, oder ziehen Sie Plastikhandschuhe über und lassen Sie das Öl 20 Minuten lang einziehen. Überschüssiges Öl, das nicht eingezogen ist, tupfen Sie mit einem Kosmetiktuch ab.

Schritt 2: Anschließend feilen Sie Ihre Fingernägel mit der zu Ihrer Nagelkonsistenz passenden Feile sorgfältig in Form. Imitieren Sie dabei beim Feilen die Form Ihrer Fingerkuppe. So verlängern die Nägel optisch Ihre Finger. Wie lang Sie Ihre Nägel wachsen lassen, ist letztlich eine Geschmacksfrage. Achten Sie nur bei längeren Nägeln darauf, dass der Untergrund immer schön weiß und gepflegt ist und sich kein Schmutz und damit Bakterien darunter ansammeln. Brüchige Nägel sollten Sie so lange kürzer halten, bis die schadhafte Nagelsubstanz ausgewachsen ist.

Schritt 3: Baden Sie dann Ihre Nägel etwa fünf Minuten lang in einem Schälchen voll Nagelöl.

Bei starken, festen Kapha-Nägeln können Sie dazu auch Orangenschalenöl verwenden; bei schwächeren Pitta- oder Vata-Fingernägeln empfiehlt sich Zitronenschalenöl. Beide Öle erhalten Sie in Bioläden und gut sortierten Drogerien. Durch sie wird die Hornplatte von außen mit Nährstoffen versorgt, geglättet und die Nagelhaut gleichzeitig aufgeweicht.

Schritt 4: Schieben Sie mit dem Rosenholzstäbchen die weiche Nagelhaut zurück. Überstehende Hautreste schneiden Sie mit der Hautschere ab. Ansonsten sollten Sie Ihrer Nagelhaut mit der Schere fern bleiben. Schließlich schützt sie das Nagelbett vor Bakterien und Schmutz.

Schritt 5: Geben Sie jetzt etwas von der Poliercreme auf Ihre Fingernägel, und massieren Sie sie mit einem Kosmetiktuch ein. Das Magnesium schmirgelt die letzten Unebenheiten auf der Nageloberfläche weg. So erhalten Ihre Nägel einen matten Schimmer und wirken auf natürliche Art und Weise gepflegt. Die Nagelpoliercreme können Sie selbstverständlich auch bei Ihren Zehennägeln anwenden.

So stellen Sie die Nagelpoliercreme her: Vermischen Sie acht Milliliter Rizinusöl mit zwei Teelöffeln Magnesiumpulver in einer kleinen Schüssel. Füllen Sie dann die Creme in kleines Töpfchen. Die Poliercreme ist etwa acht Monate haltbar.

HAUT- PROBLEME VON A BIS Z

Unsere Haut ist der Spiegel unserer Seele – diese Weisheit ist in allen alten Kulturen dieser Welt erkannt worden und hat sich auch in der modernen Medizin durchgesetzt. Weil dem so ist, ist unsere äußere Hülle auch besonders empfindlich: Sie reagiert nicht nur auf von außen kommende Belastungen wie Umweltgifte, Rauch oder mechanische Belastungen, sondern wird immer auch dann in Mitleidenschaft gezogen, wenn unsere Seele leidet, wenn unsere inneren Organe erkrankt sind.

Die Haut – Spiegel der Seele

Sensible Hülle

Jeder Mensch hat in seinem Leben schon einmal Hautprobleme gehabt. Dies kann an äußeren Reizen wie trockener Heizungsluft oder kalter Witterung gelegen haben oder an psychischen Ursachen wie Problemen in der Partnerschaft und im Beruf. Das bedeutet nicht, dass jeder von uns gleichermaßen empfindlich auf Stress oder emotional belastende Situationen reagiert. Doch auch die Haut von robusteren Typen spiegelt immer deren Allgemeinbefinden wider. Denn auch eine sonst gesunde Haut kann im Fall von seelischer Überlastung einmal überreizt und mit Rötungen, Ausschlag oder Unreinheiten reagieren.

In diesem Kapitel werden Sie erfahren, was Sie selbst mit Hilfe ayurvedischer Heilmittel und -behandlungen tun können, wenn Ihnen Ihre Haut mal Kummer bereitet. Sei es, dass es sich um hartnäckige Unreinheiten wie Akne handelt oder um lästige »Schönheitsfehlerchen« wie Zellulite.

Die angegebenen Heilverfahren können und sollen keine schulmedizinisch notwendige Behandlung ersetzen. Unser Anliegen ist es vielmehr, Ihnen einige Möglichkeiten aus dem reichen Erfahrungsschatz der indischen Gesundheitslehre vorzustellen, welche die Methoden der westlichen Medizin sinnvoll ergänzen und unterstützen können. Inwiefern diese Anwendungen für Sie zu wahren Alternativen zur herkömmlichen Schulmedizin werden, liegt bei Ihnen.

Die Haut ist unser größtes Organ. Sie bildet eine geschlossene Hülle von bis zu zwei Quadratmetern um unseren Körper. Sie schützt uns vor Einflüssen von außen, dient der Regelung der Körpertemperatur und hilft, anfallende Stoffwechselprodukte nach außen abzugeben.

Wie stabil ist Ihr Hautzustand?

Reagiert Ihre Haut öfter empfindlich auf belastende Lebensumstände? Haben Sie in der Vergangenheit festgestellt, dass Stress und private oder berufliche Probleme Ihr Hautbild verändern? Sehen Sie es Ihrer Haut an, wenn sie längere Zeit trockener Büroluft oder Zigarettenqualm ausgesetzt war?

167

Die folgende Checkliste soll Ihnen dabei helfen, herauszufinden, ob Sie anfällig für Hautprobleme sind.

● Treten bei Ihnen häufiger Hautreaktionen wie Rötungen, Ausschlag oder Juckreiz ohne erklärliche Ursache auf, die mit oder ohne Behandlung wieder verschwinden?

● Reagiert Ihre Haut allergisch auf bestimmte Nahrungsmittel oder bestimmte andere Substanzen (Pflanzen, Medikamente, Chemikalien, Metalle etc.)?

● Ist Ihr Hauttyp sehr trocken oder sehr fett und unrein, und neigt zu Mitessern und Pickeln?

● Neigen Sie in aufregenden Situationen zu Schweißausbrüchen?

● Reagiert Ihre Haut auf chemische Stoffe im Haushalt wie Putz- und Waschmittel mit Rötungen und Reizungen?

● Hatten Sie als Kind oder Jugendlicher einmal oder mehrmals Warzen oder schwere Akne?

● Juckt Ihre Haut häufig – besonders in emotional schwierigen Momenten –, ohne dass ein offensichtlicher Grund dafür vorliegt?

● Gibt es in Ihrer Verwandtschaft erblich bedingte Hautbeschwerden wie beispielsweise Neurodermitis oder Schuppenflechte?

● Hatten Sie schon einmal starken Haarausfall?

Für Erkrankungen oder starke Reaktionen der Haut gibt es viele verschiedene Ursachen: allergieauslösende Stoffe, chemisch-physikalische Reize, Unverträglichkeiten auf Nahrungsmittel, Infektionen, aber auch erbliche Veranlagung sowie psychische Probleme oder Überforderung.

Wenn Sie diese Fragen überwiegend mit Ja beantwortet haben, sind Sie bereits anfällig für Hautreaktionen. Das bedeutet natürlich nicht, dass Sie nun unbedingt Probleme mit Ihrer Haut haben oder bekommen, sondern ist nur ein Anhaltspunkt dafür, dass Ihre Haut im besonderen Maße auf innere und äußere Einflüsse reagiert.

Grenzen der Selbstbehandlung

Bei einigen der folgenden Hautleiden sind sowohl die Grenzen der Selbstbehandlung als auch der Gegenanzeigen aufgeführt. Sie sollten sie sorgfältig beachten und einhalten. Sobald Sie sich hinsichtlich der Diagnose und der Ernsthaftigkeit Ihres Hautleidens unsicher sind, konsultieren Sie bitte einen Hautarzt oder einen Mediziner mit ayurvedischer Zusatzausbildung. Das gilt auch für den Fall, dass sich Ihre Beschwerden verschlimmern. In Zweifelsfällen empfehlen wir darüber hinaus, mit Ihrem Arzt über eine geplante Behandlung mit ayurvedischen Heilweisen zu sprechen.

Akne (Acne vulgaris) – Yuvanapidaka

Bei dieser meist chronisch auftretenden Hauterkrankung sind die Poren der Haut durch eine überhöhte Talgproduktion verstopft. Beim Blick in den Spiegel zeigen sich Mitesser, Pickel und zum Teil mehr oder weniger stark entzündete Pustelchen. In schlimmeren Fällen bilden sich auch Knoten, die sich zunächst als schmerzhafte »Huppel« unter der Haut ankündigen, jedoch später unschöne und hartnäckige Narben hinterlassen können.

Immer mitberücksichtigen sollten Sie bei Akne auch Ihre psychische Situation. Denn berufliche oder private Anspannung und Stress verstärken ihre Ausprägung und begünstigen ihre Entstehung. Überdies fördern Mitesser, Pickel und Co. nicht gerade das Selbstbewusstsein und erhöhen den psychischen Druck zusätzlich.

Deshalb sollten Sie jetzt nicht nur Ihre Haut, sondern auch Ihre Seele »behandeln«. Versuchen Sie, Stress zu vermeiden und sich möglichst oft zu entspannen: durch Methoden wie Yoga, Meditation oder durch ausgedehnte Spaziergänge in der freien Natur. Sie selbst wissen oft instinktiv am besten, was Ihnen dabei hilft. Hören Sie auf Ihre innere Stimme.

Und: Hadern Sie nicht so sehr mit Ihrem momentanen Hautbild. Sicher, wir sind alle eitel, doch Ihre Pickel und Pusteln verschwinden wieder und fallen vor allem Ihnen selbst und gar nicht so sehr Ihren Mitmenschen auf. Versuchen Sie sich so zu verhalten, als sei alles wie sonst – im hautgesunden Zustand. Denn damit geben Sie sich von innen heraus den Schutz und die Sicherheit, die Ihnen Ihre Haut im Augenblick nicht geben kann – und das ist schon der erste Schritt zur Besserung.

Akne ist übrigens keineswegs eine reine Pubertätserscheinung, sondern kann aufgrund der Hormonumstellung auch während einer Schwangerschaft auftreten. Manche Menschen besitzen auch eine genetische Veranlagung zu Akne.

Wie entsteht Akne?

In der Pubertät beginnt die Umstellung des Hormonhaushalts, im Zuge derer auch die Bildung des männlichen Keimdrüsenhormons Testosteron bei Mädchen wie bei Jungen ansteigt. Testosteron regt die Produktion der Talgdrüsen an – bei manchen Menschen mehr, bei anderen weniger. Je nach Veranlagung verstopfen die Ausführgänge, der Talg kann nicht mehr abfließen, und es entstehen Mitesser auf den Ausführgängen.

Werden diese durch Keime, wie etwa Propionibacterium acnes, die sich auf der Haut oder in den Talggängen befinden, zusätzlich infiziert, kommt es zu eitrigen Entzündungen. Das hat nichts mit mangelnder Hygiene zu tun, sondern kann jedem passieren. Suchen Sie einen Arzt auf, sobald sich die Akne stark und flächendeckend ausbreitet. Damit können Sie der Bildung tiefer Knoten, die wie erwähnt später oft sehr unschön vernarben, vorbeugen.

Akne und Ayurveda

Vor allem Stress, psychische Belastungen und ein unregelmäßiger Lebensstil sind verantwortlich dafür, dass Vata aus dem Gleichgewicht geraten ist.

Aus ayurvedischer Sicht ist Akne eine Störung von Vata kombiniert mit zu viel Kapha im Blut. Der Überschuss von Kapha ist, besonders bei der Pubertätsakne, eine Folge des Babyspecks, der jetzt abgebaut wird.

Wie die westliche Medizin unterscheidet auch der Ayurveda je nach Ursache und Erscheinungsform mehrere Arten von Akne. Darüber hinaus gibt es jedoch noch eine Unterteilung in Kapha-, Pitta- oder Vata-Akne: Bei entzündlichen, geröteten Aknepusteln dominiert Pitta. Die typische Vata-Akne lässt die Haut trocken und rau werden. Fettige Haut mit Talgansammlungen und Mitessern zeigt dagegen einen erhöhten Kapha-Einfluss an.

Der Saft aus frisch gepressten Grünkohlblättern wirkt bei Mitessern und Pusteln entzündungshemmend und hautklärend.

170

Auslösende Faktoren

Zu den auslösenden Faktoren einer Akne zählen vor allem die folgenden, nach den entsprechenden Doshas geordneten. Achten Sie bei Akne vor allem auf Ihre Ernährung und die klimatischen Bedingungen, von denen Sie umgeben sind.

● Kapha-Akne: Kälte, feuchtes Wetter, schweres, fetthaltiges Essen sowie Süßigkeiten

● Pitta-Akne: Hitze und pittaanregende Faktoren wie scharfe Gewürze im Essen

● Vata-Akne: kaltes und trockenes Wetter, Stress und eine unregelmäßige Lebensweise

So behandeln Sie sich selbst

● Zur Ernährung: Sie sollten jetzt fette und ölige Nahrungsmittel meiden. Um Vata wieder zu harmonisieren, ist es jetzt wichtig, dass Sie regelmäßig und warm essen. Eine kaphareduzierende Ernährung ist nicht zu empfehlen, wenn sich der Aknepatient noch im Wachstum befindet.

● Tees: Sehr gut zur Unterstützung der Behandlung von Akne eignen sich blutreinigende (bittere) Tees aus Brennnesseln, Beifuß, Quendel oder Wermut, von denen Sie täglich mehrere Tassen trinken.

● Koriander-Kalmus-Paste: Eine äußerst wirkungsvolle Anwendung gegen Akne ist eine Einreibung mit dieser Paste: Sie mischen Koriandersamen und Kalmuswurzel zu gleichen Teilen (z.B. jeweils einen Esslöffel), rühren dies mit frischer Buttermilch zu einem festen Brei an und reiben ihn sanft auf den betroffenen Hautstellen ein. Bevor Sie die Paste auftragen, sollten Sie die Haut mit Sesamöl einreiben. Das regt den Hautstoffwechsel an, fördert damit die Aufnahme der Wirkstoffe und schützt und pflegt zusätzlich. Lassen Sie die Paste etwa zehn Minuten einwirken, und waschen Sie sie dann mit etwas warmem Wasser wieder ab.

● Frischer Grünkohlsaft: Hautklärend wirkt auch eine Tinktur aus dem Saft frischer Grünkohlblätter. Dazu schneiden Sie die Blätter, pressen sie, geben etwas Zitronensaft hinzu und tupfen den Saft auf die Pusteln.

● Kurkumamilch: Wegen seiner blutreinigenden Wirkung wird Kurkuma, bei uns als Gelbwurzel bekannt, im Ayurveda häufig zur Be-

Eine bewusste Lebensführung kann die Behandlung von Akne wesentlich unterstützen. Versuchen Sie ggf. auch, Alkohol und Nikotin zu reduzieren, denn diese Genussgifte begünstigen die Entstehung von Akne und sind der Hautgesundheit bekanntlich ohnehin wenig zuträglich.

handlung von Akne verwendet. Für die Kurkumamilch rühren Sie einen Teelöffel Kurkumapulver in eine Tasse heiße Milch ein und trinken das Ganze über einen längeren Zeitraum hinweg täglich vor dem Schlafengehen.

● Einreibung: Rühren Sie Rapssamen, Koriandersamen und Steinsalz zu gleichen Teilen mit Wasser zu einer Paste, und tragen Sie diese auf die Haut auf. Nach fünf Minuten waschen Sie den Brei mit warmem Wasser ab.

● Frischer Knoblauch: Ein ayurvedisches Hausrezept gegen Akne ist eine Einreibung mit frischem Knoblauch, für die Sie eine Knoblauchzehe in der Mitte durchschneiden und die betroffenen Hautstellen mit der frischen Schnittfläche sanft massieren.

● Ayurvedische Aknemedikamente: Es gibt bestimmte ayurvedische Präparate, die Akne lindern und das Hautbild verbessern: Aswagandha-Kapseln, Candraprabha-Pillen und Zubereitungen aus den Blättern des Niembaumes – als Kapseln oder als Tee.

Allergien – Kotha

Die Zahl derer, die unter Allergien unterschiedlichster Art und Ausprägung leiden, ist in den letzten Jahrzehnten sprunghaft gestiegen.

Der Begriff »Allergie« steht für eine veränderte – gesteigerte oder verminderte – Reaktionsweise des Körpers auf gewisse Stoffe. Im Prinzip handelt es sich um eine »Andersempfindlichkeit« auf bestimmte Substanzen. Diese Stoffe – Nahrungsmittel, Medikamente oder Umweltstoffe –, die für Gesunde unschädlich sind, lösen beim Allergiker eine krankhafte Überempfindlichkeitsreaktion des Immunsystems aus. Bei einer Allergie ist also der Zustand des Immunsystems in der Weise verändert, dass die Reaktion, die normalerweise Krankheiten verhindert, selbst krank macht.

Es gibt viele unterschiedliche Formen von Allergien. Je nach Ausprägung und Symptomen unterscheidet man heute sechs verschiedene Typen. Eine besonders häufig auftretende Form von Allergien ist die Kontaktallergie. Dabei löst der Hautkontakt mit bestimmten Stoffen (auch Kleidung) eine allergische Reaktion aus. Diese allergenen Substanzen, häufig Nickel, Kobalt (in Modeschmuck oder Hosenknöpfen), Duftstoffe oder bestimmte kosmetische Grundstoffe, schädigen die Hautbarriere und führen zur Entstehung einer Kontaktdermatitis, einer allergischen Hautentzündung. Dabei sind alle Hautstellen, die mit dem auslösenden Stoff in Berührung kommen, gerötet und geschwollen. Im Verlauf der Krankheit entwickeln sich nässende und juckende Quaddeln, die oft schubweise auftreten und dann wieder verschwinden. Sie entstehen durch Freisetzung von Histaminen (Botenstoffen) und ähnlichen Substanzen. Bei hoher Sensibilität gegen den allergenen Stoff kann es in manchen Fällen auch zu schockartigen Zuständen oder Fernreaktionen kommen, bei denen sich die Allergie auch an Stellen zeigt, die nicht direkt mit der auslösenden Substanz in Kontakt gekommen sind.

Was steckt dahinter?

Proportional zum Anstieg der allergischen Erkrankungen mehren sich die Spekulationen und Hypothesen über deren Ursachen. Eine definitive Klärung steht bislang jedoch noch aus. Viele Wissenschaftler sehen heute jedoch die Gründe zum einen in der wachsenden Umweltverschmutzung. Zum anderen darin, dass der Mensch im Zuge stetiger Neuentwicklungen, vor allem im Bereich der chemischen Industrie, mit immer neuen Substanzen in Kontakt kommt. Dabei handelt es sich in der Regel um synthetische, also künstlich hergestellte Stoffe, die unserem Körper per se fremd sind und denen die Generation unserer Eltern und Großeltern noch nicht ausgesetzt war. Die Folge ist, dass das Immunsystem vieler Menschen gewissermaßen nicht mehr nachkommt, sich also nicht mit der gleichen Geschwindigkeit der Entwicklung der Stoffe anpassen und angemessen reagieren kann. Da jeder Mensch anders – stärker, schwächer, langsamer oder schneller – reagiert, prägt sich diese Irritation unseres Abwehrsystems bei jedem anders aus.

Weitere Ursachen sind genetische Faktoren; das bedeutet, eine Allergie kann auch erblich bedingt sein.

Auch die Psyche steckt häufig hinter Allergieschüben: Wer in dauerhaftem Stress und Anspannung lebt, dessen Haut reagiert auch entsprechend gereizt mit Überempfindlichkeit.

Allergien und Ayurveda

Bereits Caraka, einer der Urväter des Ayurveda, beschrieb in der Caraka Samhita Allergien, ihre verschiedenen Erscheinungsformen und Behandlung. Seine Ausführungen stimmen in großen Teilen mit denen der heutigen, ganzheitsmedizinischen Sichtweise überein. Aus ayurvedischer Sicht entstehen Allergien durch einen Überschuss von

Kapha und Pitta: Kapha ist verantwortlich für das Jucken und Pitta für die Rötung und Entzündung der Haut. Dazu kommt es, wenn die Bewegung von Kapha und Pitta, der freie Fluss dieser Doshas im Körper gehemmt werden. Eine wichtige Rolle spielt dabei die Unterdrückung von körperlichen und seelischen Bedürfnissen: Hunger, Durst, Stuhl- und Harndrang sowie Emotionen, Ängste und aufgestaute Aggressionen. Nicht umsonst führen häufig psychische Belastungen zum Ausbruch der Allergie. Auslöser können darüber hinaus auch nicht richtig durchgeführte Reinigungskuren und Medikamente sein. Kontaktallergien liegen aus ayurvedischer Sicht die gleichen Ursachen zugrunde wie allen anderen Allergieformen.

So behandeln Sie sich selbst

● Bittere und anregende Tees: Allergien wie Heuschnupfen, Pollenallergie und die allergische asthmatische Bronchitis, sind typische Kapha-Störungen. Entsprechend sind Frühjahr und Frühsommer, wenn in der Natur Kapha vorherrscht, Hochzeiten für Pollenallergiker. Sie sollten deshalb in dieser Jahreszeit bittere und anregende Tees aus Schafgarbe, Wermut, Tausendgüldenkraut und Brennnessel zu sich nehmen, um Kapha zu reduzieren.

● Fettes, Saures und Salziges meiden: Da bei der Behandlung von Allergien sowohl Kapha wie auch Pitta wieder ins Gleichgewicht gebracht werden müssen, sollten Sie nun jene Nahrungsmittel meiden, die beide Doshas mehren. Das sind alle Speisen mit den Geschmacksrichtungen sauer und salzig. Süßes, nicht aber fettig-süßes wie Schmalzgebäck, Konfekt oder Schokolade, ist jetzt dagegen sehr gut. Natürlich nicht im Übermaß …

● Gerste-Senföl-Paste: Gegen Jucken und Brennen hilft eine Paste aus Gerste und Senföl. Dazu kochen Sie 100 Gramm Gerstenkörner in einer Mischung aus Wasser und Milch zu gleichen Teilen so lange, bis eine dickflüssige Masse entsteht. Dann fügen Sie je einen Teelöffel Steinsalz und Senföl zu, mischen alles und geben die Paste auf die juckenden Hautstellen. Sobald Sie Linderung verspüren, waschen Sie den Brei mit warmem Wasser wieder ab.

● Geröstete Senfkörner: Sehr wohltuende Wirkung hat auch eine Einreibung mit Ghee (siehe Seite 77) und gerösteten Senfkörnern. Dazu rösten Sie die Senfkörner leicht in Sesamöl, zermalmen sie und

Lassi stärkt die Verdauungskraft und bringt auch die Doshas wieder ins Gleichgewicht. Für Lassi wird ein halber Liter frischer Joghurt ohne Konservierungsmittel mit Wasser auf die zwei- bis dreifache Menge verdünnt und so lange mit einem Schneebesen gerührt, bis alle Klümpchen verschwunden sind. Je nach Lust und Laune können Sie das Lassi noch mit Honig und Ingwer oder Salz würzen – es schmeckt aber auch pur sehr gut.

rühren einen halben Teelöffel davon in 50 Gramm Ghee ein. Diese Mischung beruhigt die Haut, lindert den Juckreiz und kann auf dem ganzen Körper aufgetragen werden.

• Aswagandha-Pulver: Sehr wirkungsvoll gegen die alljährlichen Frühjahrsplagen Heuschnupfen und Pollenallergie ist die tägliche Einnahme von Ghee gemischt mit Aswagandha-Pulver. Sie können Ghee auch pur zu sich nehmen. Empfehlenswert sind auch Einreibungen der Augenlider und der Nasenöffnungen mit ein paar Tropfen Ghee. Das kühlt und lindert den Juckreiz.

• Ayurvedische Allergiemedikamente: Ein bewährtes ayurvedisches Präparat zur Behandlung von Allergien ist Triphala-Pulver oder -Kapseln. Zur Einnahme orientieren Sie sich bitte an den Dosierungsvorschriften auf der Packung.

• Mahatikkta-Ghrita: Wirkungsvoll ist das Mahatikkta-Ghrita. Ghritas sind medizinierte Ghees. Dabei werden verschiedene Heilkräuter in Ghee untergerührt, wodurch sich deren heilkräftige Wirkung mit der des Ghees verbindet und sie potenziert. Ghritas werden in der Regel mit einem bestimmten Anupanam eingenommen, Substanzen, die die Heilstoffe im Körper transportieren und ihre Wirkung zusätzlich verstärken. Welches Anupanam (meist Honig, Milch, Rohrzucker) Sie verwenden sollten, steht jeweils auf der Verpackung.

• Leichtes Abführen: Virecana, das Abführen (siehe Seite 155), ist eine der zentralen ayurvedischen Heilmethoden und wird auch im Zuge jeder Pancha-Karma-Kur durchgeführt. Virecana ist deshalb auch eine sehr wirksame Anwendung bei Allergien, denen meist Störungen des Verdauungssystems und der Darmflora mit zugrunde liegen. Ayurvedische Abführmittel sind sehr mild und ausgewogen in ihrer Zusammensetzung – häufig verwendet und bewährt ist das Avipathi-Churna. Abführmittel sollten zur Pitta-Zeit, also zwischen 10 bis 14 Uhr oder von 22 bis 2 Uhr, eingenommen werden. Dann ist das Verdauungssystem am aktivsten, und die Mittel sind entsprechend am wirksamsten. Bis zur Entleerung des Darms darf nicht gegessen werden, das ist in der Regel nach maximal zwölf Stunden der Fall.

• Saftfasten: Eine etwas sanftere Methode, das Verdauungssystem wieder in Ordnung zu bringen, sind ein oder zwei Tage Saftfasten. Dazu eignen sich alle Gemüse- und ungesüßten Obstsäfte oder auch Koriandersaft.

Virecana ist nur dann geeignet, wenn Sie sich stark und kräftig genug dafür fühlen. Nach längeren Krankheiten, grippalen Infekten, aber auch bei Hämorrhoiden oder anderen Erkrankungen im Darmbereich sollten Sie diese Anwendung nicht durchführen.

Bindehautentzündung – Abhishyanda

**Eine Bindehaut-
entzündung kann
auch durch einen
Fremdkörper
oder Strahlen-
einwirkung (z.B.
direktes Blicken
in die Sonne)
ausgelöst werden.
Aber auch
Reizungen durch
Staub oder Ruß
sowie eine Über-
anstrengung der
Augen durch zu
langes Starren
auf einen
Bildschirm sind
möglich.**

Gerötete Augen, die brennen und tränen, sind ein sicheres Indiz für eine Bindehautentzündung. Häufig schmerzen die Augen auch, sind geschwollen und sehr lichtempfindlich.

Kommt es darüber hinaus jedoch zu Fieberschüben und einem allgemeinen Schwächegefühl, kann eine infektiöse Bindehautentzündung dahinter stecken. Sie ist bakteriell oder virusbedingt und unterscheidet sich von der einfachen Bindehautentzündung auch dadurch, dass in der Regel nur ein Auge betroffen ist. Die infektiöse Bindehautentzündung können Sie nicht selbst behandeln. Sie gehört in jedem Fall in die Hand eines Arztes.

Wie kommt es zur Bindehautentzündung?

Ursachen der einfachen Bindehautentzündung sind meist Zugluft und allergische Reize, wie beispielsweise bei Heuschnupfen der Pollenflug. Die infektiöse Bindehautentzündung wird in den meisten Fällen durch Bakterien hervorgerufen.

Wenn Ihre Bindehautentzündung länger als zwei Tage dauert, Schmerzen auftreten und sich die Symptome verschlimmern, sollten Sie unbedingt einen Arzt konsultieren. Bei einer allergischen Reaktion muss festgestellt werden, welcher Stoff der Auslöser ist. Die nachstehenden Empfehlungen sind als Unterstützung der ärztlichen Therapie zu verstehen.

Bindehautentzündung und Ayurveda

Der Ayurveda sieht die Ursachen einer Bindehautentzündung ebenfalls in der Einwirkung von Kälte und Zugluft sowie in einer Überbeanspruchung der Augen. Daneben können auch anhaltender Schlafmangel und das Unterdrücken von natürlichen körperlichen Bedürfnissen und von Emotionen zu dieser Erkrankung führen.

Der Ayurveda unterscheidet vier Arten von Bindehautentzündung:

• Die Kapha-Art äußert sich vor allem durch starkes Jucken, geschwollene Schleimhäute, Schweregefühl in den Augen und wässrigen Ausfluss.

• Bei der Pitta-Art kommt es zu Brennen, Absonderung einer eitrigen Flüssigkeit sowie einer hellgelben Verfärbung des Augapfels.

- Bei der Vata-Art stehen die Symptome Beißen, Trockenheit der Augen, Tränenfluss, Bewegungseinschränkung der Pupille und eine verminderte Talgproduktion im Vordergrund.
- Bei der Blutart kommt es zu kupferfarbenem Ausfluss, die Augen sind stark gerötet, die Symptome von Pitta fehlen jedoch.

So behandeln Sie sich selbst

- Einige Tage fasten: Bei Augenerkrankungen wird im Ayurveda generell empfohlen, für vier bis fünf Tage zu fasten. Ansonsten sollten Sie je nach Art Ihrer Bindehautentzündung eine Ernährung pflegen, die das im Vordergrund stehende Dosha reduziert.
- Blutreinigende Tees: Sehr zu empfehlen sind jetzt auch blutreinigende Tees, beispielsweise Brennnessel-, Beifuß- oder Wermuttee, von denen Sie täglich ein bis zwei Tassen trinken sollten.
- Augenwaschung: Bewährt hat sich eine Augenwaschung mit einem Kvatha aus Triphala oder mit dem Saft frischer Amlafrüchte. Kvathas sind Aufgüsse oder Abkochungen von Heilpflanzen oder Gewürzen. Für das Triphala-Kvatha übergießen Sie einen Teelöffel Triphala-Pulver mit heißem Wasser und lassen dies fünf bis zehn Minuten ziehen. Ein Kvatha aus Bockshornkleesamen, zuzubereiten wie das Triphala-Kvatha, eignet sich ebenso.
- Rosenwasser: Statt Triphala oder Amalaki-Saft kann man auch Rosenwasser, zu gleichen Teilen mit Milch gemischt, zur Spülung der Augen verwenden.
- Triphala: Ein gutes ayurvedisches Präparat bei Bindehautentzündung ist Triphala-Pulver oder -Kapseln. Zur Einnahme orientieren Sie sich bitte an den Dosierungsvorschriften auf der Packung.
- Augenbad mit Ghee: Eine wirkungsvolle Anwendung bei Augenerkrankungen aus dem Pancha Karma ist das Akshitarpana, ein Augenbad mit Ghee. Bei dem klassischen Akshitarpana, so wie man es in Indien durchführt, legt sich der Patient auf den Rücken und bekommt eine Art »Zäunchen« aus Mehlteig um die Augen gelegt, damit das Ghee nicht abläuft. Für den Hausgebrauch tut es aber auch die einfache Variante: Dazu füllen Sie eine Augenbadewanne (aus der Apotheke) mit Ghee und spülen vorsichtig das entzündete Auge darin. Jedoch nicht länger als drei Minuten, denn sonst wird das Auge zu sehr angestrengt.

Bei einer Bindehautentzündung ist es wichtig, dass Sie sich vor kalter bzw. Zugluft schützen und Ihre Augen keiner starken Lichtquelle aussetzen. Das kranke Auge sollte viel Ruhe haben, geschont werden und möglichst viel geschlossen bleiben.

Couperose, erweiterte Äderchen

Die Couperose-Haut reagiert unglaublich sensibel und muss mild gepflegt werden. Nehmen Sie deshalb zum Reinigen am besten Produkte auf der Basis von Hafermehlextrakten, Lassi oder Kleie. Achten Sie auch darauf, dass die Cremes, die Sie verwenden, nur wenig Fett enthalten. Eine wirksame Anwendung aus dem Pancha Karma zur Behandlung von Couperose ist auch das milde Abführen, Virecana.

Wenn im Gesicht, besonders an den Wangen und Nasenflügeln, winzige rötliche, zum Teil auch violette Äderchen durch die Haut schimmern, spricht man von Couperose oder geplatzten Äderchen. Das entspricht jedoch nicht den Tatsachen – denn die Adern sind nicht geplatzt. Vielmehr hat die Spannung der Gefäßwände so nachgelassen, dass sich die Adern ausweiten und sichtbar werden.

Couperose und Ayurveda

Das Nachlassen der Gefäßspannung und das damit verbundene Abschlaffen ist bedingt durch den Alterungsprozess der Haut und eine Erscheinung von Vata, das mit steigendem Lebensalter zunimmt. Die Äderchen sind leicht entzündlich, ein deutliches Zeichen, dass hier Pitta beteiligt ist. Aus ayurvedischer Sicht ist die Haut das Organ, an dem der Alterungsprozess zuerst sichtbar wird.

So behandeln Sie sich selbst

● Temperaturschwankungen vermeiden: Couperosehaut reagiert sehr empfindlich auf schnelle Temperaturänderungen. So ist Kälte oder Hitze, beispielsweise in der Sauna, bei warmen Vollbädern oder auch durch direkte Sonneneinstrahlung an und für sich nicht schädlich. Was Sie jedoch vermeiden sollten, sind plötzliche Schwankungen der Temperatur.

● Vata und Pitta regulieren: Da bei Couperose Vata und Pitta dominieren, sollten Sie vata- und pittareduzierende Nahrung zu sich nehmen, um diese beiden Doshas wieder zu harmonisieren.

● Öleinreibung: Bei der Behandlung von Couperose soll zum einen die lokale Durchblutung gefördert, zum anderen jedoch Pitta nicht noch zusätzlich erhöht werden. Ein idealer Kompromiss ist hier eine sanfte Einreibung mit Seva-Babyöl. Alternativ können Sie auch Sesamöl und Ghee, zu gleichen Teilen gemischt, verwenden. Das Öl soll nicht einmassiert, sondern nur leicht mit den Fingerspitzen aufgetragen werden. Während das Öl einzieht, dürfen Sie weder ins Freie gehen noch sich der Zugluft aussetzen, um Temperaturschwankungen zu vermeiden. Nach einer Stunde können Sie dann das Öl mit lauwarmem Wasser abwaschen.

- Ayurvedisches Präparat: Ein im Ayurveda sehr beliebtes Mittel gegen Couperose sind Shatavari-Kapseln. Zur Einnahme orientieren Sie sich bitte an den Empfehlungen auf der Packung.
- Rasayanas: Bei Couperose empfiehlt sich die Einnahme von Amla-Purie und Sukumara-Rasayana über einen längeren Zeitraum.

Furunkel – Vidradhi

Furunkel sind tiefsitzende, eitrige Entzündungen des Haarbalgs. Der Haarbalg besteht aus Bindegewebe und umgibt die Haarwurzel. Furunkel treten als gerötete, haselnuss- bis pflaumengroße Knoten in Erscheinung. Bei Druck verursachen Furunkel starke Schmerzen. Sie treten vor allem in Gesicht, Nacken und Achselhöhlen, aber auch an allen behaarten Körperstellen auf.

Wie entsteht ein Furunkel?

Ein Furunkel kann entstehen, wenn Eitererreger in die Follikelkanäle der Haare – sie befinden sich im Haarbalg, der die Haarwurzel umgibt – eindringen. Meist passiert das durch eine sogenannte Schmierinfektion, also einer Infektion durch Hautkontakt. Im Follikelkanal vermehren sich die Erreger, und es entsteht die eitrige Entzündung. Häufig betroffen sind Menschen mit Stoffwechselkrankheiten und/oder allgemein geschwächtem Abwehrsystem.

Furunkel an der Lippe oder an der Nase dürfen Sie übrigens niemals selbst ausdrücken, da die Gefahr besteht, dass dabei über die Blutbahn Keime ins Gehirn gelangen. Das gilt auch für Haarbalgentzündungen im Genitalbereich – diese sollten Sie ebenfalls nur vom Hautarzt behandeln lassen. Treten zusätzlich Fieber und Schüttelfrost ein, müssen Sie unbedingt einen Arzt aufsuchen.

Furunkel und Ayurveda

Ayurveda sieht die Ursachen für ein Furunkel in dem Genuss von Nahrungsmitteln, die zu trocken oder nicht mehr frisch sind, nicht richtig verdaut werden oder aber Sodbrennen hervorrufen. Darüber können auch mangelnde körperliche Betätigung sowie ein zu weiches oder unebenes Bett zu Furunkeln führen.

Wenn Sie immer wieder unter Furunkeln leiden, ist vermutlich Ihr Immunsystem geschwächt. Ständiger Stress, Überbelastung durch Familie oder Beruf, depressive Verstimmungen und Trauer oder Kummer können mit die Ursache der gedrosselten Abwehrleistung sein.

179

An der Ausbildung des Furunkels können alle Doshas beteiligt sein: entweder alleine für sich, paarweise oder alle drei zusammen.

● Kapha-Furunkel führen zu Übelkeit, steifen und schweren Gelenken; die Patienten frieren leicht und verspüren ein Schweregefühl. Der Knoten wächst langsam, ist weiß gefärbt und juckt stark.

● Die Symptome beim Pitta-Furunkel sind großer Durst und oft Fieber. Der Knoten brennt, wächst schnell und ist kupfern, rot oder schwarz gefärbt.

● Vata-Furunkel sind mit den stärksten Schmerzen verbunden, und zeigen sich als schwärzlich-roter Knoten, der langsam wächst und eine eher unregelmäßige Form hat.

So behandeln Sie sich selbst

Warme bis heiße Kompressen beschleunigen den Entzündungs- und Reifungsprozess eines Furunkels. Legen Sie zwei- bis dreimal täglich eine solche Kompresse auf das Furunkel.

● Leichte Kost: Bei allen Arten von Furunkeln empfiehlt Ayurveda eine leichte Ernährung. Ölige, fette, zuckerreiche, salzige und saure Nahrungsmittel sollten Sie jetzt also unbedingt meiden.

● Tees: Trinken Sie auch blutreinigende und verdauungsfördernde Tees – ideal sind Kardamom- oder Brennnesseltee, mehrere Tassen täglich.

● Rizinusöl: Ein bewährtes Rezept zur Behandlung von Vata-Furunkeln ist Rizinusöl mit Milch. Dazu mischen Sie Rizinusöl mit heißer Milch und trinken sie täglich abends vor dem Schlafengehen, bis sich das Furunkel gebessert hat und die Beschwerden abklingen.

● Für jeden Typ geeignet: Lokale Einreibungen mit Pasten aus Getreiden und Heilkräutern unterstützen den Heilungsprozess bei Furunkeln sehr wirksam.

Für Kapha-Furunkel eignet sich am besten eine Paste aus Weizenspreu oder Bockshornkleesamen: Kochen Sie eine halbe Tasse Weizenspreu oder Bockshornkleesamen mit einer Messerspitze Kurkuma versetzt kurz in etwas Wasser auf, und tragen Sie diesen Brei so heiß wie möglich auf. Ein Pitta-Furunkel behandelt man mit einer Paste aus Süßholz und Sandelholz. Dazu rühren Sie jeweils einen Teelöffel Süß- und Sandelholz mit etwas kalter Milch zu einem Brei und geben ihn auf die betroffene Stelle. Zur Behandlung eines Vata-Furunkels kochen Sie Gerste, Weizen und grüne Sojabohnen zu gleichen Teilen gemischt mit etwas Wasser zu einem Brei und tragen diesen so warm wie möglich auf das Furunkel auf.

Diese Einreibungen sollten Sie mehrmals täglich anwenden, und zwar so lange, bis sich die Furunkel deutlich gebessert haben.

● Ayurvedische Medikamente: Es gibt auch hervorragende ayurvedische Präparate, die bei Furunkel schnell Linderung bringen, ebenfalls wieder abgestimmt für die drei Arten: Zur Behandlung von Kapha-Furunkeln nehmen Sie Guggulu-, kombiniert mit Triphala-Kapseln, bei Pitta-Furunkeln Triphala-Kapseln und bei Vata-Furunkeln Guggulu-Kapseln. Die Dosierung entnehmen Sie bitte den Empfehlungen auf der Packung.

Fußpilz – Dadrumandala

Viele kennen dieses Problem: es juckt, nässt und schuppt sich zwischen den Zehen. Rund 30 Prozent der Bundesbürger sind von dieser meist chronischen Infektion betroffen. Typisch für Fußpilz sind auch eine Rötung und Schuppung der Fußsohlen. Meist bilden sich auch Hautrisse und weiße Beläge zwischen den einzelnen Zehen. Nicht selten finden sich juckende Bläschen an den Seiten der Zehen sowie am Fußrand. Manchmal sind auch die Zehennägel von der Infektion befallen. Der Pilzbefall kann aber auch im Gesicht und anderen Körperregionen auftreten.

Wie kommt es dazu?

Die Erreger des Fußpilzes, meist Fadenpilze, leben als Schmarotzer in der Hornschicht von Haut und Haaren. Diese Pilze haben es am liebsten feucht und warm. Deshalb sind schlecht abgetrocknete Füße nach dem Baden oder Duschen, aber auch Fußschweiß durch das häufige Tragen geschlossener Schuhe sowie Strümpfe und Socken aus Kunstfasern ihrer Entwicklung besonders förderlich.

Suchen Sie einen Arzt auf, wenn Sie Schmerzen bekommen, denn dann könnte ein Ekzem oder eine Wundrose vorliegen. Auch wenn die Fußnägel mit Fußpilz befallen sind, sollte ein Arzt konsultiert werden. Solche Nagelpilze sind nämlich äußerst hartnäckig, und deshalb sollten Sie ihnen mit pilzhemmenden (antimykotischen) Cremes oder Tinkturen zu Leibe rücken, die verschreibungspflichtig und nur in der Apotheke erhältlich sind.

Unter dem Titel »Hautpilz erfolgreich behandeln« liegt übrigens ein Südwest-Ratgeber von Dr. Bernd Guzek und Gaby Guzek vor, in dem Sie alle wichtigen Anregungen und Empfehlungen zu Diagnose und Heilung von Haut- und Nagelpilz finden.

Fußpilz und Ayurveda

Auch Ayurveda sieht die Ursachen von Fußpilz hauptsächlich in Feuchtigkeit im Bereich der Füße und nachlässiger Körperhygiene. Entsprechend können auch alle Konstitutionstypen davon betroffen sein. Um sich der zum Teil sehr hartnäckigen Pilze dauerhaft zu entledigen, sollten Sie darauf achten, stets trockene, sauber gewaschene Socken und Strümpfe aus natürlichen Fasern zu tragen und die Füße nach dem Duschen oder Baden immer gut abzutrocknen. Denn ein feuchtes Klima in den Schuhen macht eine Heilung auch aus ayurvedischer Sicht praktisch unmöglich.

So behandeln Sie sich selbst

Sie können auch ein Fußbad mit Teebaumöl ausprobieren, denn Teebaumöl hat eine sehr starke pilzabtötende Wirkung. Geben Sie dazu fünf bis zehn Tropfen des Öls in eine Schüssel mit warmem Wasser, und baden Sie Ihre Füße täglich zehn Minuten darin.

● Nichts Saures: Sie sollten, solange der Fußpilz bei Ihnen besteht, saure Nahrungsmittel vollkommen von Ihrem Speiseplan streichen. Dazu gehören auch Sauermilchprodukte wie Joghurt, Kefir oder Quark.

● Tägliches Fußbad: Um den Fußpilzen wirksam zu Leibe zu rücken, empfiehlt sich ein tägliches warmes Fußbad, dem Sie einen halben Teelöffel Schwefelpulver (aus der Apotheke) zugeben.

● Niemblätterbad: Eine andere bewährte Anwendung gegen Fußpilz ist ein tägliches Fußbad mit einer Abkochung aus Niemblättern. Für dieses Kvatha geben Sie einen Teelöffel der Niemblätter (eventuell zuvor schneiden) in 100 Milliliter Wasser, kochen es auf ein Viertel dieser Menge herunter, seihen alles durch ein Sieb ab und fügen es dem Wasser für Ihr Fußbad bei.

● Abends eine Ölmassage: Vor dem Schlafengehen sollten Sie beide Füße mit Sesamöl oder Nalpamaradi-Taila massieren und anschließend mit einem Handtuch gut abreiben.

● Kurkuma-Paste: Zur Behandlung, aber auch um zu verhindern, dass andere Körperteile mit den Fußpilzen infiziert werden, empfiehlt es sich, die befallenen Stellen regelmäßig mit einer Paste aus Kurkuma abzudecken. Dazu verrühren Sie etwas Kurkumapulver mit destilliertem Wasser zu einem festen Brei.

● Heilende Gewürze: Basilikum, Knoblauch und Kurkuma haben eine pilzabtötende (antimykotische) Wirkung. Deshalb sollten Sie diese Gewürze jetzt verstärkt in Ihrer Küche verwenden oder aber am besten täglich pur als »Medikament« zu sich nehmen.

● Niembaum: Der Niembaum gilt in Indien als universelle Heilpflanze bei vielen verschiedenen Beschwerden. Auch bei Fußpilz ist er sehr wirksam. Gut geeignet, weil einfach in der Anwendung, sind Niemkapseln. Zur Einnahme orientieren Sie sich bitte an der Empfehlung auf der Packung.

Haarausfall – Indralupta oder Khalitya

Wer morgens und abends büschelweise Haare in seiner Bürste wiederfindet und dem gleichen Phänomen im Abfluss von Badewanne oder Dusche begegnet, wird sich früher oder später Haarausfall konstatieren. Doch häufig macht man sich (Glücklicherweise) zu Unrecht Sorgen, denn der Verlust von 80 bis 100 Haaren pro Tag ist normal. Erst wenn diese Zahl überschritten ist, kann man von einem krankhaften Haarausfall sprechen.

Was steckt dahinter?

Mannigfaltig wie die Arten des Haarausfalls, von Geheimratsecken bis kreisrunder Haarverlust, sind seine Ursachen: Neben erblich bedingten Faktoren werden Hormonstörungen, Mangel an bestimmten Spurenelementen und Mineralstoffen, insbesondere Eisen, Schilddrüsenstörungen, Infektionskrankheiten wie Lungenentzündung oder Blutvergiftungen für den Haarausfall verantwortlich gemacht. In seltenen Fällen liegen auch Autoimmunerkrankungen zugrunde.

Einige Medikamente können ebenfalls zu Haarausfall führen: beispielsweise Antibiotika, Medikamente bei Schilddrüsenstörungen, Präparate zur Blutverdünnung und zur Senkung des Cholesterinspiegels im Blut, Beta-Rezeptorenblocker sowie die bei Chemotherapien verwendeten Arzneien.

Auch nach einer Entbindung und während der Wechseljahre einer Frau kann es infolge der Hormonumstellung zu Haarausfall kommen, ebenso wie zu bestimmten Jahreszeiten: Im Frühjahr und im Herbst verlieren viele Menschen mehr Haare als im Sommer oder im Winter. Das ist ganz natürlich; man nimmt an, dass dies an der Umstellung des Körpers auf wärmeres oder kälteres Klima während des Jahreszeitenwechsels liegt.

Ebenso wie die westliche Medizin ist Ayurveda der Meinung, dass auch erbliche Faktoren Auslöser für den Haarausfall sein können.

Haarausfall und Ayurveda

Nach ayurvedischer Ansicht fallen die Haare aus, weil sich Pitta an den Haarwurzeln sammelt und sich dort mit Vata verbindet. Dadurch reichert sich Kapha im Blut an, die Follikel verstopfen und die Haare können nicht nachwachsen. Die Zunahme von Pitta kann konstitutionsbedingt, aber auch die Folge von Wut und Trauer sein. Vata vermehrt sich durch Stress oder dauerhafte psychische Überbeanspruchung. Kapha reichert sich durch zu schwere, fetthaltige Speisen oder mangelnde körperliche Betätigung im Blut an.

So behandeln Sie sich selbst

Tritt bei Ihnen ganz plötzlich ein kreisrunder Haarausfall auf, müssen Sie unbedingt einen Arzt aufsuchen. Es kann eine ernsthafte Erkrankung dahinter stecken, die auf jeden Fall fachkundig behandelt werden muss.

● Nahrhaft, aber leberschonend: Da Pitta und Vata auslösende Faktoren sind, ist eine nahrhafte Ernährung angesagt, die jedoch keinesfalls die Leber belasten sollte. Nehmen Sie also viel Eiweiß und Kohlenhydrate zu sich, fettreiche Nahrungsmittel sollte Sie aber meiden.

● Haaröl: Massieren Sie zweimal wöchentlich Ihre Haare mit Seva-Haaröl oder anderen Haarölen, die Bhringaraj und Amla enthalten. Kneten Sie dabei die Haare kräftig durch, lassen das Öl dann kurz einwirken und waschen es anschließend mit Shiyakai oder Seva-Haarpulver (das ist übrigens kein Shampoo) aus. Ideal im Sinne des Ayurveda wäre es, wenn der Kopf zuerst sauber rasiert und dann mit den Ölmassagen begonnen würde, denn dann ist diese Behandlung noch wesentlich wirkungsvoller. Die Entscheidung dazu sei jedoch jedem selbst überlassen …

● Amla- oder Mangopaste: Um das Haarwachstum anzuregen, muss die Kopfhaut stimuliert werden. Hier bietet sich eine Paste aus Amalaki- oder Mangosamen an, für die Sie einen Esslöffel der Samen mit etwas Wasser zu einem Brei verrühren und auf die Haare auftragen, einwirken lassen und dann mit warmem Wasser auswaschen.

● »Haarwuchsmittel«: Im Ayurveda gibt es wirksame Medikamente, die das Haarwachstum anregen und die Ursachen des Haarverlustes beseitigen. Diese sind Bhringaraj-Kapseln, Triphala-Kapseln und Aswagandha-Kapseln. Letztgenannte wirken sehr beruhigend auf das vegetative Nervensystem und verringern Stresserscheinungen.

● Shirovasti: Übersetzt bedeutet Shirovasti eigentlich Kopfeinlauf. Nun hat unser Schädel bekanntermaßen keine natürliche Öffnung für diesen Zweck, und so behilft man sich im Ayurveda mit einem

Lederhut, der dem Patienten auf den Kopf gesetzt wird. Er ist nach oben offen und schließt dicht am Kopf ab. Den Kopfputz füllt man mit heilkräftigen Ölen und belässt ihn je nach Konstitutionstyp und zu behandelnder Beschwerde bis zu 50 Minuten auf dem Kopf des Patienten. Nach dem Shirovasti folgt in der Regel eine Ölmassage von Kopf, Nacken und Rücken und ein warmes Bad. Dieses Ölbad für den Kopf entfaltet tiefgreifend harmonisierende Wirkungen auf Seele, Geist und Körper und wird im Ayurveda deshalb gerne auch bei Haarausfall eingesetzt. Shirovasti ist eine Anwendung aus dem Pancha Karma und sollte nur von darin erfahrenen Therapeuten durchgeführt werden.

● Shirodhara: So etwas wie der Klassiker unter den ayurvedischen Heilanwendungen – kaum ein Bericht über die alte indische Gesundheitslehre ohne eine Abbildung von Shirodhara. Dieser Ölguss auf die Stirn ist Bestandteil der Pancha-Karma-Therapien und wird vor allem bei Störungen des Nervensystems, neurologischen Erkrankungen und Erschöpfungszuständen zur Regeneration eingesetzt. Shirodhara harmonisiert das gesamte Nervensystem, beruhigt, gleicht aus und verleiht innere Ruhe. Auch bei Haarausfall zeigt diese Behandlung gute Heilerfolge.

Shirodhara sollten Sie nur von einem darin erfahrenen Therapeuten durchführen lassen.

Hautentzündung (Ekzem u. a.) – Vicarcika

Der Begriff »Hautentzündung« umfasst allergische oder toxische Hautentzündung, Neurodermitis sowie Hautverbrennungen oder Hautentzündungen im Mundbereich. Im folgenden geht es um Hautentzündungen durch allergische oder toxische Einflüsse. Zu Neurodermitis und Verbrennungen lesen Sie bitte auf den Seiten 196 und 203 nach.

Allergische oder toxische Hautentzündungen, Ekzeme, sind entzündliche Reaktionen der Haut, hervorgerufen durch den Kontakt mit allergenen oder giftigen Substanzen.

Im akuten Stadium sind die mit dem auslösenden Stoff in Berührung gekommenen Stellen stark gerötet, geschwollen und jucken. Nach

Die beim Shirodhara verwendeten Öle haben Körpertemperatur und sind mit bestimmten heilkräftigen Kräuteressenzen versetzt. Der Patient legt sich auf den Rücken und beugt den Kopf entspannt etwas nach hinten. Der warme Ölstrahl wird in kontinuierlichem Fluss auf den oberen Teil der Stirn gegossen – genau auf das »dritte Auge« in der Mitte der Stirn. Der warme Strom heilender Substanzen bringt tiefe Entspannung.

ein bis zwei Tagen bilden sich dann nässende Bläschen. Hält die Entzündung über einen längeren Zeitraum (ein bis mehrere Wochen) an, verdicken sich die oberen Hautschichten, verlieren an Elastizität, und es kommt zur Bildung von Schuppen, Krusten und Hautrissen.

Wenn große Teile der Haut betroffen sind oder die Hautentzündung chronisch wird, sollten Sie unbedingt zum Arzt gehen.

Ayurveda und Ekzeme

Es gibt auch einige fertige ayurvedische Präparate zur Behandlung von Ekzemen: Trikatu-Kapseln, die Sie zusammen mit Honig einnehmen, Triphala-Kapseln, gemeinsam mit Ghee und Kurkumapulver sowie das Guggulutikktaka-Ghrita. Zur Dosierung orientieren Sie sich bitte an den Empfehlungen auf den Packungen.

Der Ayurveda sieht die Ursachen entzündlicher Hautreaktionen vor allem in nicht verträglichen, also für einen bestimmten Konstitutionstyp nicht so gut geeigneten Nahrungmitteln (siehe Seite 86). Auch Überessen sowie zu fettige, salzige, saure und nicht im ayurvedischen Sinn richtig zubereitete Speisen bringen die Doshas ebenso aus dem Gleichgewicht wie übermäßige körperliche Aktivitäten. Alle diese Faktoren führen zu einer Ansammlung der drei Doshas in der Haut, im Blut, in der Lymphflüssigkeit und im Muskelgewebe, wobei Kapha in der Regel dominiert.

Darüber hinaus ist es möglich, dass auch Nylon und andere Kunstfasern Ekzeme hervorrufen.

So behandeln Sie sich selbst

● Kapha reduzieren: Um Kapha wieder ins Gleichgewicht zu bringen, sollten Sie sich jetzt an eine strenge kaphareduzierende Diät halten.

● Gewürzpaste: Ein etwas ungewöhnliches, aber sehr wirksames Rezept bei Hautentzündungen ist eine Paste aus verschiedenen Gewürzen und Kuhurin. Rühren Sie dazu jeweils einen Teelöffel Meerrettichsamen (aus dem Reformhaus oder Samenhandel), Senfsamen, schwarzen Pfeffer, langen Pfeffer, Ingwer und Kurkuma zusammen mit etwas Kuhurin zu einer geschmeidigen Paste, die Sie einmal täglich auf das Ekzem auftragen. Falls Sie keinen Bauernhof mit Viehhaltung in der Nähe haben oder Ihnen Kuhurin als Zutat aus hygienischen oder anderen Erwägungen nicht so behagt, können Sie stattdessen auch etwas Senföl verwenden.

● Einreibung mit Senfsamen: Eine andere bewährte Anwendung bei Hautentzündungen ist eine Einreibung mit Senfsamen. Dazu zermalmen Sie einen Esslöffel Senfsamen in einem Mörser, und kochen Sie

sie dann mit etwas Wasser zu einem Brei auf. Ganz im Sinne des Ayurveda ist es, wenn Sie zum Aufkochen einen geschlossenen Tontopf verwenden. Sie können aber auch auf einen normalen Kochtopf aus Metall ausweichen. Die Senfsamenpaste tragen Sie ein- bis zweimal täglich auf die betroffenen Hautstellen auf. Sie sollten an diesen Bereichen keine Kleidung tragen.

● Ghee: Sehr geeignet bei Ekzemen ist das regelmäßige Trinken von Ghee, ein bis zwei Esslöffel täglich.

Herpes simplex – Kaksha

Man ahnt es schon am unangenehmen Brennen und Spannen an den Lippen und tatsächlich, am nächsten Morgen ist es meist wieder so weit: Kleine Bläschen verunzieren die Mundpartie und werden für die nächsten Tage zu lästigen Begleitern. Die Bläschen stehen meist in Gruppen, »fließen zusammen« und brechen dann auf. Nach drei bis vier Tagen setzt die Abheilung unter Krustenbildung ein.

Typ I des Herpes-simplex-Virus tritt an den Lippen, der Nase und den Wangen auf, Typ II hingegen im Genital- und Gesäßbereich. Herpes hinterlässt in der Regel keine Narben, ist jedoch eine große psychische Belastung und eine ansteckende Geschlechtskrankheit, die in die Hand eines Arztes gehört.

Beachten Sie, dass die Herpesbläschen auch dann noch ansteckend sind, wenn sie bereits verkrustet sind.

Senfsamen wirken – zusammen mit einigen anderen Samen – lindernd auf Hautekzeme.

Wann kommt es zu Herpes?

Die Übertragung der Herpesviren geschieht durch Tröpfchen- oder Schmierinfektion, beispielsweise bei Lippenkontakt oder Geschlechtsverkehr oder beim Neugeborenen während der Geburt, wenn die Mutter an Herpes genitalis leidet. Nach der Übertragung muss es jedoch nicht unmittelbar zum Ausbruch der Herpesbläschen kommen.

In der Regel liegen die Herpesviren inaktiv im Organismus vor, und erst bestimmte Auslöser führen zum Auftreten der Symptome. So sind die unangenehmen Bläschen in der Regel stets Begleiter einer körperlichen und psychischen Schwäche. Denn zum Ausbruch des Herpes kommt es dann, wenn unser Abwehrsystem geschwächt und weniger funktionstüchtig ist, wie beispielsweise bei Erkältungskrankheiten. Aber auch intensive Sonnenbestrahlung oder ausgeprägte Ekelgefühle können der Auslöser sein.

Im Mittelpunkt der Ursachen, das können die meisten Herpesgeplagten bestätigen, stehen jedoch psychische Belastungen und übermäßiger Stress. Wenn Termindruck, Konflikte und Auseinandersetzungen überhand nehmen, werden auch die Immunkräfte überfordert und dem Herpes der Weg geebnet.

Wenn sich die Herpesinfektion im Augenbereich ausbreitet, die Lymphknoten geschwollen sind oder eine bakterielle Infektion hinzukommt, sollten Sie einen Arzt aufsuchen. Das gilt auch bei häufigen Rückfällen. Jetzt gilt es, eine weitere Ausbreitung der Infektion zu verhindern und das Immunsystem nachhaltig zu stärken.

Vermeiden Sie eine zu intensive Sonnenbestrahlung, indem Sie Ihre Lippen mit einer Creme mit hohem Lichtschutzfaktor bzw. mit einem Sunblocker vor den UV-Strahlen schützen. Die Strahlenbelastung kann sonst Herpes zum Ausbruch bringen.

Herpes und Ayurveda

Aus ayurvedischer Sicht sind die beiden Doshas Vata und Pitta die verursachenden Faktoren, obgleich Herpesbläschen und Geschwüre an den Lippen im Allgemeinen zunächst auf ein gestörtes Pitta-Dosha hinweisen.

Bei psychischen Belastungen, Stress und Aufregung sowie bei Depressionen und /oder Immunschwäche kommt es dann zum Ausbruch des Herpes.

Berücksichtigen Sie zur Regulierung von Pitta- und Vata-Dosha auch die Empfehlungen zur Harmonisierung der Doshas durch Ernährung und Entspannung (siehe Seite 69 ff. und Seite 51 ff.)

So behandeln Sie sich selbst

● Fettfrei: Um Vata und auch Pitta zu reduzieren, nehmen Sie bei Herpes vatareduzierende Nahrungsmittel ohne Fett zu sich.

● Süßbittere Tees: Trinken Sie mehrmals täglich eine Tasse Süßholztee – seine Eigenschaften empfehlen sich vor allem bei Herpes.

● Kalmus-Zitronen-Paste: Eine gute Anwendung gegen Herpes ist auch die Kalmus-Zitronen-Paste. Dazu verrühren Sie einen Teelöffel pulverisierte Kalmuswurzel mit frischem Zitronensaft zu einem Brei, und tragen Sie ihn mehrmals täglich auf die betroffenen Stellen auf. Alternativ können Sie auch Zitronensaft eins zu eins gemischt mit Glyzerin verwenden.

● Gras-Gurken-Paste: Bei Brennen und Spannungsgefühl bereiten Sie sich eine Paste aus frischem Wiesengras und etwas Gurkensaft. Dazu zerkleinern Sie einen Büschel Gras (am besten im Mixer, wenn Sie die Halme zuvor klein schneiden) und verrühren es mit dem Saft einer geriebenen Gurke zu einem Brei, den Sie auf die Herpesbläschen auftragen.

● Sandelholzpaste: Eine weitere sehr wirkungsvolle Paste gegen Herpes besteht aus rotem Sandelholz (Pterocarpus santalinus): Verrühren Sie einen Esslöffel pulverisiertes rotes Sandelholz mit etwas Wasser zu einem Brei, den Sie äußerlich auftragen, aber auch einnehmen können.

● Durva: Durva, Bermudagras, ist ebenfalls bei Herpes indiziert. Geben Sie deshalb mehrmals täglich einige Tropfen des Ayuroma Pitta-Öls auf die Herpesbläschen, denn diese Zubereitung enthält Bermudagras.

● Triphala-Kapseln: Sehr bewährt bei Herpes sind Triphala-Kapseln, ein beliebtes ayurvedisches Präparat. Zur Einnahme orientieren Sie sich bitte an den Empfehlungen auf der Packung.

● Mahatikkta-Ghrita: Sehr wirkungsvoll ist das Mahatikkta-Ghrita. Lesen Sie bitte hierzu die Empfehlungen zu Allergien auf Seite 173.

● Virecana: Abführen, Virecana (siehe Seite 155), ist eine wichtige Behandlung im Ayurveda und wird auch im Zuge jeder Pancha-Karma-Kur durchgeführt. Aus diesem Grund bietet sich das leichte Abführen auch bei Herpes an. Die im Ayurveda empfohlenen Abführmittel sind sehr mild – versuchen Sie es mal mit Sennablättern (aus der Apotheke).

Entspannungsübungen wie Yoga oder Meditation helfen, Ihren Körper wieder zur Ruhe zu bringen. Dadurch können Sie Ihr Immunsystem stärken und der lästigen Herpeserkrankung gezielt vorbeugen.

Juckreiz (Pruritus) – Alasaka

Juckreiz ist in den meisten Fällen die Folge von Insektenstichen, Allergien und bestimmten Hauterkrankungen wie etwa Gürtelrose. Weniger bekannt ist Ihnen aber vielleicht, dass Juckreiz am ganzen Körper auch durch Diabetes mellitus (Zuckerkrankheit), Leber- und Nierenerkrankungen sowie durch psychische Belastungen, Stress und permanente Überforderung hervorgerufen werden kann.

Sollte Ihr Juckreiz am ganzen Körper ohne Grund über Tage und Wochen bestehen bleiben, ist ein Arztbesuch angezeigt.

Juckreiz und Ayurveda

Ein ayurvedisches Hausmittel bei Juckreiz ist Basilikum, als Tee (mehrmals täglich eine Tasse) oder als Abkochung, die Sie ebenso mehrmals am Tag auf die juckenden Hautstellen auftragen sollten.

Wie bei vielen anderen chronischen Hauterkrankungen, sind alle Doshas involviert und machen eine gezielte Behandlung deshalb etwas schwierig. Aus diesem Grund ist es wichtig, auf die begleitenden Symptome zu achten, die das Vorherrschen eines bestimmten Doshas anzeigen. Dieses kann dann gezielt behandelt und wieder ins Gleichgewicht gebracht werden. Vor der Therapie sollten jedoch immer alle Dhatus, die Körpergewebe, gereinigt werden.

So behandeln Sie sich selbst

● Appetit anregen: Zunächst sollte der Appetit mit entsprechenden Maßnahmen wiederhergestellt werden. Dazu eignen sich warmes, leicht verdauliches Essen sowie appetitanregende und blutreinigende Tees wie Brennessel- oder Kardamom-Tee.

● Niemblätter-Dekokt: Hervorragend gegen das Jucken hilft eine Abkochung aus Triphala oder Blättern des Niembaumes. Für das Triphala-Dekokt übergießen Sie einen Teelöffel Triphala-Pulver mit heißem Wasser und lassen dies fünf bis zehn Minuten ziehen. Die Niemblätterabkochung bereiten Sie ebenso zu: Einen Teelöffel der Blätter mit heißem Wasser übergießen und etwas ziehen lassen. Die Flüssigkeit tragen Sie mehrmals täglich auf die juckenden Stellen auf – Sie werden schnell eine lindernde Wirkung feststellen.

● Kurkuma-Honig-Paste: Sie können die juckenden Stellen auch mit einer Paste aus Kurkuma und Honig einreiben. Verrühren Sie einen Esslöffel Kurkumapulver mit etwas Honig zu einem Brei, und tragen Sie diesen mehrmals täglich auf die betroffenen Bereiche auf.

• Ayurvedische Präparate: Zur Behandlung von Juckreiz bieten sich auch die folgenden ayurvedischen Mittel an, die Sie fertig kaufen können: Amla Purie, ein bewährtes Rasayana zur allgemeinen Stärkung und Beruhigung der Nerven und deshalb besonders bei Juckreiz durch psychische Überlastung sehr gut geeignet; Tulasi-Kapseln, die Sie wie auf der Packung angegeben, über einen längeren Zeitraum einnehmen sollten, bis sich der Juckreiz gebessert hat.

Wenn es zu Blutstauungen in den Gefäßen kommt, empfiehlt sich das Anlegen von Blutegeln. Diese Anwendung sollten Sie jedoch nur von einem in diesen Heilweisen erfahrenen Ayurveda-Arzt durchführen lassen.

Krampfadern

Bei Krampfadern handelt es sich eigentlich um eine Erkrankung der Venen. Da sie jedoch in der Regel ein ausgeprägtes kosmetisches Problem darstellen, finden sie auch hier Erwähnung.

Ihr charakteristisch schlängelnder Verlauf brachte den Krampfadern auch den Beinamen »Krummvenen« ein. Bei dieser Erkrankung sind die Beinvenen zum Teil stark erweitert. Sie verlaufen deutlich sichtbar unter der Hautoberfläche. Ursache ist eine Stauung des zum Herzen zurückfließenden venösen Blutes infolge nicht mehr richtig schließender Venenklappen. Wird dieser Zustand durch Bewegungsmangel chronisch, verändern sich die Gefäßwände durch den erhöhten Druck. Die Beine sind prallgefüllt mit Blut und fühlen sich schwer und müde an. Erst in der Nacht und durch Hochlagern lässt dieses unangenehme Gefühl etwas nach.

Basilikum ist ein besonders wirksames Heilkraut bei Krampfadern. Sie können es entweder als Tee trinken oder als Abkochung auf die Krampfadern direkt auftragen.

Wie entstehen Krampfadern?

Um Ihre Venen zu trainieren, sollten Sie auf Fahrstühle und Rolltreppen verzichten und möglichst immer die Treppe bevorzugen. Auch regelmäßiges Rad fahren und Schwimmen hilft, Krampfadern vorzubeugen.

Primär können Krampfadern genetisch, also durch eine vererbte Veranlagung zur Bindegewebsschwäche verursacht sein. Diese wird durch Bewegungsmangel und Haltungsfehler über Jahre hinweg zusätzlich verstärkt.

Auch die Einnahme von Hormonpräparaten, insbesondere von Antibabypillen mit hohem Östrogenanteil sowie zu enge Kleidung und Übergewicht können zur Entwicklung der Krummvenen führen.

Bei blutenden Krampfadern müssen Sie schnellstmöglichst einen Arzt zu Rate ziehen; die Selbstbehandlung ist dann nicht möglich.

Krampfadern und Ayurveda

Im Ayurveda sieht man die Ursachen für Krampfadern in einer übermäßigen Anreicherung und dem Zusammenschluss von Vata und Kapha in den Venen.

Weitere auslösende Faktoren sind auch nach ayurvedischer Meinung vor allem Bewegungsmangel (erhöht Kapha), altersbedingte Gewebeschwäche (durch Vata verursacht) sowie schwere oder schlecht verdaute Nahrung.

So behandeln Sie sich selbst

● Warm und nahrhaft: Nehmen Sie, wenn Sie unter Krampfadern leiden, vor allem warme und sehr nahrhafte Speisen zu sich. Die Nahrungsmittel sollten jedoch leicht verdaulich sein, um nicht noch zusätzlich Kapha zu fördern.

● Ölbehandlungen: Vor allem um Blutstauungen in den Venen vorzubeugen, empfiehlt sich bei Krampfadern die regelmäßige, sanfte Anwendung von Ölen. Diese sollen jedoch nicht einmassiert werden, sondern nur zart mit den Fingerspitzen auf die Haut aufgetragen werden und für 30 bis maximal 60 Minuten einwirken. Danach duschen Sie die Öle warm ab, aber nicht zu heiß, denn das schadet sonst den Venen. Verwenden Sie Seva-Kapha-Öl oder Sahacaradi-Taila. Tailas sind Öle, meist Sesam- oder Kokosöl, die mit bestimmten Heilkräutern versetzt wurden.

● Trikatu-Kapseln: Ein gutes Mittel zur Behandlung von Krampfadern sind auch Trikatu-Kapseln, die Sie wie auf der Packung empfohlen, über einen längeren Zeitraum regelmäßig einnehmen sollten.

- Basilikum: Ein bewährtes ayurvedisches Hausmittel ist auch Basilikum, als Tee (mehrmals täglich eine Tasse) oder als Abkochung, die Sie ebenso mehrmals am Tag auf den Krampfadern auftragen sollten.
- Abhyanga: Diese Ölmassage mit sorgfältig ausgewählten Kräuterölen ist bei Krampfadern eine wirksame Behandlungsmaßnahme (siehe Seite 148).
- Dampfbad: Durch leichtes Schwitzen im Dampfbad (aber nur bis maximal 40 °C) kann die Behandlung von Krampfadern unterstützt und ihre Heilung wirksam gefördert werden.
- Vasti: Ayurveda empfiehlt darüber hinaus auch die regelmäßige Durchführung eines Vasti, Einlaufs (siehe Seite 156), um überschüssige Giftstoffe und Schlacken, die sich in den Gefäßen und in den Dhatus, den Körpergeweben, angesammelt haben, wieder auszuleiten und um Vata, das seinen Sitz im Dickdarm hat, zu regulieren. Verwenden Sie dazu heilende Öle wie das Sahacaradi-Taila oder das Seva-Kapha-VI-Öl. Das Einlaufgerät können Sie in der Apotheke kaufen.

Nagelbetterkrankungen

Diese höchst unangenehmen und hinderlichen Entzündungen entstehen durch Eitererreger, die das Nagelbett infizieren. Die Eindringlinge verursachen eine schmerzhafte Rötung und Schwellung des Nagelbettes. Nach einiger Zeit lässt sich dann der Eiter herausdrücken. Nagelbetterkrankungen entstehen meist infolge infizierter Bagatellverletzungen. Zum Teil ist auch die Nagelplatte durch Pilzbefall (Nagelmykosen) oder den häufigen Kontakt mit Wasser vorgeschädigt. Dadurch schließt das Nagelhäutchen nicht mehr dicht mit der Nagelplatte ab, und durch diese winzige Öffnung können die Bakterien eindringen.

Wenn das Nagelbett sehr stark oder aber abszessartig entzündet ist, sollten Sie einen Arzt aufsuchen.

Pflegen Sie Ihre Hände und Fingernägel regelmäßig. Denn eine intakte Nagelhaut ist widerstandsfähig gegen die Erreger der Nagelbettentzündung.

Nagelbetterkrankungen und Ayurveda

Hierzu lesen Sie bitte unter Furunkel auf Seite 179 f. nach.

So behandeln Sie sich selbst

- Maniküre mit Öl: Abhilfe bei Nagelbetterkrankungen bringt das regelmäßige Auftragen von Niemöl oder Basilikumöl.
- Heilendes Dekokt: Waschen Sie die erkrankten Nägel mehrmals am Tag in einer Abkochung, einem Dekokt, von Niembaum- oder Basilikumblättern. Dazu übergießen Sie jeweils einen Teelöffel der zerkleinerten Blätter mit heißem Wasser und lassen dies fünf bis zehn Minuten ziehen.
- Zu weiteren Behandlungsmöglichkeiten lesen Sie bitte unter Furunkel auf Seite 179 f. nach.

Narben

Große Wunden, die verschmutzt sind oder unregelmäßige Ränder haben (z. B. Risswunden), müssen unbedingt fachkundig versorgt werden. Es muss darauf geachtet werden, dass die Wundränder exakt aneinanderliegen, damit sich keine unschönen, großflächigen Narben entwickeln.

Narben stören den Energiefluss im Körper, besonders dann, wenn sie auf den sogannten Marma-Punkten liegen. In der Susruta-Samhita (siehe Seite 221) finden die Marmas erstmals Erwähnung. Nach ayurvedischem Verständnis sind Marmas sehr verletzliche Verbindungspunkte von Bewusstsein und Körper. Sie sollten demnach, auch bei Operationen, wenn irgend möglich geschützt werden. Ist einer der Marma-Punkte beispielsweise durch eine Narbe verletzt, kann das zu Störungen des geistig-körperlichen Gleichgewichtes führen und Mitursache für Schmerzen und Funktionsstörungen an entfernt liegenden Organen sein.

Auch deutsche Mediziner entdeckten um die Jahrhundertwende, dass Narben unter Umständen Störfelder sein können. Auf dieser Erkenntnis basiert die Entwicklung der Neuraltherapie, einer weitverbreiteten Methode der Schmerz- und Heilbehandlung. Dabei wird ein örtlicher Betäubungsstoff in eine Narbe eingespritzt, wodurch ein Schmerz oder eine körperliche Störung in Sekundenschnelle verschwinden kann.

Narben und Ayurveda

Da Narben oft auf Marma-Punkten, den Verbindungspunkten von Bewusstsein und Körper, liegen, bietet der Ayurveda entsprechend dieser Erkenntnisse sanfte Methoden zur Auflösung von Blockaden durch Narben.

So behandeln Sie sich selbst

- Ölmassagen: Massieren Sie die Narben regelmäßig sanft mit Seva-Kapha-Öl oder Sahacaradi-Taila. Tailas sind Öle, meist Sesam- oder Kokosöl, die mit bestimmten Heilkräutern versetzt wurden. Bereits eine Woche nach einer Operation können Sie Seva-Kapha-Öl problemlos auf die frische Wunde auftragen.
- Rasayana: Sie gelten in Indien seit alters als universales Heilmittel (siehe Seite 75). Zur Behandlung von Narben empfiehlt sich besonders das Amla Purie. Zur Einnahme orientieren Sie sich bitte an den Angaben auf der Packung.
- Jambira Potali Sweda: Mit diesem Wickel können Sie selbst alte Narben sichtbar verschönern. Zur Herstellung und Anwendung lesen Sie bitte auf Seite 151 nach.

Nesselsucht (Urticaria) – Udarda und Shitapitta

Bei der Nesselsucht bilden sich vorübergehend hellrote Quaddeln am ganzen Körper, die stark jucken. Sie entwickeln sich binnen weniger Minuten und verschwinden nach einer bis acht Stunden wieder. Die Quaddeln können linsen- bis münzgroß sein, sich aber auch zu flächigen Herden ausdehnen.
Nesselsucht kann an allen Körperstellen auftreten.

Wie entsteht Nesselsucht?

Als Auslöser der allergisch bedingten Nesselsucht kommen verschiedene Allergene in Betracht: Nahrungsmittel und ihre Zusatzstoffe wie Konservierungsmittel und Farbstoffe sowie Medikamente. Auch Infekte durch Viren oder Bakterien können die Ursachen sein. Der physikalisch ausgelösten Nesselsucht liegen Kälte, Wärme, Druck, Schwitzen und selten auch Lichteinwirkung zugrunde.

Nesselsucht und Ayurveda

Hitze, Kälte und extreme Temperaturwechsel sowie psychische Überreizung führen zu einer Zunahme von Vata und Kapha. Die bei-

In jedem Fall sollte Ihr Arzt zunächst durch Allergietests eine exakte Diagnose stellen. Die nachstehenden Empfehlungen sind nur als Unterstützung der ärztlichen Therapie zu verstehen.

den Doshas sammeln sich in der Haut und verbinden sich dort mit Pitta. Es kommt zu starkem Jucken, Ausschlag, Erbrechen, Fieber und Brennen. Seltener liegt der Nesselsucht aus ayurvedischer Sicht auch Parasitenbefall zugrunde. Bei Udarda ist eher Kapha vorherrschend, während bei Shitapitta meist Vata dominiert.

So behandeln Sie sich selbst

Manche Menschen reagieren auf den Genuss bestimmter Speisen mit einer Nesselsucht. Nahrungsmittel, die bekanntermaßen Nesselsucht auslösen können, sind u. a.: Erdbeeren, Aprikosen, Muscheln, Fisch, Honig, Nüsse, Gewürze.

● Salzfreie Ernährung: Bei der Behandlung der Nesselsucht steht eine salzfreie Ernährung im Vordergrund. Zudem sollten Sie auch auf saure, fermentierte Nahrungsmittel, dazu gehören auch Sauermilchprodukte wie Joghurt, Quark oder Kefir, verzichten.

● Heilende Gemüse: Zwiebeln, Knoblauch und bittere Gemüsearten wie beispielsweise Spinat, Kohl, Wirsing, Rosenkohl, Brokkoli, Chicorée, Fenchel, Blumenkohl, Stangensellerie oder Spargel sollten Sie jetzt in größeren Mengen zu sich nehmen.

● Öleinreibung: Sehr wirkungsvoll gegen Nesselsucht ist das tägliche Einreiben des ganzen Körpers mit Ausnahme des Kopfes mit Senföl oder Seva-Kapha-Öl. Danach sollten Sie ein Bad nehmen.

● Gewürzmischung: Ein bewährtes Rezept bei Nesselsucht ist auch das folgende: Mischen Sie jeweils ein Gramm Kurkuma, Ingwer und Ajuwan in pulverisierter Form und nehmen Sie dies zwei- bis dreimal täglich mit etwas Wasser ein.

Neurodermitis

Diese anlagebedingte Ekzemerkrankung hat in den letzten Jahrzehnten drastisch zugenommen. Sie tritt vor allem bei Kindern und Säuglingen auf. Charakteristisch für Neurodermitis ist der starke Juckreiz und die trockene, gerötete Haut mit kleinen Bläschen und Knötchen, die zum Teil ein klebriges Sekret absondern.

Wie kommt es zur Neurodermitis?

Nicht jeder, der die Anlage dazu hat, muss auch tatsächlich an Neurodermitis erkranken. Erst bestimmte Auslöser führen zum Ausbruch. Diese können sehr unterschiedlich sein: Allen voran seien psychische Überlastung und übermäßiger Stress genannt, die entweder allein oder mit anderen Faktoren Neurodermitis auslösen. Daneben können Hausstaub, Tierhaare, Pollen, aber auch feuchtwarmes Klima die Ursachen sein. Häufig auch bestimmte Nahrungsmittel und Nahrungsmittelallergien: Besonders Milch, Nüsse und tierisches Eiweiß können Neurodermitisschübe auslösen. Mittlerweile sind sich die Wissenschaftler darin einig, dass der Neurodermitis hauptsächlich Störungen des Verdauungssystems zugrunde liegen. Bei nahezu jedem Neurodermitispatient hat sich nämlich das Gleichgewicht der Darmflora verschoben. Besiedeln zusätzlich Hefepilze den Darm, beispielsweise Candida albicans, muss die Behandlung umso umfassender und gezielter sein, um zum Erfolg zu führen.

Neurodermitis und Ayurveda

Aus ayurvedischer Sicht sind bei Neurodermitis Vata und Kapha übermäßig aktiviert. Vata ist verantwortlich für die trockene Haut und Kapha für den starken Juckreiz. Deshalb sollten Sie bei Neurodermitis zunächst versuchen, Ihre Doshas wieder ins harmonische Gleichgewicht zu bringen. Dabei müssen die Vata-Störungen, die bei dieser Erkrankung im Vordergrund stehen, berücksichtigt werden. Darüber hinaus ist es jetzt wichtig, dass Sie Ihr Verdauungssystem gezielt stärken. Der Ayurveda kennt auch Kräuterpräparate und äußerliche Anwendungen wie Salben und Pasten, die jedoch der Arzt individuell auswählen und verordnen sollte.

Neurodermitis ist erblich bedingt – vererbt wird jedoch nicht die Krankheit an sich, sondern nur die Veranlagung dazu. Neuesten Schätzungen zufolge sind zehn Prozent der Deutschen Träger dieser erblichen Veranlagung.

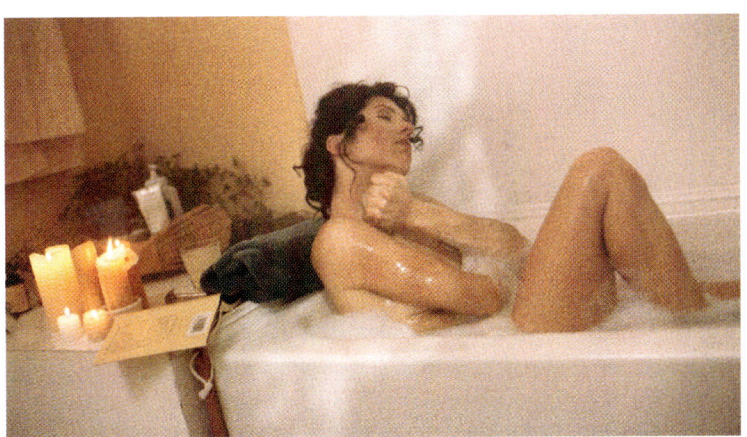

Zur Entspannung und damit auch zur Harmonisierung der Doshas ist ein gemütliches Bad in angenehmer Atmosphäre geeignet. Besonders bei chronischen Erkrankungen ist dies von großer Bedeutung.

So behandeln Sie sich selbst

Besonders bei Neurodermitis sollten Sie versuchen, im Rhythmus der Natur zu leben. Das bedeutet frühzeitig schlafen gehen, ausgewogene und vor allem regelmäßige Mahlzeiten zu festen Zeiten sowie ausreichend Ruhe und Erholung.

- Vata regulieren: Da bei Neurodermitis die Vata-Störungen dominieren, sollten Sie über Ihre Ernährung versuchen, dieses Dosha zu reduzieren (siehe Seite 69 ff.). Vor allem bei Kindern, die unter dieser Erkrankung leiden, ist das wichtig. Vermeiden Sie auch trockene Nahrungsmittel.
- Natürliche und frische Nahrungsmittel: Streichen Sie Lebensmittel mit chemischen Zusätzen und Konservierungsstoffen von Ihrem Speiseplan. Auch Hefeprodukte (fördern die Hefepilze im Darm), Süßigkeiten, Schokolade und scharfe Gewürze sind bei Neurodermitis nicht zu empfehlen.
- Naturstoffe: Verwenden Sie auch nur natürliche Waschmittel, denn chemische Rückstände in der Wäsche können die Haut reizen und einen akuten Neurodermitisschub auslösen. Es gibt auch »Allergikerstoffe« aus Kunstfasern, die die Haut nicht reizen, was vor allem durch Bettwäsche aus Baumwolle, Leinen oder Seide ab und an passieren kann.
- Ungesättigte Fettsäuren: Nehmen Sie mehrfach ungesättigte Fettsäuren in ausreichender Menge zu sich. Eine gute Quelle sind hier vor allem Flachsöl und Nachtkerzenöl, denn sie enthalten ungesättigte Fettsäuren (besonders Gamma-Linolensäure).
- Triphala-Pulver: Für trockene Ekzeme sollte weder Sesam- noch Kokosöl verwendet werden, da beide leicht austrocknend wirken. Am Besten eignet sich hier Ghee, dass Sie mit etwas Triphala-Pulver zu einem Brei verrühren und auftragen. Alternativ oder zusätzlich können Sie auch Triphala-Kapseln einnehmen.
- Bei nässenden Ekzemen: Bereiten Sie sich eine Abkochung, ein Kvatha aus Triphala- oder Niemblättern zu, und betupfen Sie die nässenden Stellen damit. Für das Kvatha übergießen Sie einen Teelöffel Triphala- oder Niemblätter mit heißem Wasser und lassen dies fünf bis zehn Minuten ziehen. Anschließend reiben Sie die Stellen noch mit Seva-Sport-Öl ein.
- Ghritas: Solange die Ekzeme nicht nässen, empfehlen sich auch das Mahatikktaka-Grhita sowie das Guggulutikktaka-Ghrita. Lesen Sie hierzu bitte unter Allergien auf Seite 172 ff. nach.
- Öleinreibungen: Pflanzliche Öle pflegen die Haut und lindern den Juckreiz. Bei juckender Haut mit Schuppen und klebrigen Absonde-

rungen nehmen Sie Jojobaöl, denn es beruhigt die Entzündung. Bei sehr trockener, rauer und rissiger Haut verwenden Sie als Gegengewicht zu Vata Avocadoöl, das Kapha-Qualitäten besitzt. Bei trockener Haut und einem nervösen Gemüt eignet sich auch Mandelöl. Sesamöl empfiehlt sich bei trockener Haut oder wenn der Stoffwechsel träge ist und aktiviert werden soll. Nicht geeignet ist Sesamöl bei roter und entzündeter Haut, denn dann dominiert Pitta. Besser ist hier Kokosöl.

- Lassi: Lesen Sie hierzu bitte auf Seite 174.

Schuppenflechte (Psoriasis) – Ekakushta

Schuppenflechte zeigt sich durch gerötete, silbrig-schuppende (daher auch der Name) unterschiedlich große Krankheitsherde. Meist sind die Innenseiten von Armen und Beinen, die Kopfhaut, der Rücken sowie die Finger- und Fußnägel befallen.

Schuppenflechte tritt bei Frauen wie Männern gleichermaßen häufig auf: erstmals meist im Alter zwischen 20 und 30 und dann wieder zwischen 50 und 70 Jahren.

Wie entsteht Schuppenflechte?

Psoriasis ist anlagebedingt. Sie kommt jedoch nicht bei jedem Träger tatsächlich zum Ausbruch, sondern wird vielmehr durch unterschiedliche Auslöser hervorgerufen.

Zu den Verursachern von Schuppenflechte zählen einerseits akute Infekte wie Grippe oder Lungenentzündung, aber auch Unfälle oder klimatische Einflüsse können dafür verantwortlich sein. Darüber hinaus seien übermäßiger Alkoholgenuss, Übergewicht und psychische Stress-Situationen genannt. Auch Medikamente gegen Bluthochdruck sowie Rheuma- und Malariapräparate können einen akuten Schub auslösen.

Die nachstehenden Behandlungsempfehlungen dienen nur als Unterstützung der ärztlichen Therapie.

Schuppenflechte und Ayurveda

Aus ayurvedischer Sicht wird Schuppenflechte durch verunreinigtes Blut, bedingt durch falsche Ernährung und eine ungesunde Lebensführung, verursacht. Auslöser können darüber hinaus auch psychische Überlastung, Stress und dauerhafte Anspannung sein.

So behandeln Sie sich selbst

Entspannungs-übungen regel-mäßig betrieben, weisen eine recht hohe Erfolgsrate bei Schuppen-flechte auf. Versuchen Sie da-her konsequent, jeden Tag Ihre Yoga- und oder Meditations-übungen durch-zuführen.

- Keine Reizstoffe: Sie sollten jetzt alle scharfen, salzigen und fermentierten Speisen meiden. Dazu gehören insbesondere auch Sauermilchprodukte wie Joghurt, Quark oder Kefir.
- Bittere Gemüsearten: Gut sind jetzt bittere Gemüse wie beispielsweise Spinat, Kohl, Wirsing, Rosenkohl, Brokkoli, Chicorée, Fenchel, Knoblauch, Zwiebeln, Blumenkohl, Stangensellerie oder Spargel. Alle genannten Arten sollten Sie in größeren Mengen gedünstet zu sich nehmen.
- Blutreinigende Tees: Bewährt bei Schuppenflechte sind auch Tees, die das Blut reinigen und allgemein entschlacken. In Frage kommen hier z.B. Brennnessel-, Wermut- oder Kardamomtee, jeweils zwei bis drei Tassen am Tag.
- Beruhigende Öle: Sobald sich ein akuter Schub mit heftigem Juckreiz ankündigt, empfiehlt sich das unverzügliche Autragen von Ayuroma Pitta-Öl oder Gopmadjadi-Taila an den betroffenen Hautstellen. Diese Ölzubereitungen enthalten beruhigende und juckreizstillende Heilkräuter. Tailas sind Öle, meist Sesam- oder Kokosöl, die mit bestimmten Heilkräutern versetzt wurden.
- Weizengras: Eine sehr wirkungsvolle Anwendung bei Schuppenflechte ist eine Einreibung mit Weizengrassaft. Dazu zerkleinern Sie eine Handvoll frisches Weizengras (die Blätter der Weizenpflanze) in einem Mixer. Den dabei entstehenden Saft geben Sie in etwas Ghee (Zubereitung siehe Seite 77) und erhitzen dies solange, bis der Wasseranteil vollkommen verdampft ist. Diesen medizinierten Ghee sollten Sie auf die betroffenen und die unmittelbar benachbarten Hautstellen auftragen.
- Ayurvedische Präparate: Es gibt einige Kombinationspräparate, die bei Schuppenflechte eine sehr gute Heilwirkung haben. Zu empfehlen sind hier besonders die Triphala-Kapseln und die Brahmi-Kapseln. Zur Einnahme orientieren Sie sich bitte an den Empfehlungen auf der Packung.
- Ghee: Ein anderes wirksames ayurvedisches »Hausrezept« gegen Schuppenflechte ist das regelmäßige Trinken von Ghee – zwei bis drei Esslöffel am Tag genügen. Nehmen Sie das flüssige Butterreinfett so lange ein, bis sich die Schuppenflechte gebessert hat und der Juckreiz nachlässt.

Schwitzen, verstärktes

Kenne Sie das: Bis vor wenigen Sekunden waren Sie entspannt und nichts brachte Sie aus der Ruhe. Doch dann beginnen Sie mit einem Mal, fast anfallartig, stark zu schwitzen. Besonders in den Achselhöhlen, den Hand- und Fußinnenflächen sowie an Stirn und Nacken.

Was stekt dahinter?

Die Ursachen sind in der Regel psychischer Natur: meist lösen Angst, Übererregbarkeit, Schmerz oder Lampenfieber die Schweißschübe aus. Doch auch vegetative Nervenstörungen, Diabetes mellitus, Grippe oder eine Überfunktion der Schilddrüse können zur übermäßigen Schweißabsonderung führen. Auch in der Schwangerschaft und während der Wechseljahre kann es infolge der Hormonumstellung zu verstärktem Schwitzen kommen.

Schwitzen und Ayurveda

Bei übermäßiger Schweißproduktion sind nach Meinung des Ayurveda die beiden Doshas Pitta und Kapha überreizt.

So behandeln Sie sich selbst

- Pitta regulieren: Nehmen Sie bevorzugt Nahrungsmittel zu sich, die Pitta reduzieren (siehe Seite 87).
- Sandelholzpaste: Eine Einreibung mit Sandelholzpaste kühlt und vermindert die Schweißproduktion, denn sie reduziert Pitta. Verrühren Sie dazu einen Esslöffel Sandelholzpulver mit etwas Wasser zu einem geschmeidigen Brei, und tragen Sie diesen überall dort auf, wo besonders viele Schweißdrüsen lokalisiert sind: unter den Achseln, an der Stirn, im Schambereich, an den Handinnenseiten sowie an den Fußsohlen.
- Salbei: Ein Tee aus Salbeiblättern gilt auch in unserer heimischen Volksmedizin als äußerst wirksam gegen übermäßige Schweißbildung.
- Lorbeeren: Ebenfalls gut zur Reduzierung der Schweißproduktion ist ein Tee aus Lorbeerblättern (aus der Apotheke oder dem Reformhaus), von dem Sie täglich mehrere Tassen trinken sollten, bis sich die Tätigkeit der Schweißdrüsen wieder normalisiert hat.

Bevorzugen Sie bei Ihrer Kleidung natürliche Fasern wie Baumwolle, Leinen oder Seide, wenn Sie zu verstärktem Schwitzen neigen. Diese Stoffe nehmen den Schweiß besser auf und lassen ihn schneller abdampfen als synthetische Fasern.

Sonnenbrand

Lesen Sie bitte unter Verbrennungen auf Seite 203 nach.

Talgfluss (Seborrhö)

Eine bei Talgfluss sehr wirkungsvolle Anwendung aus dem Pancha Karma ist das Svedana, der traditionelle Schwitzkasten. Die Giftstoffe und Schlacken werden vom Blut abtransportiert und ausgeschwitzt. Das Svedana sollten Sie nur von darin erfahrenen Therapeuten durchführen lassen.

Unter Talgfluss versteht man eine Überproduktion der Talgdrüsen, die alle Bereiche der Haut, an denen viele Talgdrüsen angesiedelt sind, betreffen kann: Nasenrücken, Nasenlippenfalte, Stirn, Nacken, Kopfhaut und Ohrmuscheln. Charakteristikum der erhöhten Talgproduktion ist ein fettiger, glänzender Film auf der Haut.

Wie kommt es dazu?

Dem Talgfluss liegt eine erbliche Veranlagung zu Grunde, die den jeweiligen Hauttyp bestimmt.

Sie sollten diese zwar unangenehme, an sich aber ungefährliche Erscheinung wegen ihrer möglichen Folgeerkrankungen wie Entzündungen und Akne jedoch behandeln.

Talgfluss und Ayurveda

Talgfluss kommt vor allem bei Pitta-Konstitutionen vor, die ohnehin von Natur an mehr zu fettiger Haut und Unreinheiten wie Mittesser und Pickel neigen.

So behandeln Sie sich selbst

● Pitta reduzieren: Bei Talgfluss muss das Pitta-Dosha wieder ins Gleichgewicht gebracht werden. Berücksichtigen Sie dazu besonders die Ernährungsempfehlungen zur Reduzierung dieses Doshas (siehe Seite 87).

● Sarsaparilla: Bittere und blutreinigende Tees regulieren die Talgdrüsenproduktion. Empfehlenswert ist hier Sarsaparillatee.

● Abhyanga: Regelmäßige Ölmassagen (siehe Seite 147) bewirken eine tiefgehende Reinigung der Haut und normalisieren den Talgfluss. Verwenden Sie für das Abhyanga in diesem Fall jedoch nicht Sesamöl, sondern Seva- oder Ayuroma-Pitta-Massageöl oder aber Kokosöl.

- Ayurvedische Medikamente: Bewährte Präparate bei erhöhtem Talgfluss sind Bhringaraj-Kapseln und Triphala-Kapseln. Zur Einnahme orientieren Sie sich bitte an den Empfehlungen auf den Packungen.

Verbrennungen

Rein medizinisch betrachtet sind Verbrennungen durch physikalische Einwirkungen wie Flammen, heißes Wasser oder Sonne verursachte Hautentzündungen.

Sie führen zur Rötung und Schwellung des betroffenen Hautgebietes. Häufig entwickeln sich an der verbrannten Hautstelle auch Brandblasen, aus denen nach und nach helle Gewebsflüssigkeit austritt. Bei leichten Verbrennungen klingen die Beschwerden in der Regel nach einigen Tagen wieder ab und die Wunde verheilt unter der Bildung von Hautschuppen.

Bei Verbrennungen, die größere Hautflächen bedecken – bei Erwachsenen mehr als zehn und bei Kindern mehr als fünf Prozent der Körperoberfläche – müssen Sie umgehend den Arzt aufsuchen. Auch offene Verbrennungen oder eiternde Verbrennungswunden gehören in jedem Fall in ärztliche Behandlung.

Ein wunderbares Mittel bei Sonnenbrand ist kühlendes Kokosöl, das Sie großzügig auf die verbrannten Hautstellen auftragen sollten.

So behandeln Sie sich selbst

- Sandelholzöl: Sandelholzöl beruhigt die entzündete Haut und nimmt das Brennen und wird im Ayurveda bei Sonnenbrand auch sehr zur Einreibung empfohlen. Ebenfalls sehr wirksam zur äußerlichen Behandlung von Verbrennungen ist Zitronengrasöl.
- Kumarirasa: Aloesaft, im Sanskrit Kumarirasa genannt, kühlt die Haut, fördert die Regeneration der Hautzellen und unterstützt auf diese Weise die Abheilung des Sonnenbrands. Tragen Sie deshalb möglichst mehrmals täglich etwas Aloe-vera-Saft auf die verbrannten Hautstellen auf – Sie werden von der unmittelbar eintretenden Linderung Ihrer Beschwerden überrascht sein.

Sie können Kumarirasa auch zur inneren Anwendung einnehmen. Trinken Sie ein bis drei Gläser täglich – das unterstützt die Behandlung zusätzlich.

Warzen (Verrucae) – Masak

Ein hochwirksames ayurvedisches Hausmittel gegen Warzen ist Kalk. Dazu vermischen Sie Kalkpulver (aus der Apotheke) mit etwas Rizinusöl zu einer geschmeidigen Paste und tragen diese über mehrere Wochen einmal am Tag auf die Warze auf.

Die Familie der Warzen hat zahlreiche Mitglieder, die je nach Erscheinungsbild und Erreger unterschieden werden. Eines ist jedoch fast allen gemeinsam: es handelt sich in der Regel um gutartige Hautveränderungen, die durch Krankheitserreger hervorgerufen werden. Meist sind diese Erreger Viren, die sogenannten Papilloma-Viren, HPV (von Human Papilloma Virus). Virusbedingte Warzen kommen hauptsächlich bei Kindern, Jugendlichen und jungen Erwachsenen vor. Verbreitet sind: Dornwarzen und Flachwarzen und gewöhnliche Warzen. Sie kommen meist nicht einzeln, sondern um eine sogenannte Mutterwarze gruppiert vor und treten bevorzugt an schlecht durchbluteten Körperteilen wie Füßen und Händen auf. Sie prägen das bekannte klassische Warzenbild: stecknadelkopfgroß, graubraun mit zerklüfteter Oberfläche.

Eine ihrer speziellen Varianten sind die Dornwarzen. Sie finden sich fast ausschließlich an den Fußsohlen, haben in ihrer Mitte einen kleinen dunklen Punkt und sind meist äußerst schmerzhaft. Dornwarzen sind leicht übertragbar, am schnellsten fängt man sie sich in öffentlichen Schwimmbädern, Saunen oder in Hotelbadezimmern ein. Sehr unscheinbar sind dagegen ihre Kollegen, die Flachwarzen. Sie treten überwiegend bei Kindern und Jugendlichen, bevorzugt an Kinn, Wangen und Hals auf. Die kleinen, gelb-bräunlichen, oft auch juckenden Hauterhebungen werden durch Hautkontakt übertragen. Die Dellwarzen werden als eine der wenigen Warzenarten nicht durch HPV, sondern durch eine Art Pockenviren übertragen. Dellwarzen verbreiten sich durch Schmierinfektion von Mensch zu Mensch oder durch Handtücher und übertragen sich sehr rasch.

Warzen und Ayurveda

Aus ayurvedischer Sicht werden Warzen durch Vata verursacht.

So behandeln Sie sich selbst

● Papaya: Die Papayafrucht enthält ein Enzym, das Papain, das die Warzen gewissermaßen auflöst. Mischen Sie Papayaextrakt und Borax (beides aus der Apotheke) im Verhältnis zwei zu vier zu eins, geben etwas Wasser hinzu und tragen dies auf Ihre Warzen auf.

● Pferdehaar: Eine zugegebenermaßen etwas ungewöhnliche, dafür aber höchst wirkungsvolle Anwendung ist das Abbinden der Warze mit einem Pferdeschwanzhaar. Wenn die Warze abgefallen ist, sollten Sie die Stelle mit einer Paste aus Kalk (aus der Apotheke) und Rohrzuckersirup, Melasse (aus dem Reformhaus) einreiben.

Zellulite

Jede Frau kennt sie – aus eigenen Betrachtungen oder aber, wenn sie Glück hat, nur aus den frustrierten Berichten ihrer Freundinnen: An Oberschenkeln, Hüften und Po zeigen sich buckelige Unregelmäßigkeiten, die an das Aussehen einer Orangenschale erinnern. Spätestens beim Zusammenschieben der Haut mit den Fingern zeigen sich die Dellen. Medizinisch gesehen handelt es sich um eine Störung der Fettverteilung, bei der sich die im Unterhautfettgewebe liegenden Fettzellen vergrößern und durch das elastische Bindegewebe sichtbar nach außen dringen. Dagegen helfen kein Arzt und keine Medikamente, Orangenhaut ist ein rein kosmetisches Problem.

Zum Thema »Orangenhaut« ist im Südwest Verlag ein eigener Ratgeber von Dagmar-P. Heinke mit dem Titel »Rat und Hilfe bei Zellulite« erschienen. Hier erfahren Sie alles über Entstehung, Vorbeugung und erfolgreiche Behandlung von Zellulite.

Kleiner Trost

Zellulite liegen zweifelsohne »Sünden« wie mangelnde körperliche Betätigung und ungesunde Ernährung zugrunde, eine wichtige Rolle spielen dabei jedoch die anatomischen Gegebenheiten. Denn bei Frauen hat das unter der Haut liegende Fettgewebe eine andere Bindegewebsstruktur als bei Männern, und diese begünstigt das Entstehen der Zellulite. Lagert sich durch Gewichtszunahme Fett ein oder lässt die Spannung der Haut mit zunehmendem Alter nach, kommt es zur Orangenhaut. Zudem haben manche Frauen eine erbliche Veranlagung zu einem schwachen Bindegewebe, wodurch die Bildung der Dellen an Oberschenkeln und Po nur schwer zu verhindern ist.

So behandeln Sie sich selbst

● Jambira Pinda Sweda: Die Zitronenwickel lassen die Pfunde schmelzen, fördern die Durchblutung der Haut und die Straffung des Bindegewebes. Lesen Sie bitte bei der des Pancha-Karma nach (siehe Seite 146), wie Sie den Wickel durchführen.

AYURVEDISCHE SCHÖNMACHER

*Um sich die uralten Errun-
genschaften der ayurvedi-
schen Medizin und Kosmetik
zu Nutze zu machen, müssen
Sie nicht nach Indien fahren.
Viele Wirkstoffe dieser Natur-
heilkunde wachsen auch hier
zu Lande, und alle sind sie
hier problemlos erhältlich.
Ihrem ganz privaten Ein-
satz von Ayurveda steht also
nichts im Wege!*

Natürliche Helfer von A bis Z

Die pflanzlichen Wunder aus der Natur

Nachfolgend finden Sie die im Buch erwähnten Pflanzen und Arzneimittel in alphabetischer Reihenfolge. Wenn nicht anders angegeben, erhalten Sie sie bei Ihrem Lebensmittelhändler, in Reformhäusern, Drogerien und Apotheken sowie unter den auf Seite 216 genannten Adressen, wo Sie die Präparate bestellen können.

Ajuwan

Ajuwan ist der altindische Name für wilde Selleriesamen. Dieses Gewürzkraut wirkt vatareduzierend, belebt und erfrischt und regt die Stoffwechselfunktionen an.

Aloe vera

Auch hierzulande ist diese typisch ayurvedische Heilpfanze gut bekannt und sehr beliebt bei der Hautpflege. Aloe vera ist auf dem ganzen indischen Subkontinent sowie in allen anderen tropischen und mediterranen Regionen beheimatet. Kumari, wie Aloe vera auf Sanskrit heißt, fördert die Regeneration der Hautzellen, bindet die Feuchtigkeit der Haut und hält diese geschmeidig und zart. Aloe vera dient auch der Wundheilung sowie der Linderung von Verbrennungen. Der Saft der Pflanze kann sowohl innerlich zum Ausgleich von Pitta und zur Stärkung von Agni angewendet werden, als auch direkt auf die betroffenen Stellen der Haut aufgetragen werden.

Aloe vera darf während der Stillperiode nur nach Rücksprache mit dem Arzt eingenommen werden. Während einer Schwangerschaft darf Aloe vera nicht eingesetzt werden, da dadurch das Risiko einer Fehlgeburt steigt.

Avocadoöl

Das dickflüssige Öl wird aus dem Fruchtfleisch der Avocado gewonnen. Durch seinen hohen Vitamingehalt (vor allem Vitamin A, B und E), Lezithin, Histidin und Chlorophyll eignet sich Avocadoöl besonders gut zur Pflege der Haut: Es zieht leicht ein und ist für trockene, empfindliche und zur Schuppigkeit neigende Vata-Haut eine regelrechte Wohltat. Allergische Reaktionen lassen sich bei der Verwendung von Avocadoöl so gut wie nie beobachten.

Basilikum

Das in Indien beheimatete Basilikum ist eine der traditionellen ayurvedischen Heilpflanzen. Das auch hierzulande hochgeschätzte Kraut – zwar mehr als Gewürz, denn als Heilmittel – hilft dabei, überschüssiges Kapha zu reduzieren. Der frisch gepresste Blattsaft hilft auch gegen Pilzinfektionen und bei Unreinheiten der Haut.

Beifuß

Beifuß entschlackt, reinigt und entgiftet den Körper, denn er enthält viele Bitterstoffe und ist deshalb in Form von Tee sehr gut zum Abbau von Ama im Zuge einer Frühjahrs- oder Herbstkur geeignet. Auch als Gewürz ist diese Pflanze sehr beliebt, insbesondere zu fetten und schweren Speisen. Der aromatische bittere Geschmack fördert den Appetit, regt die Verdauungssäfte an und stärkt somit Agni.

Brennnessel

Die Brennnessel enthält viele Mineralstoffe und Vitamine, besonders die Vitamine A und C, sowie Lezithin, Kieselsäure und Gerbsäure.

Brennnessel regt die Harnausscheidung an, entwässert, reinigt das Blut und wird deshalb häufig in Form einer mehrwöchigen Teekur zum Entschlacken und Entgiften empfohlen.

Fenchel

Die Samen dieser Gewürzpflanze beruhigen, entblähen, lösen Schleim und wirken sich günstig auf die Darmflora aus.

Ghrita

Für Ghritas werden verschiedene Heilkräuter in Ghee unterrührt, wodurch sich deren heilkräftige Wirkung mit der des Ghees verbindet und sie dadurch potenziert. Ghritas werden in der Regel mit einem bestimmten Anupanam eingenommen. Substanzen, die die Heilstoffe im Körper transportieren und ihre Wirkung zusätzlich verstärken. Welches Anupanam Sie verwenden sollten, steht jeweils auf der Verpackung des Ghritas – meist handelt es sich um Honig, Milch oder Rohrzucker. Guggulutikktaka-Ghrita besteht aus bitteren ayurvedischen Kräutern, aus Commiphora mukul, einer Dschungelpflanze, und aus Ghee. Auch Mahatikktaka-Ghrita ist ein beliebtes bitteres Ghee-Kräuter-Medikament. Das Triphaldi-Ghrita ist ein medizinischer Ghee, der mit Triphala (siehe Seite 221) versetzt wurde.

Gurke

Die Salatgurke ist schon lange ein beliebtes Hausmittel zur Schönheitspflege, sowohl im fernen Indien als auch hier zu Lande. Die Gurke liefert uns eine Reihe wichtiger Biostoffe, die die Haut glätten und straffen: Schleimstoffe, Enzyme, Vitamin C, Karotin (die Vorstufe von Vitamin A), Pektin sowie unentbehrliche Mineralstoffe und Spurenelemente wie beispielsweise Schwefel. Speziell bei fetter Haut zeigt diese Pflanze hervorragende Wirkungen. Frisch gepresst und als Gesichtswasser angewandt, klärt und erfrischt der Gurkensaft die Haut. Sogar Pigmentflecken können damit erfolgreich behandelt werden.

Hamamelis

Blätter und Rinde dieses in Amerika heimischen Strauches enthalten Gerbstoffe, Harze und ätherische Öle, die leicht zusammenziehend (adstringierend), festigend und entzündungshemmend wirken. Aufgrund dieser Eigenschaften ist Hamamelis Bestandteil vieler pflegender Mittel, die zur oberflächlichen Behandlung von Hautschäden angewendet werden.

Ingwer

Die Ingwerwurzel ist ein in Indien bis Malaysia, China und anderen tropischen Gebieten heimisches und beliebtes Gewürz und Heilmittel. Er ist besonders angezeigt bei Blähungen, Völlegefühl nach dem Essen, bei Appetitlosigkeit und anderen Störungen des Verdauungssystems. Verwendet werden der frische Wurzelsaft und das getrocknete Wurzelpulver. Die Wurzel kann man auch in ganz feine Stücke geschnitten als wunderbares, intensives Gewürz verwenden.

Die im Ingwer enthaltenen Stoffe fördern die Speichel- und Magensaftproduktion und regen die Darmbewegungen an. Außerdem wirkt Ingwer leicht antiemetisch, d.h. gegen Übelkeit. Daher wird er gerne bei der Reisekrankheit eingesetzt.

Jojobaöl

Jojobaöl wird aus den Samen einer in den Vereinigten Staaten heimischen Wüstenpflanze gewonnen. Dabei handelt es sich nicht, wie der Name irrtümlich vermuten lässt, um Öl, sondern um flüssiges Wachs. Jojobaöl enthält viel Vitamin E und bietet auch einen relativen Schutz gegen UV-Strahlen. Es hält die Haut weich und geschmeidig und ist deshalb wunderbar für pflegende Masken und Massagen der Haut geeignet.

Kalmus

Kalmus lindert Beschwerden im Magen-Darm-Trakt und Ver-dauungsstörun-gen. Darüber hinaus wirkt er beruhigend und stärkend auf das Nervensystem sowie stark harntreibend.

Tee aus den Wurzeln der Kalmus galt schon im 7. Jahrhundert v. Chr. in Persien, China und Indien als hervorragendes Mittel gegen Hautausschläge und Kopfschuppen. Auch bei Störungen des Verdauungssystems ist diese Pflanze hochgeschätzt.

Kardamom

Die Heimat der »Königin der Gewürze«, der Kardamompflanze, liegt in Sri Lanka, Java und Indien. Kardamom stimuliert die Verdauung, regelt die Darmtätigkeit und hilft so von innen bei hartnäckigen Unreinheiten der Haut.

Knoblauch

Seit 5000 Jahren wird Knoblauch arzneilich genutzt. Er reduziert Vata und Kapha und erhöht Pitta, weshalb Pitta-Menschen ihn nur in Maßen genießen sollten. Knoblauch besitzt eine ganze Reihe medizinischer Wirkungen. Er ist angezeigt bei Herzleiden, zur Senkung des Blutdrucks, bei Verdauungsbeschwerden, Appetitlosigkeit, Blähungen, aber auch bei Ischiasschmerzen und Rheuma.

Kokos

Kokosöl ist eine beliebte Beigabe zu vielen Pflegemitteln, denn es hält die Haut geschmeidig und versorgt sie mit wertvollen Vitaminen und Mineralstoffen.

Koriander

Die Heimat dieser Gewürz- und Heilpflanze liegt in Nordafrika und Vorderasien. Koriander reduziert Pitta und ist deshalb bei allen Entzündungen der Haut angezeigt. Daneben ist er ein gutes Mittel gegen Blähungen und andere Verdauungsbeschwerden, weshalb man mit Koriander auch hier zu Lande gerne Gemüse, vor allem Kohl- und Krautgerichte sowie Hülsenfrüchte, würzt.

Kurkuma ist auch häufig Bestandteil von Masken und Gesichts-packungen.

Kurkuma

Der bei uns als Gelbwurzel bekannte Kurkuma ist wahrscheinlich in Ostindien beheimatet – hier sind sich die Botaniker nicht so ganz einig. Wie dem auch sei, die knolligen Wurzeln dieser Pflanze gelten pulverisiert als hervorragendes Mittel zur Pflege der Haut. Innerlich angewendet, sollen sie dabei helfen, die innere Ausstrahlung und Schönheit zu verstärken. Ihrer blutreinigenden Wirkung wegen helfen sie sehr gut gegen Hautunreinheiten und klären die Haut.

Mandelöl

Der Mandelbaum stammt aus dem Punschab und aus Kaschmir. Mittlerweile ist er auch in Europa häufig anzutreffen. Das Mandelöl wird aus den reifen Samen der Mandeln durch Pressung gewonnen. Das fast farblose Öl reduziert Vata. Mandelöl enthält Eiweiß, einige Enzyme, die Vitamine A, B und E sowie wertvolle Spurenelemente und Mineralsalze, die nährend und glättend wirken. Mandelöl ist deshalb gut zur Pflege der Haut geeignet.

Mango

Diese attraktive Kernfrucht aus tropischen Gefilden findet sich seit einigen Jahren immer öfter auf unseren heimischen Obsttellern. Auch zur Hautpflege ist die vitaminreiche Mango sehr zu empfehlen: Ihre Samen haben eine reinigende und klärende Wirkung und eignen sich deshalb gut für Masken oder Gesichtspackungen.

Nachtkerzenöl

Diese fette Öl gewinnt man aus den Samen der gelbblühenden Nachtkerze. Erst kürzlich entdeckte man seinen hohen Anteil an Gamma-Linolensäure, einem wichtigen Stoff für unseren Organismus.

Niembaum

Aus den Samen stellt man das Niemöl her, das Vata-Dosha reduziert und vor allem bei der Herstellung von Kosmetika und Medikamenten Verwendung findet. Die Blätter verringern Kapha und Pitta, gelten als Zaubermittel gegen viele Leiden und haben einen festen Platz in der indischen Volksmedizin. Der Niembaum wirkt blutreinigend und entgiftend, desinfizierend und entzündungshemmend. Alte medizinische Schriften preisen alle Teile des Nimba – Rinde, Blätter, Blüten, Samen und Fruchtfleisch – als wirksames Mittel gegen eine Vielzahl von Beschwerden, wie bei Hauterkrankungen aller Art, Abszessen, Akne, Ekzemen, Geschwüren, Nesselsucht und Wundrose. Die

Im Ayurveda gibt es viele verschiedene Zubereitungen der einzelnen Bestandteile des Niembaums. Abkochung, Destillat, Extrakt, Pulver, Saft, Salbe aber auch mit Niembaumöl getränkte Tampons kommen zum Einsatz.

211

Nimba, wie der Niembaum im Sanskrit heißt, zählt seiner Blätter, seines Öles und seines Holzes wegen zu den wichtigsten Nutzpflanzen Indiens.

Zweige des Baumes dienen den Indern zur Pflege ihrer Zähne: sie werden gekaut und gewissermaßen als antiseptische Zahnbürste und zur Massage des Zahnfleisches genutzt. Das Öl aus den Ästen dient zur Herstellung von Zahnpasta und Seife.

Papaya

Der Melonenbaum ist in den Tropen beheimatet. Seine Früchte, die Papayas, enthalten viele wichtige Vitamine (vor allem Vitamin A und C) und Spurenelemente sowie ein Enzym, das Papain, welches die Eiweißverdauung fördert und deshalb gut zur Unterstützung einer Schlankheitskur geeignet ist. Darüber hinaus ist die Papaya auch ein wirksames Hautpflegemittel: ihr Saft, in Gesichtsmasken eingerührt, nährt und glättet die Haut.

Pfeffer

Langkornpfeffer gleicht Kapha und Vata aus und wird im Ayurveda zur innerlichen Einnahme bei Hautbeschwerden verordnet. Diese typisch ayurvedische Heil- und Gewürzpflanze ist in Süd- und Nordostindien sowie in Sri Lanka beheimatet. Der schwarze Pfeffer stammt aus den Küstengebieten Vorderindiens. Er wirkt entzündungshemmend und wird bei Hautentzündungen angewendet.

Tee aus Quendelkraut wird auch zur Behandlung von Infekten der Atemwege eingesetzt, da Quendel Substanzen enthält, die schleimlösend und krampflösend auf die Bronchien wirken. Zusätzlich besteht auch noch eine keimabtötende Wirkung.

Quendel

Dieses auch als Feldthymian bekannte Gewächs enthält viele ätherische Öle, regt die Verdauung und den Appetit an und entschlackt.

Rizinusöl

Man nimmt an, dass die Heimat des Rizinus in Indien liegt. Das Öl aus seinen Samen ist ein wichtiges und zuverlässiges Abführmittel. Übrigens: Einige Tropfen Rizinusöl ins nasse Haar einmassiert macht brüchiges Haar wieder geschmeidig.

Rosenwasser

Rosenwasser fällt sozusagen als Nebenprodukt bei der Herstellung von Rosenöl ab. Seine belebende und hautverschönernde Wirkung machen es zu einem beliebten Hauttonikum und Gesichtswasser. Sie erhalten es in der Apotheke.

Salbei können Sie auch selbst auf dem Balkon oder auf dem Fensterbrett ziehen. So haben Sie immer frische Blätter zum Würzen oder für einen Tee zur Hand.

Salbei

Der auch bei uns heimische Salbei gehört zu den Pflanzen mit zusammenziehender (adstringierender) und sekretionshemmender Wirkung. Er reduziert die Schweißbildung und baut übermäßiges Kapha ab.

Sandelholz

Die Heimat des Sandelholzbaums liegt in den Wäldern Süd- und Ostindiens. Das seidig glänzende Sandelholz kann innerlich wie äußerlich als Pulver, Paste oder Öl angewendet werden und ist in vielen ayurvedischen Hautpflege- und Heilmitteln enthalten. Sandelholz reduziert vor allem Pitta und wirkt daher heilend bei entzündeter Haut.

Schafgarbe

Die überall in Europa heimische Schafgarbe regt den Appetit an, lindert Verdauungsbeschwerden, entwässert und entschlackt. Mit ein Grund, warum der weiße Korbblütler in den meisten Teemischungen für Frühjahrs- und Herbstkuren zu finden ist.

Schafgarbe wirkt äußerlich angewendet entzündungshemmend und blutstillend. Sie wird daher zur Behandlung von Wunden und Geschwüren eingesetzt.

213

Senf

Die Verwendung dieser Gewürzpflanze war schon den alten Römern bekannt – bis heute ist Senf ein beliebtes Gewürz- und Heilkraut geblieben. Das Öl wird aus den Senfsamen (Senfkörnern) gewonnen. Ob Senfkörner oder -öl: Beides lindert eingenommen Verdauungsstörungen jeder Art und hilft äußerlich in Form von Umschlägen oder Breiauflagen gegen verschiedene Hautkrankheiten, Ischiasbeschwerden und rheumatische Erkrankungen.

Sennablätter

Abführmittel (sogenannte Laxanzien) mit Senna dürfen Sie nicht über einen längeren Zeitraum einnehmen. Es kann sonst zu schweren Störungen im Elektrolythaushalt kommen, insbesondere zu einem gefährlichen Kaliummangel, sowie zu einer Veränderung der Darmschleimhaut.

Der Sennastrauch ist ursprünglich in Somalia und Arabien zu Hause, wird heute aber auch in Südindien angebaut. Sennablätter sind ein sehr wirksames Abführmittel.

Sesamöl

Die Heimat des Sesamstrauches liegt in Ostindien. Das sehr gehaltvolle, beinahe geruchlose Öl wird aus den Senfsamen durch Kaltpressung gewonnen. Bei den ayurvedischen Behandlungen wird meist gereiftes Sesamöl verwendet.

Sojaöl

Das eher dünnflüssige Öl, hergestellt aus den Sojabohnen, ist reich an Vitamin E und Lezithin. Es ist ein ideales Hautpflegemittel.

Süßholz

Die Wurzeln dieser in Vorderasien sowie im Mittelmeerraum heimischen Pflanze gelten als wirksames Mittel gegen Magenbeschwerden und Erkältungskrankheiten aller Art. Da Süßholzwurzel entzündungshemmend wirkt, eignet sie sich auch zur Behandlung von Hautentzündungen.

Taila

Tailas sind medizinierte Öle, meist Sesamöl, seltener Kokosöl oder Ghee, die mit Abkochungen, Presssäften oder Pasten aus bestimmten Heilkräutern versetzt werden. Alle Tailas reduzieren Vata und erhöhen Pitta. Zur Auswahl eines Tailas sollte die jeweilige Verfassung und Grundkonstitution des Menschen berücksichtigt werden.

Das Balaguducyadi-Taila besteht aus den gleichen Inhaltsstoffen wie das Seva-Sport-Öl; das Dhanvantara-Taila entspricht dem Seva-Vata-Öl; das Gopmadjadi-Taila dem Ayuroma-Pitta-Öl; das Nalpamaradi-Taila ist ein klassisches ayurvedisches Präparat aus Sesamöl und Kurkuma; das Sahacaradi-Taila hat wieder die gleiche Zusammensetzung wie das Seva-Kapha-Öl (siehe jeweils Seite 216).

Tausendgüldenkraut

Die wichtigsten Wirkstoffe des auch bei uns heimischen Tausendgüldenkrauts sind die Bitterstoffe, die es zu einem vorzüglichen Mittel gegen Appetitlosigkeit und Beschwerden des Magen-Darm-Trakts machen. Es hilft aber auch sehr gut gegen Hautausschläge und hartnäckige Unreinheiten der Haut.

Weizen

Der sowohl in Europa wie auch in ganz Asien heimische Weizen findet in den letzten Jahren auch zunehmende Verwendung als Hautpflegemittel. Insbesondere das dünnflüssige, goldgelbe Weizenkeimöl, das aus den Keimen der Weizenkörner durch Kaltpressung oder Extraktion gewonnen wird. Es enthält hochwertiges Pflanzenlezithin, ungesättigte Fettsäuren, Vitamin E und Karotin. Weizenkeimöl glättet und nährt die Haut und zeigt bei vielen Hautbeschwerden eine große Heilwirkung.

Wermut

Seine gute Wirkung gegen alle Arten von Verdauungsstörungen und auch gegen Gallenbeschwerden verdankt der Wermut seinen Bitterstoffen, dem ätherischen Öl und den Gerbstoffen. Als Tee eignet er sich ideal zur Unterstützung einer Entschlackungskur, denn er reduziert Ama und regt Agni an.

Zitrone

Zitronensaft zieht erweiterte Poren zusammen, das enthaltene Vitamin C regt den Zellstoffwechsel der Haut an und hält sie elastisch. Auch brüchige und spröde Nägel werden davon wieder schön, raue Stellen an Ellbogen und Knien wieder glatt und strapaziertes Haar erhält mehr Festigkeit und Glanz.

Für eine Tasse Tausengüldenkrauttee benötigen Sie ein bis zwei Teelöffel des getrockneten Krauts (am besten aus der Apotheke). Überbrühen Sie es mit kochendem Wasser, und lassen Sie das Ganze fünf Minuten ziehen. Trinken Sie nicht mehr als drei Tassen pro Tag.

Fertige Produkte zum Bestellen oder Kaufen

Hier finden Sie die wichtigsten Ayurveda-Präparate, die Sie für Ihre Schönheitspflege bzw. zur Vorbeugung und Behandlung von Erkrankungen einsetzen können.

Alle nachstehenden Präparate zur Pflege und Heilung können Sie problemlos bei den unten genannten Adressen beziehen:

Amla Purie
Aswagandha-Kapseln und -pulver
Avipathi-Churna
Ayuroma-Pitta-Öl
Bhringaraj-Kapseln
Brahmi-Kapseln
Candraprabha-Pillen
Guggulu-Kapseln
Seva-Massage-Öl
Seva-Pitta-Öl
Seva-Sport-Öl

Seva-Vata-Öl
Seva-Haaröl
Seva-Haarpulver
Seva-Kapha-Öl
Seva-Kapha-VI-Öl
Seva-Babyöl
Shatavari-Kapseln
Shiyakai
Trikatu-Kapseln
Triphala-Kapseln, -Pulver
Tulasi-Kapseln
Yogi-Tee

Bestelladressen

Bastei-Apotheke
Frau Angelika Huber
Karl-Theodor-Strasse 38
80803 München
Tel.: 089/394880
Fax: 089/345961

Seva Ayurveda
Frau Helga M. Schmidt
Leutstettener Strasse 67a
81477 München
Tel.: 089/7809777
Fax: 089/7809776

Dr. Hans-Heinrich Rhyner
9/24 Lloyd Road
Bangalore 560005
India
Tel.: 0091/80/5467180
Fax: 0091/80/5475309

Dr. Wolfseher
Bruckerstrasse 17
82216 Maisach
Tel.: 08141/94537
Fax: 08141/95401

Glossar der altindischen Begriffe

In diesem Buch tauchen viele Begriffe aus dem Sanskrit, der indischen Hochsprache, auf. Nicht wenige dieser Ausdrücke sind zum Verständnis der Gedankenmodelle und Grundlagen der ayurvedischen Lehre von Bedeutung.

A

Abhishyanda: Bindehautentzündung
Abhyanga: Massage mit Sesamöl
Agni: das Verdauungsfeuer, die Verdauungs- und Stoffwechseltätigkeit eines Menschen
Akshitarpana: Augenbad mit Ghee
Alasaka: Juckreiz
Ama: Stoffwechselschlacken und -gifte, die durch eine schlechte Verdauung in den Zellen des Körpers abgelagert werden
Amrit Kalash: Berühmtes Rasayana
Anupanam: Transportmedium für die Heilstoffe ayurvedischer Präparate (häufige Anupanams sind Milch, Honig, Kaffee, weißer Kandis- und roher Rohrzucker)
Artav: das Fortpflanzungsgewebe, eines der Dhatus
Artha: das Streben nach Wohlstand
Asana: bedeutet übersetzt bequeme Stellung und bezeichnet die Körperstellungen beim Yoga
Ashtanga Sangrahal Samhita: Lehrschrift über das »Herz der achtgliedrigen Medizin« (gemeinsam mit der Caraka und der Sushruta Samhita werden diese Texte als das große Trio bezeichnet)
Asthi: das Knochengewebe, eines der Dhatus
Avaghaha Swedavaghaha Sweda: Heißwasserbad

B

Brahma: männliche Gottheit, die mit Shiva und Vischnu eine Einheit, die Trimurti bildet (Trimurti ist das göttliche Wesen dargestellt in drei Gestalten)

C

Caraka Samhita: Texte, die mit der Sushruta Samhita die älteste Grundlage ayurvedischer Konzepte und Heilverfahren bilden
Churna: Medizinische Mischung aus pflanzlichen und mineralischen Pulvern

D

Dadrumandala: Fußpilz

Dhatus: die Körpergewebe (im Ayurveda unterscheidet man mehrere verschiedene Gewebearten)

Dinacharya: Ayurvedische Empfehlungen zur Tagesgestaltung

Dosha: Regelkreise oder Grundprinzipien, die die verschiedenen Erscheinungstypen der Menschen sowohl im gesunden als auch im kranken Zustand prägen und alle körperlichen und seelischen Vorgänge steuern; Ayurveda unterscheidet die Doshas Kapha, Pitta und Vata

E

Ekakushta: Schuppenflechte

G

Gandusha: Mundspülung mit Sesamöl oder Ghee

Garshan: Reibemassage mit Handschuhen aus Rohseide

Ghee: Erwärmtes und zerlassenes Butterfett, eines der drei natürlichen Rasayanas

Ghrita: Mischungen, bei denen medizinische Öle in Ghee untergerührt sind

I/J

Indralupta (oder Khalitya): Haarausfall

Jambira Pinda Sweda: heiße Packung mit Zitronen

K

Kaksha: Herpes simplex

Kala: der richtige Zeitpunkt für eine Mahlzeit

Kalka: Pasten aus Heilpflanzen und Gewürzen, angerührt mit Wasser, Milch, Honig oder Ghee

Kapha: das aus den beiden Elementen Wasser und Erde abgeleitete Dosha; ist für die Körperstrukturen und den Flüssigkeitshaushalt verantwortlich und steht für biologische Stärke und Ausdauer

Karana: Die Zubereitungsweise eines Nahrungsmittels

Kotha: Allergien

M

Majja: das Nervengewebe und das Knochenmark, eines der Dhatus

Mamsa: das Muskelgewebe, eines der Dhatus

Masak: Warzen

Meda: das Fettgewebe, eines der Dhatus

Nasya: Applikation medizinierter Öle oder Puder durch die Nase, um Schlacken und Giftstoffe aus dem Kopfraum zu entfernen. Das Nasya ist Bestandteil des Pancha Karma

N

Ojas: feinstoffliche Energie, die körperliche Energie und Stärke, seelisches Wohlbefinden, einen wachen Geist und ein stabiles Immunsystem verleiht

O

Pakriti: die Qualität eines Nahrungsmittels

Pancha Karma: die »fünf Handlungen«, ayurvedische Reinigungsbehandlungen, bestehend aus Massagen, Güssen und Bädern; meist mit Öl

Pitta: das aus dem Element Feuer abgeleitete Dosha; gilt als Stoffwechselprinzip und ist zuständig für Verdauungs- und Stoffwechselvorgänge sowie den Wärmehaushalt

Pizhikil: Ganzkörperölguss

Prana: lebensspendende Energie und feinstoffliche Essenz, die für die vitale Kraft des Körpers steht

Pranayama: Ayurvedische Atemübung

P

Rajas: eines der drei Gunas; steht unter anderem für Dynamik, Beweglichkeit und Lebenskraft

Rakta: das Blutgewebe (Blutsystem); eines der Dhatus

Rasayana: traditionelle ayurvedische Kombinationspräparate aus Heilkräutern und zum Teil auch aus Mineralien, die die allgemeine Vitalität, Gesundheit und Schönheit eines Menschen fördern

Rasi: die richtige Menge an Nahrungsmitteln, die wir zu uns nehmen

Ritucharya: ayurvedische Empfehlungen zu den Jahreszeiten

R

Samhita: Schriftensammlung des Ayurveda, aus denen sich die einzelnen Veden zusammensetzen

Samvahana: Synchronmassage mit medizinierten Ölen, ausgeführt durch zwei oder drei Therapeuten

Samyoga: die richtige Kombination der Lebensmittel, die wir zu uns nehmen

Sattwa: eines der drei Gunas, steht unter anderem für Stabilität, Kreativität und schöpferisches Potential

S

S

Shirodhara: Stirnguss mit Öl oder Milch
Shirovasti: Kopfeinlauf
Shitapitta: Nesselsucht
Snehavaghaha: Ölbad
Srota: Körperkanäle, die dem Stofftransport dienen; zu ihnen gehören Bronchien, Magen-Darm-System, Blutgefäß- und Lymphgefäßsystem, Kapillaren, Poren in der Zellwand und Transportwege in den Zellen selbst
Suryanamaskar: der »Sonnengruß«, eine zwölfteilige ayurvedische Körperübung
Svedana: Schwitzkur, Bestandteil des Pancha Karma

T

Taila: medizinierte Öle, meist Sesam- oder Kokosöl, die mit Heilkräutern versetzt sind
Tamas: eines der drei Gunas; steht unter anderem für Dunkelheit, Unwissenheit und potentiell zerstörerische Kraft
Trigunas: Rajas, Sattwa und Tamas
Triphala: Traditionelle ayurvedische Heilpflanzenmischung

U

Udarda: Nesselsucht
Udvarthana: Massage mit Brei aus Pflanzenpulvern oder Getreide

V

Vaidya: der Ayurveda-Arzt
Vasti: Reinigender und entgiftender Einlauf
Vata: das aus den beiden Elementen Luft und Raum abgeleitete Dosha; steht für Bewegung und Fluss und ist verantwortlich für alle Bewegungsabläufe im Körper; steuert das Wachstum, regelt die Aktivität von Körper und Geist und kontrolliert die beiden anderen Doshas
Veden: die Veden gelten als die ältesten heiligen Schriften der indischen Kultur
Vicarcika: Hautentzündung
Vidradhi: Furunkel
Virecana: Abführen, Bestandteil des Pancha Karma
Virya: arzneiliche, pharmazeutische Wirkung

Y

Yuvanapidaka: Akne

Bildnachweis

AKG, Berlin: 13; Bilderberg, Hamburg: 45 (Aurora), 206 (Klaus-D. Francke), 159 (Nomi Baumgartl); Binder, Rainer, München: 58 (2), 59, 60, 61, 62, 64, 65, 110, 122, 187; IFA-Bilderteam, Taufkirchen: Titelbild (Einklinker) (Comnet), 213 (Tschanz); Image Bank, München: 20 (Stuart Dee), 27 (Grant Faint), 166 (Britt Erlanson), 191 (Peter Grumann); Südwest Verlag, München ©: Titelbild (Fond); Superbild, München: 10 (Frank Thlow); Tony Stone, München: 1 (Chris Harvey), 36 (Carol Ford), 68 (Tif Hunter), 94 (Bob Thomas), 127 (Daniel Bosler), 139 (Ken Scott), 197 (Timothy Shonnard); Transglobe Agency, Hamburg: 132 (Fine Food), 147 (Aloha), 170 (Stephan Wallocha).

Anmerkung der Redaktion

Sie haben es sicher gemerkt, dass wir diesem Buch die neuen amtlichen Rechtschreibregeln zu Grunde/zugrunde gelegt haben.

Hinweis

Das vorliegende Buch ist sorgfältig erarbeitet worden. Dennoch erfolgen alle Angaben ohne Gewähr. Weder Autor noch Verlag können für eventuelle Nachteile oder Schäden, die aus den im Buch gegebenen praktischen Hinweisen resultieren, eine Haftung übernehmen.

Impressum

© 1997 Südwest Verlag GmbH & Co. KG, München
Alle Rechte vorbehalten. Nachdruck – auch auszugsweise – nur mit Genehmigung des Verlages.

Redaktion: Susanne Garte
Medizinische Fachberatung: Dr. med. Christiane Lentz
Redaktionsleitung: Josef K. Pöllath
Bildredaktion: Sabine Kestler
Produktion: Manfred Metzger
Umschlag und Layout: Heinz Kraxenberger, München
DTP/Satz: AVAK Publikationsdesign, München
Druck und Bindung: Legoprint, Trento
Printed in Italy

Gedruckt auf chlor- und säurearmem Papier

ISBN 3-517-01926-7

Register